金剛經宗通

——第一輯

——平實導師　述

ISBN:978-986-6431-33-3

執著離念靈知心爲實相心而不肯捨棄者，即是畏懼解脫境界者，即是畏懼無我境界者，即是凡夫之人。謂離念靈知心正是意識心故，若離**俱有依**（意根、法塵、五色根），即不能現起故；若離**因緣**（如來藏所執持之覺知心種子），即不能現起故；復於眠熟位、滅盡定位、無想定位（含無想天中）、正死位、悶絕位等五位中，必定斷滅故。夜夜眠熟斷滅已，必須依於**因緣**、**俱有依緣**等法，方能再於次晨重新現起故；夜夜斷滅後，已無離念靈知心存在，成爲無法，無法則不能再自己現起故；由是故言**離念靈知心是緣起法**、**是生滅法**。不能現觀離念靈知心是緣起法者，即是未斷我見之凡夫；不願斷除**離念靈知心常住不壞之見解**者，即是恐懼解脫無我境界者，當知即是凡夫。

——**平實導師**——

一切誤計意識心為常者，皆是佛門中之常見外道，皆是凡夫之屬。意識心境界，依層次高低，可略分爲十：一、處於欲界中，常與五欲相觸之離念靈知；二、未到初禪地之未到地定中，暗無覺知而不與欲界五塵相觸之離念靈知，常處於不明白一切境界之暗昧狀態中之離念靈知；三、住於初禪等至定境中，不與香塵、味塵相觸之離念靈知；四、住於二禪等至定境中，不與五塵相觸之離念靈知；五、住於三禪等至定境中，不與五塵相觸之離念靈知；六、住於四禪等至定境中，不與五塵相觸之離念靈知；七、住於空無邊處等至定境中，不與五塵相觸之離念靈知；八、住於識無邊處等至定境中，不與五塵相觸之離念靈知；九、住於無所有處等至定境中，不與五塵相觸之離念靈知；十、住於非想非非想處等至定境中，不與五塵相觸之離念靈知。如是十種境界相中之覺知心，皆是意識心，計此爲常者，皆屬常見外道所知所見，名爲佛門中之常見外道，不因身現出家相、在家相而有不同。

——平實導師——

如聖教所言，成佛之道以親證阿賴耶識心體（如來藏）爲因，《華嚴經》亦說**證得阿賴耶識者獲得本覺智**，則可證實：證得阿賴耶識者方是大乘宗門之開悟者，方是大乘佛菩提之眞見道者。經中、論中又說：證得阿賴耶識而轉依**識上所顯真實性**、**如如性**，能安忍而不退失者即是**證真如**、即是大乘賢聖，在二乘法解脱道中至少爲初果聖人。由此聖教，當知親證阿賴耶識而確認不疑時即是開悟眞見道也；除此以外，別無大乘宗門之眞見道。若別以他法作爲大乘見道者，或堅執**離念靈知**亦是實相心者（堅持意識覺知心離念時亦可作爲明心見道者），則成爲實相般若之見道内涵有多種，則成爲實相有多種，則違實相絕待之聖教也！故知宗門之悟唯有一種：親證第八識如來藏而轉依如來藏所顯眞如性，除此別無悟處。此理正眞，放諸往世、後世亦皆準，無人能否定之，則堅持離念靈知意識心是眞心者，其言誠屬妄語也。

——**平實導師**——

目次

第二輯：

第三輯：

第四輯：

第五輯：

第六輯：

第七輯：

第八輯：

第九輯：

自　序

《金剛經》原名為《金剛般若波羅蜜經》，意為證得金剛不壞心而產生了實相智慧，由此智慧而到達無生無死彼岸底經典。本經是中國大乘佛法地區佛教徒中，家喻戶曉之大乘經典，在家居士及出家諸僧，多有人以本經作為日課而持誦不斷者。本經是將大品般若及小品般若的實相教理，濃縮成為一部文字較少而簡要的般若經典；若再將此經加以濃縮，則成為二百餘字的極精簡經典，即是大眾耳熟能詳的《心經》，如是亦可證知本經所說的內涵是金剛心，並非解說一切法空。以此金剛心如來藏的實證，能使人看見本來就無生無死的解脫彼岸，由此實證而發起本來自性清淨涅槃的智慧。有了這個無生無死的本來自性清淨涅槃的現觀，知道阿羅漢們捨壽入了無餘涅槃中的境界以後，再現觀此時猶未捨壽之際，自己與眾生的金剛心如來藏，依舊不改其本來自性清淨涅槃的境界，那麼死後入無餘涅槃或不入無餘涅槃，就無所差別了。菩薩因為如是實證、如是現觀，因此發起大悲心，願意盡未來際不入無餘涅槃，願意盡未來際利樂眾生永無窮盡，不辭勞苦。

然而《金剛經》之宗義，漸至末法時期，由於六識論的凡夫臆想中觀流行於世，同將本經解釋爲一切法空之說，致使本經中所說的第八識金剛心密意全面失傳；縱使有善知識繼出於人間，欲將本經之眞實義廣爲弘傳，亦屬難以達成之目標。由是緣故，必須先將禪宗之開悟實證法門推廣，眾皆信有開悟之事，亦信自身可能有緣開悟，然後教以禪宗之開悟即是親證第八識如來藏妙心之眞義，最後方得以本經之宗義如實闡揚，令大眾周知本經中所說「此經」者，實即第八識金剛心如來藏。然後依金剛心如來藏之清淨自性、離世間相自性、離出世間相自性、離三界六道自性……等，一一鋪陳敷演，得令已證金剛心之大眾隨聞入觀，一一現前證實 佛之所說誠屬眞實語；亦令未證金剛心之大眾歡喜信受，願意盡形壽求證之，以期得入大乘見道位中，眞成實義菩薩。以是緣故，應當講授本經，如實顯示本經之眞實義。

又，《金剛經》屬於破相顯宗之經典，是故講解本經時，除了顯宗以外，亦應同時摧破各種邪見相，令今世後世一切眞正學佛之人，讀後快速遠離各種外道常見、斷見相，亦得同時遠離各種佛門凡夫相。以是緣故，講解本經時，必須於顯示大乘自宗勝法時，同時破斥各種外道相及凡夫相，方能使聞此經典眞實義者同獲大利；由此顯宗同時破相之故，永離無因唯緣論的緣起性空、一切法空邪見，則此一世實證大乘般若實智即有可能。

又，若能如實理解本經中之眞實義，則能深入證實「宗、教不離」之正理，由是得以藉教驗宗、藉宗通教，漸次成就宗通與說通之自利利他功德，非唯自通得以自利而已。從此以後即能爲人解說宗門與教門非一非異之理，則人間有緣眾生即得大利，不久即得因如是善知識之弘化而得實證大乘般若，是故應當講授本經，並應於顯宗之際同時破相，令末法時代佛門四眾同得法利。

又因本經所說皆是直指金剛心之本來涅槃境界，然而未證金剛心之凡夫位菩薩，雖讀而不能現觀金剛心之本來解脫境界，於是不免臆想分別而產生偏差，終究無法如實理解本經中的 世尊意旨。爲救此弊，乃出之以宗通之方式而爲大眾講授，是故名之爲《金剛經宗通》；即以各段經文中與中國禪宗互有關聯之公案等，附於每一段經文解說之後說之，藉以引生讀者未來見道而實證《金剛經》宗義之因緣，是故即以宗通方式而作講授。復次，以《金剛經宗通》爲名而講授本經者，亦因鑑於明朝曾鳳儀居士所講《金剛經宗通》並不符實，顯違佛門宗通之智慧，後人讀之難免為其所誤，以是緣故，亦應於經文中與其有關之處加以拈提，條分縷析而令佛門四眾了知其錯謬所在，不復以其錯謬之宗通註解作為依止，後日參究眞如本心時，庶能遠離偏斜，則親證本經宗旨即有可能，是故即採宗通方式講授之。今者《金剛經宗通》之錄音已整理成文字，並已略加潤色，刪除口語中重複之贅言，總共達到一百三十餘萬言；今已將之編輯成書，總有九冊，仍以成本價流通之，以利當代學人；即以如是感言及緣起之說明，以為序言。

佛子 **平實** 謹序

公元二〇一一年初冬 於竹桂山居

《金剛般若波羅蜜經》

略說金剛經宗通

講記：現在要開始講《金剛經》的宗通。《金剛經》的金剛、實相與到彼岸的意涵，就是般若的意涵；般若智慧的生起，是經由金剛心的實證而了知法界的實相，於是到達無生無死的解脫彼岸；有這種實相般若的金剛智，才是眞正懂得《金剛經》意涵的人。也唯有已經實證此經說的金剛心如來藏的宗派，才有資格自稱或被稱爲金剛乘；現在密宗自稱金剛乘是不符合《金剛經》宗義的，因爲他們所說的金剛是生滅法，不是常住法。然而金剛般若的意涵，對於末法時代的大法師、小居士們而言，其實是非常深奧難懂的，因爲他們都不知道應該求證金剛心如來藏，更不知道實相般若的生起是經由金剛心的實證而來；甚至還在否定金剛心如來藏以後，自稱已經親證實相般若了！因此我說這部經中的實相般若意涵，對於他們而言，是非常非常難懂的，只是他們至今還不知道自己不懂《金剛經》而且自以爲懂。

可是我想要講《金剛經》的宗通，情況卻相反；我需要特地準備很多的資料，因爲並不好講——越淺的越不好講。這是因爲《金剛經》偏在最淺的實相般若的總相上來講，不是深入講解最深奧的一切種智；又不許明講實相般若所依的金剛心的密意，卻要顯示出金剛心的實相境界，所以就很難講解，原因是能夠發揮的地方並不多。另一方面，既然本經是在講實相般若的總相，並沒有講解實相般若的別相，我就不該講到別相智裡的深細內容；而本經中也沒有講十地菩薩所修十度波羅蜜多的一切種智，所以也不該把深妙的一切種智帶進來講；因此我所能發揮的法義只侷限在般若總相上面，別相智的關聯很少，當然是不好講。這就是我說的「越淺的越不好講」的原因。

言歸正傳，《金剛般若波羅蜜經》，我們先要解釋經名。金剛，表示法界中有一個法，祂是堅固而不可壞，所以沒有任何一法可以毀壞祂，因此稱爲金剛。諸位看到 韋陀菩薩按著一根金剛杵，是這樣威武的樣子，祂的金剛杵是哪裡來的？它是天然生成，不是打造出來的，而且三界中沒有一物可以毀壞它，所以說它是無堅不摧的，這才是眞正的神兵利器。以這樣的神兵利器可以摧伏一切邪魔的任何武器，所以它就稱爲金剛杵——無堅不摧。依這個堅固不可壞，無堅不摧的道理來譬喻佛法中的金剛心——金剛之心，祂是不可能被毀壞的，因此這部經典就稱爲《金剛》之經。在一切法界中，你找不到有一個法可以毀壞這個第八識如來藏，所以稱爲金剛心。這個金剛心就叫作阿賴耶識，又名異熟識，到達佛地時改名爲無垢識。

這個金剛心有很多的名稱，譬如「一切法所依」，又名爲心，又名爲阿陀那識，有時又名菴摩羅識；在阿含諸經中則說祂是諸法本母，又說是本際、實際、如、眞如、如來藏，有時候單說一個識字——識陰六識及意根以外的另一個識。如果在第二轉法輪的般若經中，就說祂叫作無住心、不念心、無心相心、非心心。如果在禪宗，那可就很多了，最有名的叫作本地風光，又說是父母未生我以前的本來面目，有時候稱爲眞如，稱爲心。眞悟的禪師又發明了很多名稱：石上無根樹、海底泥牛行、海底煮茶、莫邪劍、佛、法……。實際上祂有無量無邊的名稱，舉之不盡。

世尊在《楞伽經》中說，外道所說的勝性、梵天、造物主，婆羅門說的祖父……等無量無邊名稱，其實都是在講第八識金剛心如來藏，只是他們被無明所障，都無法實證而落入想像之中，於是施設了許多的能生萬法的名詞出來，總說爲造物主。所以這個第八識如來藏心，祂是不可壞的，才會被叫作金剛心，專門解說這個金剛心的經典當然就命名爲《金剛經》。而這個心，在菩薩地的第七地以下，都稱爲阿賴耶識；諸地菩薩們並不是不能斷盡思惑，而是故意留著最後一分思惑不斷盡，藉這一分思惑來滋潤未來世重新受生的種子，才能繼續受生於三界中而廣行菩薩道，才能廣利眾生而在最後成佛。由於故意保留著最後一分思惑不斷，所以縱使已經斷除了絕大部分的習氣種子了，即使到了七地都還叫作阿賴耶識；要等到滿足七地心而斷盡故意保留的最後一分思惑，有記類的習氣種子也都已經斷盡無餘而轉入八地時，才滅除阿賴耶識的名稱，這時就改稱爲異熟識；再經過一大阿僧祇劫的修行，進入佛地時又改名叫作無垢識。可是不管你是在因地，在入地心或者等覺、妙覺位，乃至成爲究竟佛了，你都找不到一個方法可以把祂毀壞；因爲法界中的一切法都是由祂所生的，當然沒有一個法可以毀壞祂，所以祂是金剛心。

二〇〇三年初有一批人，在我們的教導下證得這個心了，可是他們因爲私心作祟的緣故，想要接管同修會而無法如願（不是我不願意，而是大家不願意，我是早就想要退隱的了），於是他們開始自創佛法，想要顯示他們的證量遠高於我，才能號召大眾離開同修會而跟隨他們。因爲起了增上慢，心中認爲自己證量很高，也不肯回報我幫助他們證悟的恩德而不願指導我，心裡想：「我比你蕭老師更厲害，所以我證得另一個心叫作眞如，這個佛地眞如才是眞正的如來藏，阿賴耶識不是如來藏。」因此就向會裡的許多同修們恐嚇說：「我們所證的這個眞如才是眞心如來藏，這個眞如出生了阿賴耶識，所以阿賴耶識是被生的生滅法；因此，你們跟隨蕭老師證得阿賴耶識，不許說是開悟。如今你們都是大妄語，要趕快離開正覺同修會，跟著我們求證眞如，否則死後都會下地獄。」但是我們提出一個很簡單的問題，就使他們全都閉嘴了，我們只問：「你們說阿賴耶識是生滅法，請問：你在蕭老師座下證得的這個阿賴耶識，依這個識，你去找看看有沒有一個法可以把祂滅掉？」結果他們找不到，不論是在經教上或理證上。

他們全都是在我的教導下才能證得這個第八識心，後來卻主張說這個心是生滅法，那當然就是可以滅的，於是我們提出問題：「你們什麼時候可以滅掉祂？」結果卻是沒有辦法滅掉祂。在聖教上也找不到可以滅祂的根據，而實際上也找不到一個可以滅祂的方法。我們又問：「你們說祂是生滅法，一定是有生之法，請問這個心是在什麼時候出生的？」不論怎麼樣往前推，他們都推不到祂曾經有生；無始劫以來祂一直就在，沒有出生過，本來就在。他們又去尋找聖教依據，聖教中也是說阿賴耶識「本來而有」，也沒有出生過。所以，當他們破斥我們所證的第八識心是生滅法時，我就這麼簡單的一句話，請問：「祂何時生，何時滅？」就叫他們全都閉嘴了！

當然，撂倒人家只要像這樣一句話就可以了，就使他們全都閉嘴了，因爲都答不出來。可是你如果想要利益他們，卻不能只用這樣一句話叫他們閉嘴就算完事。所以，我們就寫了很多東西，譬如〈略說第九識與第八識並存…等之過失〉；那個過失，我其實並沒有寫完，因爲大約只寫了三分之一而已，其實還不到三分之一，大過失就有三、四百點了。如果全部寫完，過失會有多少？而且我寫出來的那些，都是主要的過失；如果每一個過失再把它推演下去，還會有無量無邊過失出來，說之不盡。

我們又寫了《燈影》，還有我們台南的同修們依據他們的《辯唯識性相》等二本不像書的書，寫出了《辨唯識性相》、《假如來藏》，來回應他們否定第八識正法的那二本經文剪貼簿。可是他們不死心，於是又弄出古天竺凡夫位的聲聞論師安慧寫的《大乘廣五蘊論》，就說：「**找到根據了，你看這個《廣五蘊論》裡面說的，阿賴耶識是識蘊所攝，識蘊是生滅法，所以你們正覺所證的阿賴耶識是生滅法。**」無巧不巧，這本《大乘廣五蘊論》正是印順法師指定各佛學院應該要研讀的邪論之一，雖然它被編在大藏經裡面。可是他們倒楣，遇到了蕭平實，只要簡單幾句話就把安慧的《大乘廣五蘊論》推翻了。因爲不論在聖教中或者實證上，都可以證明識蘊是阿賴耶識所生的；既然識蘊是阿賴耶識所生，識蘊又怎麼可能含攝了阿賴耶識呢？就好像嬰兒出生了以後，反口說媽媽是嬰兒出生的，這樣對嗎？這樣，我依舊是一、兩句話就解決他們引證的安慧的僞論了。

可是我們單單這樣作，就能救他們不墮地獄嗎？不行！所以我們才要再寫出《識蘊眞義》來，把安慧的《大乘廣五蘊論》裡面主要的、比較大的過失加以辨正而寫出來。那我也寫了十六、七萬字，破斥安慧在論中的重大邪見；其餘小的邪見就不破他，因爲安慧的邪論中的過失太多了。那麼這樣也就同時救了許多佛教界中的六識論者，不再跟隨他們繼續毀謗阿賴耶識。現在繼續毀謗阿賴耶識的弘法者，全部加總起來大概不會超過五十個人。以前跟他們出走的同修有兩百多人，但是後來知道不能再毀謗阿賴耶識，因爲他們必然要提出請問：「楊老師！你說阿賴耶識是生滅法，那人家提出來質問了，問我們說『何時生、何時滅？』我們要怎麼回答？」他們那些帶頭者當然回答不了！但是這樣還是救不了楊先生等帶頭者，所以我們要一本書又一本書繼續寫出來；後來他們終於有些人覺醒了，不再跟著毀謗阿賴耶識。

親證阿賴耶識的人，都無法找到一個法來毀壞祂；何況是沒有親證阿賴耶識的人，怎能毀壞這個心呢？所以這個心叫作金剛心，因爲確實沒有一法可以毀壞祂。即使是卑賤如螞蟻的如來藏，集合了十方三世諸佛的威神力爲一個超級大力量，也無法毀壞一隻螞蟻的如來藏；只能毀壞螞蟻的色身，只能毀壞牠這一世的識陰，但是毀壞不了牠的如來藏。所以耶和華很氣我，就是這個原因；因爲他縱使有一天要了暗招、賤招，派遣魔子魔孫把我的五陰毀壞了，可是我會轉生到下一世去，他還是找不到我。等到我下一世重新學佛了，把前世的所悟重新再悟出來了，我又出來破他，他還是無可奈何。他在欲界天中只是這樣看到：「這個謗我的人被我殺掉了，怎麼沒多久又有一個人在謗我了？」好像破斥他的人始終殺不盡。然而一世又一世，其實都是同一個人在破斥他，他也無可奈何。因爲無可奈何，現在就不管了，就讓我繼續破斥了，所以現在魔就不殺我了！這就是金剛心的厲害所在，能生生不息地出生後世五蘊，使菩薩繼續廣行菩薩道、救護眾生。

正因爲這個心是不可壞的，所以祂叫作金剛心。這個金剛心爲什麼不可壞？我想諸位都很想知道，今天就把答案送給諸位，可是你聽了不要失望（大眾笑…）。祂爲什麼是不可壞的？因爲祂是一切法的根源。由於一切法都從祂而生，一切法都要依附於祂才能存在，怎能反過來毀壞祂呢？所以答案很簡單：因爲祂是一切法的根源。既然所有的法都依祂而有，被祂所生的法當然不可能回頭來毀壞祂，所以祂具有這個金剛性。

講完了「金剛」二字，接下來說「般若」，般若有時候翻作「波若」；水波的波，第二字還是「若」這個字，讀作「惹」；其實意思是一樣的。但不能翻作智慧，因爲智慧的涵義太狹隘。世間法也有智慧，你書法要怎麼寫得好，山水要怎麼畫得好，汽車怎麼造得好，這些也是智慧；但這些都是世間法的智慧，不等於實相般若的法界實相的智慧。

「般若」這個意思，它是函蓋世間法與出世間法的，世間法是指三界有情眾生的身心，出世間法則是指三乘菩提的智慧，所以般若屬於世出世間的智慧，不屬於世間凡夫的智慧。如果你翻譯成智慧，會跟世間法所說生存、生活的智慧產生混淆。什麼叫作般若？般若是屬於勝義諦，不屬於世俗諦，所以不通二乘聖人。世俗諦，是講世俗法，世俗法是說五陰世間。阿含中說「有因有緣集世間，有因有緣世間集；有因有緣滅世間，有因有緣世間滅」，它講的世間就是講五陰、十八界。一定要有因、要有緣，因與緣具足，才能有五陰世間的出生；也要有這個因以及緣的配合，這五陰世間才能毀壞。所以「有因有緣世間集」，人就出生了；「有因有緣世間滅」，人就死了。爲什麼不說「因緣」使世間集呢，而要說「有因有緣」？爲什麼要把因與緣分開來說呢？顯然因和緣是兩個不同的法，這兩個不同的法配合，五陰世間才能出生。「因」講的就是入胎識，在阿含中說：識入胎所以出生了名色、五陰。如果識不入母胎，就沒有五陰名色出生，就沒有世間；所以這個識就是指入胎識，不是意識；因爲意識是五陰中的識陰所含攝的被生心。這個入胎出生五陰的識，就是萬法之因，這個識不屬於世俗諦聲聞解脫道所說的緣生法的法義，而是菩薩所證的實相般若的理體；由於證得這個金剛心如來藏，所以出生了實相智慧而有了實相般若，因此金剛心就是第一義諦的理體。

世俗諦是二乘菩提，它講的都是世俗法五陰、六入、十二處、十八界以及心所法，全都屬於三界中法，所以叫作世俗法；世俗法都是有因有緣而成住壞滅的，這是世俗法的眞實不變的道理，就是緣起然後性空，不能久住。假使能認清五陰等世俗法的緣起與性空，就知道五陰十八界我是假我，是生滅法；卻有另一個眞我常住不壞，就願意滅掉五陰、十八界自己，實證無餘涅槃。滅掉自己而不再有來世的五陰出生，一切的生死苦就不存在了，就是無餘涅槃，世俗諦就這麼簡單；可是到末法時代的今天，已經沒有人知道這個眞理；所以大師們都想要留著識陰繼續存在人間而不受三界諸苦，那都是妄想，永遠不可能達到，也違背 佛陀的二乘菩提正教。

但是解脫道，既然說的都是蘊處界、都是世俗法，而這個世俗法的眞實不可改變的道理就是緣起而性空，所以緣起性空就是世俗諦，只有金剛心如來藏的眞如境界才是勝義諦。三界有情世間的緣起而性空，這是三界中一切世俗法的眞諦，永遠不可能被改變；既然永遠不可能被改變，怎能夠妄想要把識陰所含攝的意識自己留著永遠不壞呢？可是這個緣起性空的道理，固然是世俗法中的眞實理而不可推翻，但終究說的只是世俗法五陰世間的層面。可是這世俗法五陰的背後還有一個實相存在，也就是說，由於這個實相，才能出生表面上所看見的蘊處界等世俗法。三界中的一切世俗法，都是有生有滅之法；也就是說，有生之五陰十八界法一定要依另一個眞實常住的法才可能出生，被生之法不可能在空無之中自己出生了自己；因此如果沒有背後這個實相金剛心的常住，就不可能有被生的五陰十八界等法出生，那就談不上五陰等世俗法的緣起了，當然也就談不上緣起以後的性空了；而大乘佛法中專門討論世俗法五陰背後的這個眞實相的教義，就是金剛般若的內容。所以金剛般若並不是在講世俗諦二乘菩提，而是在講世俗諦背後的這個萬法的根源——十方三世一切三界法界的眞實相。是由五陰等世俗法背後的這一個實相，來函蓋表面上存在的世俗諦，實證這個法義的智慧就叫作般若。因爲它不是世間智，那就只好依照梵音把它翻譯過來，就叫作般若。這樣把「金剛」

與「般若」綜合起來，意思就是「金剛心的眞實智慧」。

接下來說「波羅蜜」。修學大乘法時，大家常常聽到這三個字；這「波羅蜜」，最常聽到的叫作六度波羅蜜，但是很少聽到有人說「十度波羅蜜」，多數人是來到正覺同修會才聽到「十度波羅蜜」。可是這波羅蜜到底是什麼意思？波羅蜜，簡單的翻譯叫作「到彼岸」。台灣南部有一種樹也叫波羅蜜，如果那個水果吃了能到彼岸，倒也不錯；可惜的是，大眾吃了都到不了無生死的彼岸。可是你到正覺來，如果知見正確，你吃了那個波羅蜜水果，還眞的能到彼岸，這才叫作波羅蜜的宗通。「波羅蜜」的意思就是「到達無生死的彼岸」，是離開了生死而不在生死中。

說到這裡，接著就有個問題了：二乘人是解脫生死的，可是這個解脫生死，他們到底有沒有到了無生無死的彼岸？你們聽了會搖頭，是因爲你們來正覺以來聽我講多了。在我出來弘法以前，你要是膽敢說二乘聖人沒有到達無生死的彼岸，一定會被罵到臭頭；可是我們就把《邪見與佛法》講出來：二乘聖人其實沒有到達無生死的彼岸。好在我把《宗通與說通》先出版，那本《邪見與佛法》是特地延後一年才出版的，特地延後一年，等待《宗通與說通》寫好了先出版，再經過一個月，然後才出版《邪見與佛法》。否則的話，才一出版，一定是台灣佛教界的一場大風波。

當年剛出版時，大陸有人翻印了二千冊寄給各寺院，就有一些很有名的寺院說《邪見與佛法》的內容是邪說，公開蒐集起來燒掉；那是因為他們沒有先讀到《宗通與說通》，又不是眞的懂佛法，才會造作了破法的惡業卻還自以為是在破魔護法呢！但是我們說的法是正確的，只是近代已經沒有人懂得，也沒有人這樣講了！但其實在古時候，大菩薩們早就講過我的說法了！只是我出版《邪見與佛法》的時候，還沒有讀過那些經論，所以我當時也沒有聖教上的文字根據，是針對自己所知而講出來。然而三年前（編案：這是二〇〇六年十二月所講。經查《宗通與說通》是二〇〇〇年十二月一日出版，《邪見與佛法》是二〇〇〇年元月講述、次年元旦出版），我還眞的找到根據了，因為在論中，菩薩早就講過了：二乘人不曾到達無生死的彼岸。

二乘人為什麼不能到達無生死的彼岸呢？因為到達無生死的彼岸，一定要有一個能到的人，你至少要有一個心到達了無生死的彼岸，才叫作「到」。可是二乘人所證的涅槃是什麼？叫作灰身泯智。他們捨報了不再入胎，不再受生於三界，就這樣消失於三界了。消失了以後，不再有來世的識陰了，所以他所證的涅槃智也不存在了，所以解脫的智慧已經泯除了！後世也不再有色身，所以叫作灰身泯智。灰身泯智的意思，表示他們入了無餘涅槃以後，不再有五陰存在，已沒有覺知心存在；他們既然已經不在了，怎能到達離生死的彼岸？所以我說二乘聖人不到彼岸，只說他們解脫了生死的此岸。

因爲菩薩親眼看見了、親自觸證了涅槃實際，不離生死的此岸而到達無生死的彼岸；可是自己五陰還在，五陰現前看見了無生死的彼岸，可以現前轉依無生死的彼岸。請問：無生無死的彼岸是誰在住的？是如來藏，就是這個金剛心。

其實涅槃不是眞實法，涅槃是依這個金剛心而說有涅槃。涅槃就是不生不死，阿羅漢把自己的五陰十八界滅盡了，不再受生，並不是斷滅，所以佛在四大部的阿含諸經中這麼說：這些阿羅漢梵行已立、所作已辦、不受後有、知如眞。而說他們所證的涅槃是清涼、寂滅、眞實，有時又外帶四個字：常住不變。佛陀說阿羅漢們的五陰滅盡以後的涅槃，是眞實、是常住不變，那當然是還有一個眞實心存在，那就是出生他的五陰的入胎識，是剩下那個識獨自存在，所以無餘涅槃中不是斷滅空。

然後 佛陀又說，阿羅漢證得涅槃以後是「不知、不見，如是知見」；這都是《阿含經》中講的，說阿羅漢證得有餘涅槃以後，不知也不見，就這樣知涅槃，這樣見涅槃。那意思代表什麼？就在告訴我們說：阿羅漢所證的涅槃，他們滅掉了五陰十八界以後，剩下各自的如來藏眞實存在而常住不變；但如來藏自己對六塵是不知也不見的，阿羅漢就這樣知涅槃，這樣見涅槃。所以涅槃是依阿羅漢所證的那個斷除見惑、思惑以後，滅掉自己五蘊而剩下的那個入胎識來說，依他們的第八識境界來施設涅槃。可是阿羅漢生前並沒有證得這個第八識金剛心，而他們死後，他們又已經不在了，更無法了知這個金剛心何在，所以他們始終看不見涅槃之中到底是什麼。涅槃就是相對於這個有生死的另一個彼岸，可是那個無生死的彼岸在哪裡？他們都不知道。他們只相信 佛所說的：把自己滅掉以後，就是住在無生死的彼岸。所以大乘經中說：二乘聖人有解脫，沒有波羅蜜。

可是大乘菩提道中的七住菩薩卻不然，證悟般若的菩薩在人間五陰具足、五陰完好時，卻已經現前看見：原來無餘涅槃中就是這個金剛心，而這個金剛心性如金剛，無有一法可以壞祂。因爲沒有辦法壞祂，所以也沒有一法能出生祂。既然沒有法能生祂，就沒有法能壞祂，所以祂是不生不滅的。不生不滅的心就沒有生死，而且是本來就沒有生死，才叫作涅槃，有生有滅、有生必死的心就不是涅槃心。菩薩證得這個金剛心阿賴耶識以後，都可以觀察到這一點，然後終於瞭解：原來涅槃不是眞實法，原來涅槃只是名言施設，在施設說明這一個金剛心獨住而沒有生與死的狀況；當這個金剛心不再出生五陰的時候，就是二乘聖者所證的無餘涅槃。而金剛心是不生不滅的，是沒有生死的，所以祂的自住境界就叫作涅槃。

由於這個緣故，菩薩親證及轉依了這個金剛心，現前看見法界中的事實：原來自己本來就沒有在生死中，卻可以有五陰繼續生死；但是自己的眞實心、金剛心，從無始劫以來就沒有出生過，也沒有死亡過，這個沒有生與死的無境界的境界就是涅槃。這種菩薩所證的涅槃，叫作本來自性清淨涅槃。可是菩薩證這個涅槃時，菩薩的五陰世間還在，是以這個五陰世間證得五陰背後那個實相心——證得背後那個涅槃境界；所以證悟的當下住在如來藏的境界、如來藏的本來涅槃之中，那就已經是到達無生死的彼岸了。

因爲這個金剛心從來無生亦無死，從來不生亦不滅；無生無死，不生不滅，所以叫作涅槃；而涅槃是菩薩的五陰現前就可以安住的，就這樣安住下來，所以菩薩才能叫作實證波羅蜜——以五蘊到達不生不死的彼岸。可是到達無生死的彼岸以後，卻無妨同時又在有五蘊生死的此岸繼續與眾生同事、利行；這樣子兼具兩邊而住於中道時卻又不取中間，如是住，如是而生其心。所以證悟的菩薩住在無生死的彼岸時，照樣可以在五蘊生死的此岸利樂眾生而無所阻隔；所以利樂眾生時，在生死此岸中又不妨礙同時住在涅槃彼岸，這樣才能叫作波羅蜜。如果是要死掉、滅掉自己而去涅槃的彼岸，而離開了生死的此岸，那就沒有波羅蜜可說；因爲他已經把五蘊自我滅掉了，就不能說是到達無生無死的彼岸了。所以「波羅蜜」只有菩薩能證，二乘聖人之所不知。今天只能講到這裡，精采的就留到下一週了。

《金剛經宗通》是從上週開始講的，但只是講到經名，最後一個字還沒講。《金剛般若波羅蜜經》這個「經」字的意思，講的是貫串成爲一個整體的意思。因爲我們講經不是像一般的座主把經名拿來作科判，所以我們這回對經名就講得很快了。以前講《楞嚴經》的時候，「大佛頂」三個字要講兩個鐘頭，但那是因為「大佛頂」有特殊的意義，才這麼講；所以我們那時候也是沒有作科判，而是直接講述「大佛頂」的眞義。作科判是兩種人在作的，第一種就是學術研究，把它拿來分為幾個科別然後加以判攝；至於要判歸哪一個科別所含攝呢？那就由他們自由心證了。但是要談到佛法的自由心證，其實學術研究者都沒有那個能力，所以他們作出來的許多科判是錯誤的。就像古時候六識論的應成派中觀師，他們把《瑜伽師地論》拿來作科判，那其中的判攝當然是有許多的錯誤；因為他們都不是實證者，不曾眞正理解過論中的義理，因此他們所作的科判大部分都是錯誤的。但是我們講經寫書時都不作科判，我們是要直接把經中的眞實義讓大家瞭解。

不過另外一種人，卻是很有資格來將經論作科判的，那就是已經親證而且有了道種智，就絕對有能力來作科判。這樣的科判，對於眞正在學佛的人來說，就有非常好的作用；可以讓已經破參的人在讀某一部經或論之前，對那部經論先有個大略的認知，知道這部經論是在講什麼；因為大善知識已經對各部經論加以分科，而且判攝分類完成了，大家都可以依照正確的分科與判攝，選擇自己目前需要的經論來深入研讀深思，增益自己的道業。我們就基於這個原則而對經名加以略說，其實也有一點點科判的意思，能夠讓大家瞭解：自己所即將要聽聞的這部經，主要內涵是在講什麼。

這部經，既然稱為經，就表示它有一個完整的內容，不是支離破碎的。可是經的意思既然是貫串而成為一個整體，那麼《金剛般若波羅蜜經》講的究竟是什麼？是以什麼法來貫串整部經中的法義呢？假使能先把這個經名的眞實義確實了知了，接下來你就會瞭解這部經是以什麼法來貫串整部經義，知道這部經是要講解什麼法義給我們知道。《金剛般若波羅蜜經》，意思就是以金剛不壞法的智慧到達解脫生死的彼岸的一部經。所以這部經中要說的，顯然就是要讓你親證實相心，以實相般若所依的金剛不壞心，來到達解脫生死的彼岸，這就是《金剛經》要爲我們解說的主要義理。

正式要進入這部經的經文之前，關於這部經的某一些事情，是跟大家息息相關的，當然也要爲大家作個說明，我把它分成四個部分來講。第一是與《金剛經》的宗通有關聯的事相。我們講的既然是《金剛經》的宗通，當然不是像一般的法師、居士們那樣的講法。就像有很多人講解或註解《心經》，但是我們講解《心經》時卻用不同的方式來講。同樣的，《金剛經宗通》當然是以通宗的方式來說明、來講解。

這個《金剛經宗通》的題目，古時就有人講過了！在明朝末年有一位很有名的居士叫作曾鳳儀，他是用文字加以註解的，就叫作《金剛經宗通》。這位曾鳳儀居士在明朝末年弘法，他曾經三次去朝禮智者大師的拜經台。但是我認爲說，智者大師建一個拜經台來拜經，而曾鳳儀去三度禮拜智者大師的拜經台，都遠不如轉經——拜經不如轉經。拜經的意思是說，無明深重而想要去深入瞭解經中的義理，卻完全無門可入，沒有下手處，不得已，就拜經；看自己經由一字一拜，能不能拜出什麼結果來。可是百分之九十九點九的人拜經拜了一輩子，仍然沒有入處，這個現象是古今一同。

曾鳳儀去拜智者大師的拜經台，還不是拜智者大師本人；但即使他親見了智者大師，向智者大師禮拜過了，還不如回來拜《金剛經》；因爲智者大師也並沒有證悟如來藏，所以我說拜經不如轉經。曾鳳儀那麼有名，拜經拜了一輩子，結果還是無法轉經。至於說轉經是什麼意思呢？那您就別急，繼續聽下去；在《金剛經宗通》裡面，自然您就會懂得什麼叫作轉經。但是知道轉經了，並不等於能夠自己來轉經。至於能否自己轉經，那就要看各人的福德因緣了。

《金剛經宗通》我在很多年前就得到一本，就是曾鳳儀註解的，但是一直沒有時間去讀；而那本精裝本的書籍，由於收藏多年而忘了放在何處，一直也找不到。後來拜託新竹講堂那邊把續藏裡面他的註解找出來，也是一直沒時間去讀它。可是後來我卻偶然把很多年前得到的那一本又給找了出來，但是也沒時間去讀它。直到上上週的星期五，才把它拿出來讀一讀；隨後發覺原來曾鳳儀也是落在離念靈知中，原來是跟憨山德清、藕益大師一樣，還是落入離念靈知，跳不出意識的層次。

自從元朝之後，眞悟祖師大多跑到西藏密宗去了，都在覺囊派裡面。但是這期間還有很多大禪師在中原各地弘法，卻都是落在離念靈知識陰裡面，連鼎鼎大名的憨山德清以及他最要好的至交紫柏「尊者」都一樣。這當然是有原因的，因爲古時眞悟的祖師們想要從西藏密宗內部，根本解決佛教的弊病；這是由於那段時候，元朝、明朝、清朝的皇帝大多信奉密宗，都拜歡喜佛，夜夜都在後宮修雙身法，執著意識與身識的境界，認定識陰是眞實法。甚至雍正皇帝成爲人王還不滿足，還想要當法王；既要當法王，最快的方法就是密宗的即身成佛——在自己身上就成佛了。可是那個成佛，究竟成個什麼佛呢？只能說雍正是成爲戲論佛，不是眞正的佛。

由於元、明、清三朝皇帝的高壓統治，又信奉樂空雙運的歡喜佛，眞正的佛法無法在中原地區弘傳，所以祖師們乾脆投胎到西藏去；因爲皇帝們既然都信奉藏傳「佛教」密宗，（元朝、明朝、清朝皇帝大多篤信密宗，明朝只有前幾代皇帝是信如來藏法的，但是沒幾代就轉信密宗藏傳佛教的雙身法了；因爲後宮有那麼多漂亮的女人，皇帝夜裡不修雙身法，他當皇帝要幹什麼？）所以一定會與雙身法邪淫境界相應。祖師們看在眼裡，知道那種政治情勢下沒辦法有所作爲，只好設法去西藏受生，想要把密宗藏傳「佛教」整個翻轉過來。如果藏傳「佛教」密宗轉變了，皇帝老子就得跟著變。當然，祖師們這個計劃，後來也是功敗垂成，不敵眾生的業力。

言歸正傳，曾鳳儀是明末的人，跟明末的天童山圓悟法師大約是同一個年代的人，同樣是以離念靈知心作爲眞如心。曾鳳儀的《金剛經宗通》，其實是根據憨山德清的《觀楞伽經記》來作根據，他也曾經把《楞伽經》加以重新註解。這位曾鳳儀把他的《金剛經宗通》寫出來之時，同時又用長水子璿的《金剛經纂要刊定記》作爲宗本；可是長水子璿是圭峰宗密的傳人，圭峰宗密雖然很有名，但也是落在識陰離念靈知中，曾鳳儀其實是間接繼承了圭峰宗密的離念靈知來寫《金剛經宗通》。圭峰宗密落入離念靈知中，當代眞悟禪師不免要加以拈提破斥，所以他寫的《禪源諸詮集》，可能是年老的時候不敢繼續流通而毀版，後來只剩下其中的一篇「都序」流傳下來——就只剩下這一篇序文存在，全集的內容已經完全遺失不存了。而他的傳人長水子璿造了《金剛經纂要刊定記》，師徒兩個人都是落在識陰離念靈知中，所寫的內容是否眞的「宗通」？也就可想而知了。而曾鳳儀根據他的《金剛經纂要刊定記》作宗本，來註解《金剛經》而寫成「宗通」，他的《金剛經宗通》的內容，諸位一樣可想而知。

爲了證明這個事實，今天我抄錄了一段曾鳳儀的《金剛經宗通》的緣起，來跟大眾分享，就知道他是如何錯說佛法的，也就證明他並沒有通宗，他寫的那本《金剛經宗通》也就沒有通宗的功德，讀了也是白讀。在他的序文裡面這麼說：「蓋聞佛智甚深，上哲莫窺其際；聖言至妙，庸流豈識其端？空生唱無說而雨華，疑絲暗擲；無著昇兜率而面教，分部猶違；乃知般若無邊，允唯金剛第一；研窮匪易，信受誠希。……」

這一段文字，在他的第二行有四個字「分部猶違」，是我抄錄出來的重點。這意思是說：「佛法的智慧非常的深妙，最上根器的哲人也無法窺知其中的邊際；聖人之言是最微妙的，凡庸之流豈有可能知道他的端緒？空生，」空生就是《金剛經》的緣起人，就是須菩提。他說：「須菩提高唱無說而諸天雨華，這時候可以說是疑絲暗擲；」意思是說很多的人、天都聽不懂，就猶如織布的人用梭把絲暗中擲過去了。暗中擲過去，別人沒看見而懷疑是否已經擲過去了，這叫疑絲暗擲；因爲大眾聽不懂，所以說是暗中把疑絲到處丟。「無著昇兜率而面教」，這是說 無著菩薩上昇兜率陀天親自面見 彌勒菩薩，得到了 彌勒菩薩的教誨；但是曾鳳儀說 無著回來之後「分部猶違」，是說 無著菩薩把佛法分門別類時卻給分判錯誤了。曾鳳儀接著說：「由此可知般若的智慧廣大無邊，而最重要的就是以《金剛經》最爲第一；想要研討而窮盡《金剛經》的眞義，能夠信受的人確實是非常希有的。」這就是曾鳳儀的說法。可是我們把《瑜伽師地論》、《顯揚聖教論》請出來閱讀的時候，我們發覺 無著菩薩的「分部」是完全如理作意的，並不曾違背了 佛與 彌勒菩薩的教導；所以曾鳳儀說　無著菩薩「分部猶違」，這是大有問題的；由這個大有問題，當然也可以佐證他是沒有開悟的。

也許有人想：「你蕭老師一生評論大法師們，現在連古時的居士，跟你同一個身分，你也批評！」我說：「是！因為我不管身分，我是就法論法；就像法官在判案一樣，不管你皇帝老子或者卑劣貧民，一樣要依法論法。」現代也有一句話，叫作「法律之前人人平等」。我就不管對方是什麼身分，只要他錯了，雖然是我老爸，我也說他錯，絕對不將佛法作人情。我們早年是曾經將佛法作人情的，不管誰來問：「某某法師的法好不好？」「好。」「某某居士的法好不好？」「好。」我全部都說好。可是後遺症來了，我說人家的法好、正確，可是我的法跟人家不一樣，所以我的法顯然錯了！因為人家的法都是識陰離念靈知，而我偏偏倡說離見聞覺知的如來藏，而我也說他們的法好嘛！於是那些人就說我：「顯然你的法不對，你悟錯了。」原來我想要作好人也作不成，所以後來乾脆不賣人情，不管他是哪個天王老子都一樣，對就對，不對就不對，所以才會把當代天下的大禪師們都得罪光了。可是這條路是不歸路，一旦走了，就無法回頭了，我們這輩子就要走到底了。

話說回頭，無著菩薩每天上昇兜率天宮向 彌勒菩薩請法，回來就記錄下來，他的《瑜伽師地論》就是這樣來的。但我們請閱了之後發覺，它不但是「分部完全正確」，而且是極爲勝妙的，所以我們就請來當作增上班同修們悟後進修的課程。而這部論也廣被佛門稱爲根本論，由此可見一斑。《瑜伽師地論》是一切菩薩論的根本，所以稱爲根本論，可見它是如何的尊貴以及崇高；可是這麼尊貴崇高、勝妙完整的法義，在玄奘菩薩前往西天修學的那個年代，卻被安慧、般若趜多、木叉趜多等人謗爲外道論；到今天，一向也都被藏傳「佛教」中的六識論等應成派中觀師毀謗爲外道論。

既然等覺菩薩都會被聲聞法師們謗爲外道了，那我平實小子被謗爲邪魔也就沒什麼可奇怪的了。因此，不論人家怎麼無根誣謗，我始終不會有一點點的不悅；因爲我覺得末法時代會被凡夫法師毀謗的正法，才是眞正的殊勝妙法：當一大堆醉漢說你沒醉時，你其實正是和他們一樣的醉漢；當他們都說你是醉漢的時候，你才是沒有醉的人；所以我被凡夫法師們毀謗時，心裡總覺得是應該接受的。如果爲了這樣的事情去起瞋，那眞是愚癡人；當你遇到了一群醉漢毀謗你，你是應該轉頭就離開呢？還是要跟他們對罵呢？當然不跟他們對罵。但是等他們酒醒了，你得要跟他們說道理，救他們別再繼續迷醉下去。

所以《金剛經宗通》這個講題，並不是前無古人的，因爲已經有明末的曾鳳儀寫過了！但也不可能是後無來者，因爲後代的人（也許幾百年後、幾千年後），可能也會有人模仿我再講一次，所以不可能說後無來者。我要讓大家瞭解的是：《金剛經宗通》是以前就有人講過了，但是因爲他的註解錯了，所以我們也不採用。就像《楞伽經》在藏經中也有兩部或三部古人的註解，同樣也是不值得參考。同樣的，我們《金剛經宗通》要以自己的內容來演說。

第二個部分，要說《金剛經》的定位。在佛菩提中，它的定位在哪裡？這也是諸位需要知道的。《金剛經》是三賢位菩薩之所修與所證，《金剛經》屬於般若的總相智與別相智，也就是根本無分別智與後得無分別智。也許你會聯想到：既然是後得無分別智，那麼它的根本智呢？其實根本智就是《金剛經宗通》。假使你已經通宗了，也就是說你已經找到如來藏了，已經能夠現觀金剛心而且轉依成功了，就有根本無分別智了。而這部《金剛經》就從根本無分別智到後得無分別智，爲大家作一個總合的提綱挈領式的說法。

可是如果從解脫道來說的話，從解脫道來看《金剛經》的時候，這《金剛經》究竟是應該幾果所攝？它是從初果到三果所攝，因爲它並沒有談到三縛結、五下分結及五上分結的斷除內容。但是依此經進修到最後，還是會自然地漸漸斷除五下分結而證三果。也許你想：「爲什麼不包含第四果呢？」因爲如果包含第四果，除了上面說的斷結的內容以外，一定還要說到我慢的斷除，那就是專爲否定意根及識陰六識心，它就應該歸屬於聲聞法而不必談到金剛心了。但這部經要的是讓你生起實相般若而且永伏性障如阿羅漢，卻不要大家像阿羅漢一樣斷盡思惑而取無餘涅槃，所以把此經的證果範圍判歸初果到三果，也就是從眞見道到相見道的圓滿位的果證；因爲即使最後入地前須證阿羅漢果，還是得要再起一分思惑以潤未來世的繼續受生。

如果依佛菩提道三賢位的習種性、性種性以及道種性的證果來說，《金剛經》則是函蓋這三個種性的；因爲對一般人來說，聽到善知識開示說「眞如甚深極甚深」，可是對於眞正已經入道的菩薩們來說，眞如並不是甚深極甚深；因爲眞如的取證，只是三賢位菩薩的實證境界。「甚深極甚深」的說法，是針對尚未迴心大乘的阿羅漢，以及尚未入道的凡夫菩薩及外道而說，才會說「般若甚深極甚深」；而般若實證的就是如來藏的眞實性與如如性，由於如來藏有眞實性及如如性，就合稱爲眞如；證如來藏而現觀祂的眞實性與如如性的人，就是證眞如的人。祂之所以是甚深極甚深，是因爲連不迴心的俱解脫三明六通大阿羅漢也不知道，所以是甚深極甚深；但是在佛菩提道中，這只是三賢位中的修證而已，而《金剛經》講的正好是這三賢位中的實證內容。

假使想要悟入金剛般若來獲得根本無分別智，應該要依此經而修。想要修習此經，就先要瞭解此經的意思；可是這個「此經」的眞義，這裡卻要先賣個關子，到後面經文中再來說。而修學《金剛經》時，其實也應該配合著修學與「此經」有關的法，並不是單修《金剛經》的經義就可以證悟，這就是佛說的「趣『法、次法』」：你要趣向「法」，也要同時趣向於「次法」；凡是與法的實證相關的次要諸法，菩薩也得要同時趣向。趣法，法就是指般若實相智慧。趣向次法，次法講的就是前五度，從布施開始，然後持戒、忍辱、精進、禪定；當這五度的修學有基礎了，也就是證悟「法」之前應該具備的「次法」已經滿足了，然後才能得到第六度般若的法。所以想要圓滿三賢位的人，都不能單求第六度的智慧，必須先修前五度，或者同時間修習六度，而《金剛經》談的正好全都是與六度有關的法。

曾鳳儀的《金剛經宗通》裡面，對本經的定位顯然是錯誤的；因為他認為菩薩們修學佛法所證的無生法忍，是在資糧位、加行位就已經得到了。但佛菩提中資糧位是在六住位滿心之前，六住即將滿心的加行位，乃至證悟而入七住位中有了根本無分別智，也仍然談不上無生法忍的；最多只得菩薩的「人無我」智慧而已，最多只是聲聞果的分證，所以他的判攝是錯誤的。因此我們把本經的定位，在解脫道上判定為三果以下的實證，在佛菩提道中判定為三賢位之內的實證。

第三個部分說《金剛經》是「破相、顯宗」。一般都判《金剛經》只有「破相」，但不知道它其實也是藉著破相來「顯宗」。相，指的都是蘊處界中的法，都是有相的。《金剛經》中固然把種種有為法的假相都破斥了，又同時顯示出佛菩提的宗旨——離一切相的金剛心；所以宣講《金剛經》時固然必須依破相而說，也必須同時顯宗；必須破相與顯宗同時具足，才能夠說是宗通，才能契合《金剛經》的宗義。如果單只有破相而不能顯宗，那麼他講的《金剛經》就不是宗通，並且一定不能契合《金剛經》的宗義。破相而不顯宗的人都會有一個現象出現，就是落入斷滅空中；這一類人會極力說明《金剛經》的宗旨就是講一切法緣起性空，所以認爲《金剛經》的主旨就是在說一切法空；這就是破相而不顯宗的人會顯示出來的過失，印順法師正好是這類人，所以他判攝般若系列諸經爲「性空唯名」。般若諸經所說若眞的如他所說一般，是一切法緣起性空而唯有名相，那麼他的意思就是說：般若是戲論。這就是印順否定第八識金剛心以後，成爲六識論者，所以只能破相而不能顯宗；這個植基於六識論來解釋《金剛經》的根本原因，就使他的邪見表顯於他的《妙雲集》諸書中，隨處可見。

但如果講《金剛經》時是只顯示宗門眞實義而不能破相，那麼他將會有一個現象出現：他在平時與人言談時，或者他在講經說法時，將會從早到晚跟你談論他所證的如來藏，會時時刻刻讓你覺得他是一個證悟的聖者；可是他的惡劣習氣一大堆，從來都沒有改變過，從悟前到悟後都是如此；縱使悟後經過很久的時間了，還是沒有絲毫的改變。換句話說，他顯宗而不破相，其實是緣於還沒有轉依所證悟的如來藏所顯示的眞如性；由於他的轉依還沒有成功，所以他雖然知道如來藏的密意，懂得般若了，我們卻說他不是眞的見道，還沒有進入「眞見道」位中。那麼他將會繼續擁有無量無邊的不良行爲，延續以往的貪瞋癡的種種作爲；所以他縱使有智慧，但是智慧對他沒有產生正面的作用；雖然有智慧卻仍然沒有絲毫解脫果的功德受用，那個智慧就只是「乾慧」而已。所以《金剛經》的宗通必須雙具破相及顯宗，顯宗表示不是墮入一切法空裡面，而有金剛心本來涅槃的實際親證；破相是說，於世間法或出世間法中的種種果證都沒有執著，也對種種錯說佛法的人願意加以拈提，不惜得罪諸方大師，救護眾生不再被假名大師所誤導而共犯大妄語業；這樣二邊都具足了，才能夠說他眞正是《金剛經》的宗通者。

第四，宗、教不相離。宗門與教門本來就是不分離的，宗門的所證其實就是教門中所說的內容，而教門中所說的內容其實就是要幫助大家親證宗門的眞義。因此，還沒有開悟之前，要去尋找眞正的善知識，去領受教導；有善知識的教授，就能遠離錯誤的方向，邁向正確的路途，這就是「教」。依教而奉行，奉行的結果就是依照善知識的教導而獲得實證，實證了便叫作通宗，所以教與宗不可分離。當他通宗了以後，他就可以如善知識一樣爲人教授，讓別人也同樣可以通宗，一樣是依教通宗。當別人在他教授下通宗了，又可以像他一樣爲人教授，證明教不離宗。由這個事實可以證明一件事：先由宗門的通達而爲人教授，這是乘願再來的人從宗出教；經由善知識的教授而使學人悟入及通達宗門，則是藉教悟宗。因此，教門所說的就是證悟者所悟的內容，悟後爲人說法即是想要幫助學人同樣證悟他所悟的內容，不可能與他所悟的內容不同，所以宗與教是一體的兩面。就像一張紙的正面與背面，正面明明就是紙張本體，可是無明所障而不知道那就是紙，善知識就請他閱讀背面的文字，背面的文字在在處處說明讀者拿在手上的就是紙，讀者讀後終於弄清楚了：原來文字是印在紙上，自己手上拿的就是紙。那麼讀者對於正面的無字天書就可以讀得津津有味，法喜充滿，所以說：宗、教不相離。

可是悟錯的人遇到菩薩爲救護眾生、爲護持正法而破邪顯正時，他們就不服氣，就開口毀謗、出手指責說：「你老是引用經典裡面的文字來說我們悟錯了，可是教下與宗門是不一樣的，所以你講的都是教門，與宗門的開悟無關，不該說我們悟錯了。」正因爲常常有人這樣講，所以我就著手寫公案拈提等書；公案拈提書中所拈提的，可都是宗門內事，我的《宗門正義》等公案拈提的書，就是在這樣的前提下寫出來的。因爲我們依據經教而說如何才是眞正的開悟，他們不信，說要談宗門才算數，那我們就把宗門的公案拿出來談，就這樣一年又一年連續寫了七輯。第八輯在寫了四、五則以後，心裡覺得再寫下去實在沒意思，心中覺得說：「已經寫七輯了，如果還不信，這些人就眞的是無聊，不可救藥！」所以我就不寫了，那幾則如今還擺在電腦裡面。

這意思就是說，宗門與教下是不相離的。釋迦牟尼佛來人間示現一世，出世說了三乘菩提等三轉法輪諸經，那三藏十二部經浩如煙海，有好多人說：「根本讀不懂呀！」可是有的人讀不懂，鍥而不捨努力去讀，怎麼讀呢？閉關。閉關了幾年，把大藏經從頭讀到尾，但是讀最多遍的是誰？是王雲林老先生！王老居士前後讀了六遍，他跟我說：「我就欠腦後這一下子！」詳細讀了六遍，有多少人能像他這樣？可是大家應該想想看：佛講了三藏十二部經，是根據什麼而講？當然是根據祂的開悟內容。因爲開悟了所以成佛，因此把祂開悟的內容講了出來成爲經典，名爲教下。可是眾生不容易懂得佛法，那該怎麼辦？因此 佛陀就以方便善巧，分成聲聞部、緣覺部、菩薩部的法義來宣講。分成三部以後要怎麼說呢？先講聲聞與緣覺的解脫道的內容，然後再講菩薩部（也就是佛菩提部）的內容。但因爲佛菩提部的內容太多了，所以又分成兩個部分：般若部與方廣唯識部。所以第二轉法輪的般若系列諸經都說完了，好多弟子完成三賢位的修證了，再爲他們演說一切種智等方廣唯識諸經，使他們可以地地轉進，來完成整個佛道的修行。

所以，教門三藏十二部經，都是因爲 佛陀證悟宗門才講出來的，講出來的內容就是教門，而這些教門所講的都是 佛陀證悟的內容。因此教門的所說，就像一個指標，標出一個方向來，所以叫作指月。你想要找到那個月亮，可是月亮在哪裡呢？不知道方向，因爲從來沒看過，根本不知道應該找出來的是哪一樣事物，那要怎麼去找到它？於是得要有人用手指指出來。當知道月亮的人把明月指出來的時候，有智慧的人就順著手指的方向去找，便找到了！沒智慧的人就說：「你這個手指就是月亮。」所以禪門常常有一句話說：「抱著指頭當月亮。」愚癡地每天讀經而不想參禪，只想憑著思惟來理解經中的義理，不知道應該依照經中的義理去找出自己的金剛心。

更有一些愚癡人，否定了經中所說的第八識金剛心，而想要思惟理解經中所說金剛心的義理；就好比有人否定了善知識所指的天上的月亮，卻想要理解善知識的指頭所指的內涵。有些表面上看來很聰明的人就狡辯說：「你的手指又不是明月，我為什麼要聽從你的教導？」然而有智慧的人，知道手指不是標的，而是一個指標，於是順著手指的方向看去，就找到月亮了。同樣道理，教門就是那個指月之指，它就是用很多的方便，把不可以明說的月亮指出來給你；所以教下所講的一切都是在指向那個月亮，但是要能夠知道它是指向何方，以及要指出正確的方向，那就不容易了，所以才說眞悟的善知識很重要，原因就在這裡。因此 佛陀證悟後把祂的所悟講出來而成為經典，就是教下；而教下的一切經典所說的就是 佛陀證悟的內容，那顯然宗門與教下是一體的兩面，不能夠說宗門與教下是無關的。

因此，以後凡是遇到有人跟你說：「**宗門與教下無關，你不要引經據典來跟我談，我悟了離念靈知就是證眞如。**」你就告訴他這個道理，告訴他「為什麼宗、教不相離」的道理。正因為這個緣故，所以眞悟的祖師們有一句名言說：「依文解義，三世佛怨；離經一字，即同魔說。」這意思就很清楚了！假使還沒有親證，把經論拿來依照文字的表義去說，真的會招來三世佛怨。現在十方諸佛在他方世界，天耳清澈聽到他依文解義，天眼清明看到他依文解義而使大眾都是久修而不能觸證，當然都會怨：「我們諸佛所說的不是這樣，他爲什麼要說我們是這麼解說的？」過去諸佛在諸天天界廣度眾生，看到人間的假名善知識依文解義、嚼文字穀，也會搖頭說：「沒想到人間有這樣的佛弟子，把經典講成這個模樣！」假使你還沒有破參，你就是未來佛，因爲你的自心如來還沒有找出來；這樣的未來佛聽了，不知道其中的過失，快快樂樂跟著假善知識走上岔路，每天還覺得法喜充滿，卻依舊不知道眞正的法究竟是什麼。等到有一天人家提出來說：「你每天聽他那樣講，他卻都是依文解義。」那你說：「這樣沒有辦法證悟般若嗎？」「對呀！確實沒有辦法開悟般若，因爲方向都錯了。」那時你心裡面就要怨嘆了：怨對方而嘆自己。只好嘆一口氣說：「唉！我某某人何其無福，遇到這樣的假名善知識！」現在佛、未來佛都如此，過去諸佛也都不認同假名善知識的依文解義，所以依文解義當然是三世佛怨。

可是假使有人不肯依文解義，用他自己的創見來講，講出來的就跟 世尊大不相同，那就是創見；是他自己創立新的見解，那就是創見。如果是創見，那就不是佛法；因爲他的說法與經中 佛陀所講的違背了，違背了就不是 佛陀所說的法了。那應該稱爲什麼法呢？稱爲外道法。或者譬如說，那個人如果姓蕭，就叫它蕭法；如果姓張，就叫它張法，都不能叫作佛法。好在我這個姓蕭的講的，全都是眞的佛法，因爲全都是 佛陀所說的法義；是如實親證而如實演說出來，完全契合 佛陀的教下所說的宗門內容。

如果專學羅漢的法，將來可以眞正的證得阿羅漢果，那也不錯；但那不能叫作學佛，只能稱爲學羅漢，所學的法就叫作羅漢法；因爲那樣的解脫道法義不能使人成就佛果的功德，所以學那個法就叫作學羅漢，不叫作學佛。因爲學佛是要包含阿羅漢的法，但卻是同時可以邁向佛地的法，那樣學法時才叫作學佛。所以學佛與學羅漢要分清楚，這個知見在現代倒是非常重要，否則學到老了，臨走了，縱使證得阿羅漢果了，結果依舊不是學佛而只是學羅漢。如果他的根性是菩薩性，到時候一定會怨嘆他的老師說：「你爲什麼教我學羅漢？我明明說是要學佛的，我不是要學羅漢。」然後他就只好再起一分思惑，暫時成爲大乘法中的通教菩薩，死後再去投胎，看未來世有沒有因緣可以遇到眞正的佛法，才能成爲一個眞實學佛的人，我們就說這種人叫作通教菩薩。因爲他的法是互通於三乘教的，但他的根性依舊是菩薩，因此成爲阿羅漢以後是不會入涅槃的。

所以，眞正的學佛，它的內容是什麼，是大家必須要注意到的一點。假使你所學的法是能成阿羅漢而不能成佛，那你不是在學佛，是在學羅漢；假使你所學的法是可以成佛的，同時也是可以成爲阿羅漢的，那就是眞正的學佛。可是不論學羅漢或者學佛，所學的法都不能離開經教，因爲實證的宗通，必須要與教下的經典完全相符合，否則那個學法或是開悟，就大有問題。因此，學羅漢的人，所學的法必須完全符合四大部的阿含諸經；學佛的人，所學的法必須完全符合二轉法輪、三轉法輪諸經。沒有一個人是可以離開諸經、違背諸經，而說他眞的在學羅漢或者學佛。

那麼《金剛經》的經題就講到這裡，現在要進入經文了。關於這部經的經文，請張老師唸經文的時候，是以品爲單位來唸，不是以段爲單位。

〈法會因由分〉第一

【如是我聞：一時佛在舍衛國祇樹給孤獨園，與大比丘衆千二百五十人俱。爾時世尊食時，著衣持鉢入舍衛大城乞食。於其城中次第乞已，還至本處；飯食訖，收衣鉢、洗足已，敷座而坐。】

講記：我是如此親自聽聞的：有一段時間，佛陀住在舍衛國的祇樹給孤獨園中，與大比丘衆一千二百五十人共俱。這個時候 世尊到了應該午齋的時候，穿起外出時應該穿著的僧衣，手中持著鉢盂進入舍衛大城中乞食。在那個城中乞得食物以後，回來祇樹給孤獨園中；吃完飯以後，收起出外所穿的衣服和鉢盂，又以水清洗了腳之後，敷設座位而坐下來。

這第一品是〈法會因由分〉。〈法會因由分〉，是說明這個《金剛經》法會生起的緣由。諸位在這一段第一品中，有沒有找到這個金剛法會的什麼因由？好像沒有吧？可是它明明又叫作法會的因由。我們先來依文解義一下，先來讓三世諸佛怨一下，然後再來談眞實理，消除三世佛怨。這第一品的法會因由是這麼說的：

「如是我聞」，這意思就不解釋了，因為這四字的意涵，大家都已經聽多了。這一品中說有一段時間，佛陀是在舍衛國祇樹給孤獨園。關於祇樹給孤獨園以及舍衛國，我也不解釋，因為諸位也都聽多了。那時候 佛陀是與大比丘眾一千二百五十人同在一處。那個時候 世尊到了應該吃飯的時候，就把托缽時應該有的威儀具備了，也就是搭衣齊整、威儀庠序。

關於搭衣，三條衣、五條衣、七條衣、九條衣，在古時候 佛陀的年代，跟現在正好相反。剛開始時的僧團中，關於所穿的衣服，他們有貼身的衣服，還有出外穿的衣服，然後還有乞食應該具備的，或者要面見 佛陀時應該具備的較好的外服。可是當時出家人的衣服，都是從屍陀林——也就是棄屍林，那邊去撿來裁製而縫製的。也就是說，貧苦人家有人死了，用粗布包裹好了以後，就請揹屍人（有些人是專門為人揹屍體賺錢的），揹到一個指定的森林裡面去，就丟在那邊任其腐壞，因為那個死人家裡窮到沒有錢可以為他安葬；那個地方就叫作棄屍林，或叫作屍陀林。家屬請人揹去那邊丟棄的時候，最外層的布（因為是要請人家揹去丟掉，所以那個屍體外面要再包一層比較清潔的布），是比較清潔的。比丘們就去把那個外層的裏屍布撿回來，然後用泥土染色，縫成僧服。印度的泥土多是紅土，在蘭毗尼、不丹、北印度多是紅土，所以就用紅土把它染成不好看的顏色，或者用一種樹汁染成較紅的顏色；有些地方則是用黑泥染成灰色。土是最沒有價值的，就染成土的顏色。當然是要先洗淨以後再去染成壞色，染好了就作成僧衣。換句話說，僧衣既不好看，也是最沒價值的裏屍布縫製成的，根本就沒有什麼價值，沒有人想要偷取，所以都不必害怕被別人偷去；因爲沒有人想要偷，比丘們心中就對僧衣完全沒有牽掛。

這個僧衣，比較有福報的人，就拿到比較完整的裏屍布，縫起來就成爲三條衣；因爲它比較寬，只要三條縫起來就夠了。如果福德比較不夠的，只能撿到破破碎碎的小布條，可都要拼拼湊湊；所以有的人拼湊起來時，一件僧衣就要五條的長條布來縫，乃至更小的布塊就要七條來縫。最差的就要九條，因爲很零碎而撿來裁成的布條就成爲最小的，全都窄窄的一條，於是得要九條才能縫成一件外衣。可是後來因爲把比較好的讓給別人，比較差的自己來穿；而九條衣是最差的，最差的留給自己穿；人家就說：「這個人修行好！」結果穿最差的人就顯示是修行最好的人，所以後來就開始模仿而變成搭衣的時候，要看三條、五條、七條、九條；穿九條衣的人是修行最好的人，後來變成身分最高的人才可以穿最差的九條衣；於是累死現代那些縫僧衣的人了，因爲他們必須把完整的好布料先裁成九條，然後再縫起來成爲九條衣，眞是多此一舉。

因爲以前比丘們的僧衣都是去棄屍林撿回來的，可是人家剛丟下去，不能馬上撿，往往要等到屍體爛到差不多了，最少也要稍微壞了；往往都是狗來啃過，鳥來吃過等等，所以布大多不完整，得要拼湊。因此古時候僧團裡面，一定要有針與線，加上半月形的刀，這樣拿著可以割布，像這樣子劃下來就是裁一刀。古時候在僧團中，這些都是非常重要的用品，後來半月形的裁衣刀就演變成長長的戒刀了。然後傳到了中國，《水滸傳》描寫宋朝的出家人，長長的戒刀還可以用來殺人，那小說講的眞是不如法。

著衣，就是要把穿在最外面的衣服搭起來，威儀齊整才可以出去托缽乞食。所以到了午齋時 世尊就開始著衣，把僧服的外衣搭起來，然後持了缽，進入舍衛大城中去乞食。剛開始乞食時，當然是沒什麼規定，有時候同一戶人家有好多人來乞食，有的人家住遠一點，都沒有人去乞食；所以後來就有一些規定，我們也就不談它。入了舍衛大城乞食，在城中次第乞食完畢。也就是說，乞食的時候要依次第；到第一家乞食的時候，那錫杖要搖一搖，「鏘喨！鏘喨！鏘喨！」然後要等候，看有沒有人送飯出來。如果沒有，也許人家正忙而沒聽到，過一會兒再搖一搖。搖過三次，都沒有送飯出來，表示他們家裡沒有飯了，你就到第二家再去乞食。不可以把第二家跳過去，不許因爲第二家送出來的飯都是最不好吃的就跳過去，還是要照著順序來。或者說那個第三家，他們家裡人臉色都不好看，就跳過去，那也不行；必須要依照次序來，一家接著一家；到每一家搖你的錫杖不能超過三次，第三次後再稍等一會兒，若沒有送飯出來就要離開，不可以死賴著一直搖。這樣次第乞食，總共七家。如果七家都沒有飯送出來，你今天就準備挨餓。挨餓也不打緊，正好修定；肚子空的時候，修定是非常棒的；如果肚子飽了，一般人修定就會打瞌睡。佛陀次第乞食完畢以後，又回到給孤獨園中來；回來以後當然就吃飯了。飯吃完了，把衣缽收起來，放好了，再把腳洗一洗，又把座位上的坐墊鋪好，然後在座位上坐下來。

以上說的，就是演述《金剛經》這個法會的因由。諸位也許想：「這算哪門子法會因由？也沒有發生什麼事故，又沒有誰提出來請問，這怎麼叫作因由呢？爲什麼會從佛陀搭衣、持缽，入舍衛大城乞食，然後次第乞已，回來本處又吃飯，吃飯完了，把衣放好，把缽洗好、收好，洗了腳坐下來，這叫作法會因由？這算哪門子法會因由？」也許有人眞的這樣懷疑。可是我告訴你，這還眞的是金剛法會的因由；佛陀正好就是爲了這件事情來人間示現的，可是現在末法時代的大師們卻都不知道。這個〈法會因由分〉，單單這麼一段經文，三行不滿；可是我告訴你，這三行其實就是整部放光般若。你們也許有人讀過《放光般若經》，那麼長，好多的文字，要讀好幾個月；但我告訴你：只要這三行文字就講完了，放光般若就在這三行文字中間講完了。

以上的「事說」講過了，我們再來講講「理說」。因爲剛剛那樣講了法會因由，好像也沒講出個什麼道理來，諸位聽了還是白聽。我們既然宣稱是講《金剛經》的宗通，不是依文解義，當然要再從理上來解說一番，才符合宗通的宣示。

「如是我聞」，這其實是阿難尊者耳根放光。接下來說：「**一時佛在舍衛**

國祇樹給孤獨園」，這叫作通身放光。所以這〈法會因由分〉在別的譯本裡面，它又叫作〈放光品〉，因爲它眞的放光了。**「與大比丘衆一千二百五十人同在一起」**，就是佛陀共一千二百五十人同時通身放光。也許你正好有宿命通，就趕快看，看那個年代，往那個年代去追溯；然後你可能會這樣說：「他們都在那裡，可是我怎麼沒有看見光？」我就告訴你：「這叫作慧光，這個要有慧眼才看得見，有天眼通、宿命通也看不見。」你如果有天眼，最多就只能看見我的白光與金光，看不見我的慧光；因爲天眼是有侷限的，這要有慧眼才能看得見。

這時候世尊到了該吃飯的時候（該吃飯的時候又是爲什麼說該吃飯了？因爲肚子餓了，總不會說是肚子飽了該吃飯），當肚子餓了該吃飯，所以叫作**「食時」**，是到了該吃飯的時候了。這個飲食還是有時節因緣的，諸天飲食通常是在寅時，寅時是什麼時候？（平實導師掐著手指算）子、丑、寅，就是早上三點到五點鐘，因爲子時是晚上十一點到一點，所以子、丑、寅，寅時就是早上三點到五點。人是管三餐的，因此有許多人不管在什麼時候，他想到吃就去吃。然而如果是有福鬼，鬼是什麼時候吃呢？是申時與酉時，「申」

是要到下午三點以後的事，所以你如果要對那些曠野孤魂野鬼施食，得要等候下午三點已過，不能在下午三點鐘前；因爲在欲界的天、人、鬼等法界來說，中午是人吃飯的時候，輪不到鬼道眾生。如果是餓鬼，就是無福鬼，總是要挨餓受渴的，那就沒有所謂飲食的時間了。

「**食時**」，就表示說肚子餓了！我可告訴你，肚子餓了正是肚子放光。然後「**著衣**」，齊整威儀；還有「**持鉢**」——接著要把鉢盂拿在手上，這叫作通身放光。「**入舍衛大城乞食**」，最重要的就是要眼睛看著路，總不能走到水溝裡面去；然後當然就要足下走路了，這就是眼根與腳上放光。「**於其城中次第乞已**」，那是什麼放光？那可得要眼睛看人家有沒有送飯出來，要尋街覓戶。如果人家把飯菜送出來，鋪滿了整整一鉢的飯與菜，你總得要跟人家祝願：「**願你生生世世富貴長壽，早證菩提。**」這是一定要祝願的，不能夠白受人家的供養；這時又是什麼放光呢？是嘴上放光。然後「**還至本處**」時，仍然是要眼睛跟足下一起放光。「**飯食**」的時候，又是什麼放光？要靠你的嘴巴放光。然後飯食完了，「**收衣鉢**」把衣鉢收起來，是什麼在放光呢？是全身放光。然後「**洗足已**」，要把腳洗一洗，那是手、足都放光。「**敷座而

坐」，接著再把座位鋪好，坐下來，這是通身放光。

《金剛經》的理說講到這裡，我就可以下座了，因爲《放光般若經》已經講完了。這樣看起來，佛陀可眞是比中國禪師們老婆多了。皇帝老子請傅大士上座說法，傅大士才剛上座，撫尺一拍就下座了，他已經把佛法大意說完了。可是你看，世尊還這麼辛苦、不嫌麻煩，還要搭衣、持鉢，**「入城乞食，次第乞已，還至本處」**，然後**「飯食訖，洗足已」**，再敷座，才坐下來，祂顯然比傅大士老婆多了。

可是這個〈放光品〉第一，講是講了，我卻要插進來一些題外話。這個〈法會因由分〉其實就是《金剛經》的序品；換句話說，它就像一本書的序文一樣。一本書的序，就是把那一本書要講的主要內容或緣由，作一個概略的說明。這樣諸位大概應該已經瞭解，《金剛經》到底在講什麼了。可是談到序分，我們要來談一談南懷瑾老師對於印行曾鳳儀的《金剛經宗通》所寫的序文內容；因爲曾鳳儀寫的那本《金剛經宗通》，在近代是由老古文化出版社出版的，那是南老師的出版社；即將重新印製時，南老師就寫了序。在他的序文中，同時大力讚歎明末天童山的住持密雲圓悟禪師，他又大力讚歎清朝的雍正皇帝。可是問題來了：密雲圓悟以及雍正的落處是什麼？都是離念靈知，不曾外於識陰；都落在識陰之中，連意識我見都還沒有斷除。

在雍正主政的年代，他很不服氣的是：晚明時期的法藏比丘寫了一些著作，譬如《五宗原》等書，主張說親證如來藏才叫作開悟。因此雍正很不服氣，他說如來藏是外道法，所以大力鎮壓所有眞悟的禪師。雍正認爲自己開悟了，還幫人家打禪七，幫人家印證，可是背地裡卻在大搞男女行淫的雙身法，落入識陰境界中。那你說，他可能眞的開悟嗎？而雍正的師父是誰呢？是章嘉呼圖克圖二世，也是密宗的喇嘛；而他爲雍正印證的也是離念靈知，不離識陰境界。當雍正大力打壓如來藏妙義時，眞悟的禪師根本無法在中原生存，只好投生到西藏密宗去，看能不能弄個窩裡反，把藏傳「佛教」從根本反過來；結果沒有成功，因爲眾生的業力太強了。

雍正因爲禪門眞悟的祖師暗地裡指責說他悟錯了，所以他不服氣，就指責那些眞悟的祖師們是魔；所以雍正特地寫了一套書，叫作《揀魔辨異錄》。看來好像是他在破魔，其實他是在破壞正法，他是在支持天魔認同的識陰境界，他自己才是魔。可是魔從來都不會承認自己是魔，反而會指說別人是魔；

所以很多時候，說別人是魔的人才是魔，被罵邪魔的人往往卻不是邪魔，而是眞正的菩薩。然而雍正的《揀魔辨異錄》到現在爲止，都還收在《大正藏》裡面，所以他悟錯的事實是罪證確鑿，賴不掉。這兩個人都是落在離念靈知的，雍正是一生大力壓制如來藏正法，而明末、清初的天童山密雲圓悟禪師，也是一生破斥如來藏正法，他也是毀謗大慧宗杲最厲害的人。

而雍正除了寫《揀魔辨異錄》以外，他還挑選了一些禪師的語錄編輯成冊，名爲《雍正御選語錄》；現代都還有人在印，精裝本，（平實導師比個手勢說）有這麼厚，我記得是四巨冊，我手中還有一套。然而雍正專門選錄那些落在離念靈知中的錯悟禪師的開示，若是像克勤大師、五祖法演、大慧宗杲的語句，他全部都排斥，說這些人所說的法義「一無可取」。總之，凡是證悟如來藏、弘揚如來藏妙法的祖師，他都排斥。

結果這樣的兩個悟錯的人，而且是極力壓制正法的人——雍正與密雲圓悟，卻被南懷瑾老師在序文中大力的推崇。可是這兩個人，密雲圓悟雖然落在離念靈知中，他至少有時候還會耍一點機鋒——有時也學人家開悟的禪師耍耍機鋒，雍正則是一生之中連一個機鋒也沒有。假使沒有能力耍禪宗底機鋒，這個人鐵定不是開悟者；假使會耍機鋒，卻又可能是一隻野狐。從元、明、清三朝來看，打壓如來藏正法最嚴厲的時期，是在雍正的時代；凡是弘揚如來藏正法的道場，不管你印什麼書，他一律沒收；全當作禁書，全部沒收。這些道場印書時留下來的刻板（因爲以前的書大多是用木板刻字而用拓印的），雍正就把那些刻板全部收集起來燒毀。並且凡是弘揚如來藏正法的道場，所有的鐘、鼓、磬都被他沒收，不許再作早、晚課，更不許弘法。當上了人王還覺得不夠，他還想要當法王，竟然管到佛法上面來，還管到這個地步，你說那個年代眞悟的祖師要如何弘法？根本就不可能！然而像這樣的落在意識心中，而且大力破斥眞正佛法如來藏妙義的兩個人，卻被南老師大力的推薦。由此證明：《金剛經》的眞實宗旨，他們都是不懂的。

《金剛經》的眞實宗旨，諸位當然很想知道，我就準備了一些禪宗的資料，請諸位聽聽看；也許你有因緣，那麼這一聽就悟了！好希望喔？（大衆笑…）但是我告訴你，也不是那麼容易；因爲在《金剛經宗通》裡面說的，固然都是跟開悟有關的，可是你不能期待我像禪三晚上的普說那樣，或者像在禪三期間那樣給你機鋒，當然期待不到。但是證悟的因緣還是有的，只是要看你是不是上上根器。如果你是上上根器，可能《金剛經宗通》聽完了，你就開悟了。但是我要特別先交代一點：假使因爲聽聞《金剛經宗通》而有所觸證，你可千萬不要自以爲悟；因爲金剛般若的悟處眞是千差萬別，千萬要很小心，要注意是否自以爲悟，否則恐怕大妄語了都還不知道呢！也會有很多人聽《金剛經宗通》時，可能掉在禪門窠窟裡面，結果自以爲悟，然後說：「**我下週不用來聽了，我已經開悟了！**」但我告訴你，你一定出問題了，因爲禪門有一句話說：「**毫釐有差，天地懸隔。**」所以請你耐著性子把它聽完，然後還要上山等禪三勘驗過了才能算數。

理說講完了，這個《金剛經》第一品的宗說，就來說給諸位聽：

【溫州瑞鹿寺 上方遇安禪師。破句讀《楞嚴經》曰：「知見立，知即無明本；知見無，見斯即涅槃。」忽然頓省。人曰：「和尚道『破句』也！」安曰：「是吾悟處。」竟不改。】

這是原文，我把它解釋一下：古時候溫州瑞鹿寺有一位上方遇安禪師，人家讀《楞嚴經》是四個字一句這樣讀，可是他用破句的方式讀，本來經中說的是：「**知見立知，即無明本；知見無見，斯即涅槃無漏眞淨。**」他就破句來讀，他說：「知見建立了，把能知與能見建立起來，這樣的知就是無明的根本。能知、能見都否定而不存在了，看見這個沒有能知、能見的，那就是證得涅槃。」他把隨後的「無漏眞淨」四字省略了，也把原文破句來讀。他這樣破句而讀，竟然就開悟了。一般是說：把能知、能見裡面的某一些法中，建立出一個能知的心，當作是常住不壞的自己；那個其實是無明的根本，能知的心是假有的，不是本住法，當然不是常住不壞的涅槃心。若是在能知與能見之中找到一個沒有見的，是有一個沒有知也不會看見的；看到了這個無知而沒看見的心，那就是證得涅槃了，就是無漏而眞實的清淨。結果他說的是：若是把能知與能見建立起來，那麼這個能知就是無明的根本；當能知與能見沒有了——否定了能知與能見的心以後，又看見了這個沒有能知、能見的心，那就是證得涅槃。他是這樣破句而讀的，結果所悟卻是一樣的，他就這樣悟了。諸位悟了沒？我同時也破句講給你們聽了，並且還解釋了。他忽然就這樣省悟了，有人就跟他說：「和尚你所講的是『破句』，這樣不對！」他卻說：「這就是我的悟處！」所以他一生就不改這個「破句」，每逢有人來問楞嚴時，他就這樣破句而說。這還眞是他的悟處，那到底在告訴你什麼呢？

所以這個人不簡單哦！

其實這個道理，《維摩詰經》也早就講過了：「不會是菩提，諸入不會故。」或者正式翻譯說：「不覯是菩提，離諸緣故。」就是這個道理，你看到了那個不會六入的，那就是證得佛菩提了。有一天瑞鹿禪師上堂開示，他怎麼說呢？諸位把耳朵拉長了、仔細聽：「晨朝起來洗手面，盥漱了，喫茶；喫茶了，佛前禮拜；佛前禮拜了，和尚、主事處問訊；和尚、主事處問訊了，僧堂裏行益；僧堂裏行益了，上堂喫粥；上堂喫粥了，歸下處打睡；歸下處打睡了，起來洗手面、盥漱；起來洗手面盥漱了，喫茶；喫茶了，東事西事；東事西事了，齋時僧堂裏行益；齋時僧堂裏行益了，上堂喫飯；上堂喫飯了，盥漱；盥漱了，喫茶；喫茶了，東事西事；東事西事了，黃昏唱禮；黃昏唱禮了，僧堂前喝參；僧堂前喝參了，主事處喝參；主事處喝參了，和尚處問訊；和尚處問訊了，初夜唱禮；初夜唱禮了，僧堂前喝珍重；僧堂前喝珍重了，和尚處問訊；和尚處問訊了，禮拜、行道、誦經、念佛。如此之外，或往莊上、或入郡中，或歸俗家、或到市肆。既有如是等運爲，且作麼生說箇『勿轉動相』底道理？且作麼生說箇『那伽常在定、無有不定體』底道理？

還說得麼？若也說得，一任說取。珍重！」就下座了！

什麼跟什麼嘛！這樣也可以當禪師？你可別說你不信，但我告訴你，禪師就是這樣當的。所以，我眞的好羨慕、好羨慕當禪師；可惜現在沒辦法了，我既要說法當法師，又要辨正法義寫論而當論師，然後又要主持禪三當禪師；並且我這個禪師不像他這種禪師，每次禪三都要有人開悟，晚上既要普說，白天要爲大家小參去黏解縛，也得要指示入處，三餐過堂時還得一一給機鋒，這種禪師當得很辛苦！然後，除此以外還要傳戒當律師，眞的累死人！當禪師最好，每天晚間上了法堂吟一首詩、唱一首偈，就可以下座了！太棒了！而且四事供養照收。但我還不收供養，打從出道弘法以來，還不曾收過任何人的錢財寶物或身色供養（註）。所以我眞的很羨慕禪師的日子過得輕鬆愉快。可是我告訴你，其實不用羨慕，因爲當禪師，他們進步不如我，我進步比他們快很多倍。辛苦是有代價的，俗話說：「**佛祖疼憨兒**。」只要是最肯吃虧的，佛就最愛這個兒子。若是每天都要撿輕鬆的，上堂把撫尺一拍，就下座，佛祖不會很疼他的。（編註：藏傳「佛教」的喇嘛曾經在網路上這樣說：「他與某人把錢劃撥存入同修會或正智出版社的帳戶，已經被接受了，這證明平實導師確實有接受供養。」但帳戶是不會拒絕任何人存錢進去的，而且存錢進正智出版社或正覺同修會的帳戶去，並不等於平實導師接受供養了，而是全部都存在正覺同修會的帳戶中，也會開出同修會的護持款正式收據，錢仍然不曾轉入平實導師的手中。二十年來始終如此，平實導師至今仍然不曾收受過任何人的錢財寶物或身色的供養，而出版社與同修會仍然都只有一套帳本。）

那麼，這樣講解過了，諸位到底聽出什麼味道來沒有？《金剛經》〈放光品〉的要義就在這裡！不然的話，再來跟諸位講：「**學禪不要怕喧求靜。**」好多人學禪都很怕吵鬧，都希望有一個很安靜的環境可以讓他用功；所以一旦說到學禪、修禪，就一定要去山上弄個茅屋住，說那邊最清靜。可是在山上蓋個茅屋住下來了，他要怎麼學禪、修禪呢？就只是打坐求一念不生。可是一念不生他又作不到，老是想著：「**我離開家裡三個月了，我兒子不曉得乖不乖？**」都這樣想著世俗事啊！你們說說看：到底是心裡面吵鬧？還是外面比較吵鬧？其實心裡面的吵鬧遠比外面還要吵，只是他自己不曾覺察而已。但是能怪他嗎？不行！都要怪善知識。因為近代的善知識都說：「**修禪就是要求一念不生：如果一念不生可以維持一個鐘頭，就是小悟；如果可以**

半天一念不生，就是中悟；如果可以好多天一念不生，就是大悟徹底。」哪個書局出版的？商務印書館出版的書，是馬來西亞一位自認爲開悟的法師講的。所以，不管去到哪個地方打禪七，都教你：「上座以後要一念不生。」終於能夠一念不生了，心裡就很高興：「我終於可以一念不生了！」心花朵朵開，就恭喜你，說你見性了！這個眞的不能怪學人們，都要怪那些假善知識。表相善知識亂教，所以學的人就亂學；亂教亂學幾十年以後，就變成現在的台灣佛教界這個模樣——以定爲禪。台灣如此，大陸亦復如是。我眞的口德不好，一竹竿又打翻一船人。

不過，現在有好多在山上茅棚用功的法師們注意到這一點了，所以有些山上在茅棚裡用功的法師們，特地下山來買我們的書。這表示他們有注意到：爲什麼很精進在山上二十年修禪的結果，對於蕭平實寫出來的法義竟然讀不懂，依經據理來找蕭平實書中的毛病又找不到，這原因又是什麼呢？大家已經注意到了！所以說，避喧求靜是佛菩提病。可是，說到佛菩提病、禪病，佛菩提有病嗎？禪有病嗎？都沒有啦！病的都是當事人自己，結果卻怪給佛菩提與禪，說佛菩提有病，說禪有病。原來推究到最後，病是善知識給的，是善知識有病而傳染出來的，不是禪病、佛菩提病，也不是學禪的人們有病。

所以不要怕喧求靜，參禪時不要想離開喧鬧的地方，也不必恐懼說：「我每天上班、下班，好多的事情要處理，都是世間法，一堆的煩惱，怎能開悟？」六祖大師不是說了嗎：「離世覓菩提，恰如求兔角。」你想要離開世間法去找菩提，就恰好是要找兔子頭上的角一樣，永遠也找不到。躲到山上去，永遠也悟不了佛菩提呀！反而不如下山來正覺講堂作義工，悟得還更快。我說的是眞話，不打誑語。《維摩詰經》在卷二裡面也說：「譬如高原陸地不生蓮華，卑濕淤泥乃生此華。如是，見無爲法入正位者，終不復能生於佛法，煩惱泥中乃有眾生起佛法耳。」所以想要去求清淨法的人，一天到晚打坐求一念不生，希望什麼煩惱都不會干擾到他，這樣的人是悟不了的。蓮花那麼漂亮、那麼清淨，卻是從污泥中長出來的；你若是弄個很清淨的泥土種它，反而種不起來，枯死了，或者長不好，佛菩提就是要在煩惱中成長、發現。所以講到這裡，這個〈法會因由分〉也該作個結束了，就跟諸位講一點：想要通達《金剛經》所說的般若，千萬不要求一念不生，千萬不要求可以坐入定境中，應當在一切煩惱事相中去尋求。

《金剛經宗通》第一品，我們上週最後說到，如果是想要通達般若的宗旨，唯一的辦法就是參禪；因爲從教下想要悟入，確實並不容易。自古以來，從教下悟入的人非常少，絕大多數都是在禪宗裡面參禪悟入的。可是在禪宗學法，到最後參禪時，往往犯了一個毛病：怕吵鬧。往往希望有一個安安靜靜的、不會有人打擾的，而且環境優美的場所讓他來參禪，然而這是因爲錯誤的知見而產生對於參禪的期望或者對環境的要求；實際上這並不是參禪人的過失，這過失應該要算在那些假名大師身上。因爲假名大師們都教導：禪宗的開悟就是一念不生，不會再生起煩惱妄想。認爲只要煩惱不再生起就可以一念不生了，那就叫作佛菩提的開悟了。因此就要藉著打坐修定的方法，讓心中不會再有煩惱生起，煩惱不起就沒有妄想，沒有妄想一個小時就叫作小悟，沒有妄想半天、一天就叫作中悟，如果可以三、五天或一個月、半個月不起妄想，那就叫作大悟，說這樣是已經悟得徹底了。爲了希望不會有外在環境引起的煩惱而產生妄想，要求一念不生，所以就希望有一個安靜的環境，不受打擾。然而那是錯誤的觀念，於是想要閉關專修，就是求環境好，也希望吃得好，都不用作事，有別人奉侍得好好的，都不用起煩惱；那其實是錯誤的觀念，像這樣的人，佛陀會責備的，因爲我這一世悟前被誤導了，早時也這樣求悟，曾被責備過。

以前我在破參前，我這一世的師父開示我：「就是要無念，得要無念，心不動，就叫作無心，無心才是開悟。」我以前住那個房子，諸位都知道，它叫作喧囂居，非常、非常地吵，有一次就在心裡埋怨：「這麼吵，要怎麼開悟呀？」結果　佛就訓斥了：「有個房子給你住，也不需要再謀生活，讓你專心參禪，這樣還嫌不好！」就遭到斥責了，所以後來想一想：「這種吵雜的環境，根本不可能去修一念不生，那修一念不生的辦法一定是錯誤的，我一定要改正。」所以，對於善知識教的修禪方法就起了懷疑。起了懷疑以後，所以有一天午飯過後，也就是在家中閉關第十九天午飯以後，稍微散步一會兒，又上三樓佛堂去了。可是這一上座，心裡面想：「不對！因爲已經坐了兩個鐘頭了，完全一念不生，還是沒有消息。大師說這樣一直坐下去，一念不生就叫作開悟；可是一念不生這麼久了，也沒有感覺到有什麼智慧生出來，這一定是不對的。」就開始探討，探討這個一念不生的錯誤。

所以後來我想：「乾脆把大法師教的都丟掉好了，那一定是錯誤的，不如我自己來修。」因爲我那個師父教禪教了快二十年了，每一次禪七都還是數息、數息再數息，熬腿、熬腿再熬腿；教了大眾十幾年下來，每一次禪七除了數息還是數息，都教人家要「數而不數」。我說，這樣的數息結果，還不如我自己修出來的方法。我那時候還不知道說，我那個方法叫作六妙門；那時我還不知道名稱，但是我自己演變以後就自己會了。想一想：他那個數息法，還不如我自己修出來的方法，更不如我的無相念佛、看話頭的境界，那一定是錯誤的。我思索了差不多將近半個鐘頭，後來發覺不對，一定要把它丟掉；應該是不管你吵鬧或不吵鬧，都可以開悟才對，那我爲什麼一定要追求一念不生呢？所以就丟掉它，開始用自己的方法：思惟觀。

然後，就用思惟觀的方法參禪，一個念頭又一個念頭一直過去、一直過去，這樣到了下午快四點的時候，理出一個頭緒來：「禪宗既然講的是明心、見性，那一定是有心可明，並且有性可見，不然應該叫明心明性呀！或者應該叫作見心見性呀！爲什麼是明心與見性？」好！我就從這裡下手。從這裡開始以後，一直整理下去：那麼明心到底是要明哪個心？難道是我們一念不生的覺知心嗎？我想：「不對！假使是這個心，那麼外道修四禪八定的人早就開悟了，可是佛陀明明示現給我們看：祂去找那些外道一個一個去學，從初禪修到非非想定都成就了，可都仍然不是開悟；更何況還沒有得到初禪的未到地定中或者欲界定中的離念靈知，那怎麼能夠說是開悟？所以一定不是悟得這個覺知心。」所以接下去探討：一定另外有一個心。當然就是第八識如來藏了，當時自然就知道如來藏是什麼心了。

那麼「見性」，見性是見到什麼？那一定是有個性可見。然而到底是要見什麼性？想一想，一定是佛性。可是知道是要見佛性了，但佛性到底是什麼？又不知道了。就這樣知道一個方向：你要找到一個眞心，並不是這個覺知心；然後你想要見性，就是要看見佛性。所以到這裡就弄清楚方向了，原來禪宗的開悟是有兩個東西要尋覓，所以叫作明心及見性。然後就從心下手，把「心」解決了，再來解決「性」。那麼心到底是什麼心？突然間一念閃過：「喔！就是這個心。」就這樣而已。可是這個「心」看來沒有什麼奇特呀！就覺得說，這樣子明了這個心，有什麼功德受用呢？好像覺得沒有什麼功德，因爲我才剛剛從往世的記憶中想起這個第八識心如來藏，還沒有開始深入整理祂，實相智慧還沒有大量生出來，就覺得這樣子明心並沒有什麼功德受用。後來才知道得要深入體驗整理以後，智慧才會開始出生。所以，我不像你們這樣；在禪三裡，我弄了好多機鋒給你，晚上又要普說。都沒有人這樣爲我，我只是坐在那邊，就這樣自己參究起來；是面對牆壁參禪，就這樣而已。

那時還覺得這個眞心如來藏似乎沒什麼奇特，看來並不重要。於是我再來看看「佛性」到底是怎麼回事？然後就開始參究這個佛性。沒多久我終於參出來，這回眞的不一樣了！這一參出來就完全不一樣了！所有的見聞覺知整個都改觀。因爲那時是閉著眼睛面壁在參究，所以參出佛性以後就一直聽著：原來我聽到的都是佛性。我是在聽佛性。這個時候大約是四點鐘，窗外幼稚園大鐘「鏘！鏘！」響著。那幼稚園也眞會搞怪，不曉得去哪裡買來消防車後面掛的響鐘；人家別的幼稚園都沒有這樣，他偏用那個鐘敲得很大聲，宣告他們下課了。可是，我這一次聽起來完全不一樣，都不嫌吵了。然後，接著就是放學，小孩子嘻嘻嘩嘩，吵得一塌糊塗，加上那個園長還拿著木棍猛敲木板門，同時大聲吆喝：「還吵！還吵！」敲得震天價響。可是這時候我都不會討厭了，很奇怪！我就這樣子聽著佛性。聽久了，然後慢慢的張開眼睛看著牆壁；哎呀！牆壁上也看得見佛性。後來下座，看著窗外的小朋友們，他們在中庭玩得很高興，我自己竟也會跟著高興，可是其實我心裡並沒有高興。小朋友跌倒了，哭呀！我竟然會跟著他掉眼淚，可是我心中並沒有傷悲呀！不曉得什麼原因，竟然就與他們直接互相感應了。

可是諸位要知道：我把方向建立好，開始參究明心與見性，時間並不超過五分鐘，不超過五分鐘。就是方向釐清楚以後，接著就開始參：「**心是什麼心？性是什麼性？**」就這樣解決了！可是在弄清楚方向時，那可是整整花了快半個鐘頭：「**到底要明什麼心？要見什麼性？爲什麼兩個會不同？**」建立這個知見與方向，整整花了我快半個鐘頭。可是回頭來說，已經弄清楚了方向以後，接著探究：那到底眞心是什麼心？佛性是什麼性？就這樣五分鐘內便解決了。所以，接下來就很清楚知道說，爲什麼 佛要斥責避喧求靜的人，因爲般若的開悟跟環境吵不吵，完全不相干。

可是大師們辦禪七時，只要誰在外面講話大聲一點，護七的人只要動作不小心，鏘噹一聲，馬上就被責備。其實不該責備護七的人，因爲護七的人並沒有過失，責備護七的那個大法師才是有過失。那護七的人掉個東西，如果有因緣，也許人家就見性了，你大法師還在訶責什麼？這意思就是說，末法時代沒有辦法開悟，這事情不能怪學人，要怪大法師們；都是因爲大師們用了錯誤的知見，誤導了學人；又教錯了功夫的行門，無怪乎大法師與學人們連明心都作不到，更不要說見性了。因爲明心只是智慧相應，見性還得要大福德並且要與定力相應，特別是動中的定力。可是那一些大法師們，有哪一個能看見一句話的前頭？一個也沒有！都沒有看話頭的功夫，更不要說能夠看得很純熟。

因爲我這一世的師父，有一天看到我寫的一篇文章教人家怎麼看話頭；他想不通，不知道話的前頭是怎麼看的，於是找了我去問：「你這個看話頭功夫是怎麼練成的？」聽完我的說明以後，還要求我寫下來，說要在他的《人生月刊》登出去；我就傻傻的把我的修練過程寫了，說明我是怎麼修成的，又寫了一些文字加以說明，那些文字就成爲後來《無相念佛》那本書的草稿。結果一個月過去，兩個月過去，半年過去，都沒看到登出來；原來是他沒有這個功夫，而他也想要練成這個功夫，騙我說要登載出來，其實只是他想要閱讀、練習這個功夫，不是真的要登載出來利益他的徒眾們。如果連這個看話頭的功夫都沒有，說他可以一念不生、大悟徹底，那不是騙人嗎？諸位想想看，你們來正覺同修會修學，有些人快的話，半年、一年就能夠看話頭看得很好了，可是連名聞世界的大法師都作不到，你說他座下的學人該怎麼辦？所以我常常說：末法時代的人悟不了，不是學人們的過失，而是大法師們的過失。因為他們自己都沒有走過那條開悟的路，如何能指導別人開悟呢？連悟個什麼都不知道，要如何悟的方法也不知道，那麼座下的學人就更不用提了。

所以在這裡講《金剛經宗通》，特別要吩咐諸位：「**不要怕喧鬧，不必一心要求環境安靜；因為悟或者不悟，跟環境的喧鬧與否無關。**」假使你的知見是正確的，反而事情越多、越喧鬧時，你越容易開悟，所以六祖才會說：「**離世覓菩提，恰如求兔角。**」佛菩提的開悟一定要在三界中才能開悟；離開了三界的種種煩惱，或者躲在山中一天到晚打坐，是悟不了的。反而是事情多，才容易悟。所以，我們同修會裡面，有許多人是在作義工的時候，突然間知道了——原來是這個傢伙。還真的是傢伙，祂是你的傢伙。「傢伙」

聽得懂嗎？若沒有傢伙，你就得要去跟人家租；「傢伙」很多就不用向別人租，還可以租給人家。只是你這個「傢伙」不能租給人家，但是可以幫助人家。當他作義工作得不亦樂乎，而他對禪的知見是正確的，突然間一念相應而找到了，這樣悟是最容易的；想要在打坐中靠思惟觀去悟入，那是很困難的；所以我都不鼓勵大家像我那樣打坐去求開悟，因爲那樣求悟是很困難的，因爲不容易相應。我這種坐中悟入，是屬於往世的種子流注出來；是因爲把大法師教的都丟棄以後，單用我自己的，所以種子流注出來參究，就這樣解決了，而實際上這樣打坐思惟是很難悟的。

所以想要通達《金剛經》的人，也就是說，你想要證得金剛般若的智慧，想要通達實相般若的宗旨，就不要怕喧求靜，千萬不要求一念不生坐入定境；反而是應該在種種事相因緣中，依照親教師所教導的去參究。可是這樣講，畢竟緩不濟急，我想諸位最期待的是：當下就悟了。「因爲你講的是《金剛經》的宗通，宗通就是要幫我開悟，不然我來聽你的《金剛經宗通》幹什麼呢？」這也對嘛！那我就給你一個很親切的公案來講「宗說」好了。

【洪州百丈禪師，一日謂僧曰：「汝與我開田了，我爲汝說大義。」僧

開田了，歸請師說大義，師乃展開兩手。】

有一天，百丈禪師跟一個僧人說：「你為我去開田，把那邊那塊田開完了，我就跟你解說佛法的大意。」這個僧人聽了好高興，心想：百丈懷海大師特別顧念我。他很高興，當天馬上就開始去做了；那一大片雜草荒地，眞的去把它開墾。開墾多久才完工呢？公案中沒講，我想慢者半年，快者一、二個月總是要的，就看那一塊荒地有多大。這僧人每天很努力開田，拿著鋤頭一直掘，好不容易開完了，於是就上前來稟報說：「師父！我已經遵照您的吩咐，把田開好了，請師父您為我說佛法大意！」佛法浩瀚如煙海，但是總有一個入手處，入手的那個宗旨當然就是佛法大意；以佛菩提來講，佛法大意就是證如來藏，因為金剛般若就是依如來藏心的金剛體性而講的。金剛般若講的都是在講如來藏經，那就是佛法的大意。他就很高興上來說：「師父！請您為我開示佛法大意！」百丈懷海禪師聽了就展手給他看，這樣就開示完了。不知道的人還以為說這百丈和尚欺騙人，騙人為他開田。也許會有人說：「那百丈和尚是因為看他開田開了好幾個月還悟不了，所以展手，表示莫可奈何。」那到底是怎麼回事呢？如果你問我，我還是一樣（平實導師這時也展手）。如果你再問，我就跟你明講了：「我也莫可奈何！」這樣，放光品〈法會因由分〉說完了，我也放了慧光照你們了。接下來是第二品：

【時長老須菩提在大衆中，即從座起，偏袒右肩，右膝著地，合掌恭敬而白佛言：「希有！世尊！如來善護念諸菩薩，善付囑諸菩薩。世尊！善男子、善女人，發阿耨多羅三藐三菩提心，應云何住？云何降伏其心？」佛言：「善哉！善哉！須菩提！如汝所說：『如來善護念諸菩薩，善付囑諸菩薩。』汝今諦聽，當為汝說。善男子、善女人，發阿耨多羅三藐三菩提心，應如是住，如是降伏其心。」「唯然！世尊！願樂欲聞。」】

講記：這時長老須菩提坐在大眾之中，隨即從座位上站起身來，偏袒出右肩以後，右膝下跪於地面，雙手合掌恭敬而稟白 佛陀說：「真是希有啊！世尊！如來善於護惜顧念諸菩薩眾，善於付囑諸菩薩眾。世尊！善男子、善女人，發起無上正等正覺之心以後，應該怎麼樣安住？應該如何降伏他的覺知心呢？」佛陀開示說：「善哉！善哉！須菩提！如同你所說的：『如來善於護惜顧念諸菩薩們，善於付囑諸菩薩們。』你如今要詳細而正確地聽好，我即將爲你演說。善男子、善女人，發起無上正等正覺之心以後，應該如是安住，應該如是降伏他的覺知心。」「眞的是這樣啊！世尊！我很希望而且樂意地想要聽聞。」

「須菩提」的意思翻譯過來就叫作「善現」，所以〈善現啓請分〉就指出這一品是記載：須菩提看見了法會的因由而啓請 佛陀演說金剛般若的過程。須菩提啓請了以後，佛才開演了這部《金剛般若波羅蜜經》。可是問題來了，善現來啓請，這個啓請卻不是法會的因由，這與其他經典中記載的法會因由都不同，你說奇怪不奇怪？眞的好奇怪！照理說應該是須菩提來啓請，這個啓請才是這一場金剛般若法會的因由；結果卻不是，反而是 佛去托鉢等等無關緊要的事，成爲法會的因由；而須菩提是在這裡面看見了因由，所以由他來向 佛陀啓請說法。諸位在這裡可要著眼，眼光可要放在這裡：法會因由應該是善現的啓請，結果竟然不是。佛在舍衛國祇樹給孤獨園，與一千二百五十位大比丘眾俱；然後食時著衣持鉢，一直談到最後再回來吃飯、收衣鉢、洗足、敷座而坐，說這才是金剛般若法會的因由。世尊到底葫蘆裡面賣什麼藥呢？諸位在這裡可要注意了，可不能輕易放過。

我也想要接著講《妙法蓮華經》，諸位知道嗎？《妙法蓮華經》說，佛以一大事因緣降生人間。有人學《法華經》，每天唸《法華經》，所以大家都叫他「法達」。他去見了六祖，六祖說：「你是學什麼？」他說：「我學《法華經》，每天唸《法華經》，所以人家叫我『法達』。」六祖說：「《法華經》我沒讀過，我也不識字，不然你就唸給我聽聽看。」法達就一直唸下去：「如是我聞……」就一直唸下去了。六祖其實應該當頭就給他一棒，因為他唸了那麼久竟然還不會法華。可是六祖就讓他唸，唸到開、示、悟、入——開佛知見，示佛知見，悟佛知見，入佛知見；這時六祖就說：「好了！你不用再唸了，我知道了！這部經重要的地方就是開、示、悟、入。」

我們也想講《法華經》，佛世尊為了一個大事因緣降生人間，祂的大事因緣是什麼？就是與一千二百五十位大比丘眾，在舍衛國祇樹給孤獨園共俱，然後時間到了就去乞食；想要乞食的時候就搭衣，然後就入舍衛大城，然後就是城中次第而乞；乞完了就回到祇樹給孤獨園，然後就吃飯；吃完了以後把缽洗一洗，洗完了之後再把腳洗一洗，然後再把尼師檀鋪好，接著上座就坐。我告訴你，佛陀來人間的一個大事因緣就是乞食吃飯，沒有別的事。

所以如果你悟不了，那你明天就學乞丐去乞食，拿著缽：「頭家！頭家娘！給我十塊錢！」如果人家給你一碗飯，你就跟他祝願，就回家吃飯、洗碗，這樣就是了，就沒別的事了。就這樣，這就是 佛來人間的唯一大事因緣；所以善現的啓請，結果竟不是《金剛經》法會的因由，反而只是〈啓請分〉而已。但是，我要先說明的是：我們既然講這一部經，當然得要像一般的法師、居士一樣，先依經文表面字義講解一遍，所以我們在經文的每一品中，原則上最少會有兩個說法：事說與理說。但是大部分都會有三個說法：每一段經文都會有事說、理說以及宗說。假使沒有宗說，這個講經的內容怎麼能叫作宗通呢？可是，話說回來，如果金剛般若法會所說的就只有乞食與吃飯，那麼人間有情每天吃飯，或者出家學法而且每天過堂吃飯以後，爲什麼依舊沒有金剛般若的智慧呢？或者說，人間的乞丐每天乞食以後吃飯，爲什麼還是悟不了？顯然乞食與吃飯之中是有蹊蹺的，這就要有慧眼才能瞧得出來了！

這個〈善現啓請分〉第二，是說接下來這一品是須菩提的啓請分，是《金剛經》的第二品。這時當然已經是進入第二轉法輪的時期了，阿羅漢們大部分已經開始修學大乘法了。佛陀已經洗足已，敷座而坐了；這時候長老須菩提在大眾中就從座位上起身，偏袒右肩；他把右肩露出來，然後右膝著地，合掌恭敬而白 佛。右膝著地就叫作胡跪，因爲古時中國人很自大，凡是「非我漢族」就說非夷即胡——不是蠻夷，就是胡人。只有我們是大漢民族，這是中國古人的慢心。中國古人認爲說，華夏之地是世界的中央，所以叫作中土、中原；中央是根本的，最早就有的，所以叫中原。可是人外有人，土外有土，天外有天，沒想到最自大的大漢民族最願意接受的卻是佛教，這個最早的中國宗教並不是本土的。爲什麼要接受外來的佛教？因爲比本土原有的民間鬼神信仰來得好。只要好，我就接受，這倒是中國人廣能含容加以融攝的好根性。

就像西藏，西藏現在青康藏鐵路通車以後，說實在的，西藏密宗藏傳「佛教」就快要滅亡了！因爲教育普及之後民智必然大開，將來西藏民眾不會再像以前那樣愚癡而可以任由喇嘛們擺弄了；而且現在那邊的資訊，譬如電話、網際網路⋯⋯等，必然都跟世界接軌了；然後外來的遊客來來去去也會很方便，將來西藏民眾看多了：遊客們這麼有錢，可以來我們西藏遊玩。看多、聽多、讀多了以後開始有知識了，觀念開始轉變了：原來我們西藏不是天國，不是香格里拉，不是最好的。最後則是由於網路接通了，上網去看；聽說有人一直在抵制我們的西藏密宗，那個人叫作蕭平實，把這三個字打上去一瞧：喔！**成佛之道網站講的最多**。上去瀏覽看看，冷靜而細心地理解蕭平實的說法以後，結果對西藏密宗信心盡失；因爲不論是從三界有爲法的事相上來辨正，或是從理證及教證上面來辨正，都證明藏傳「佛教」的教義根本就不是佛教的教義。這叫作雙管齊下，中國政府還「眞」在配合我們——正覺同修會還沒有成立以前就已經在做了；我想他們目的也是要消滅藏傳佛教密宗的邪法，但不是要消滅藏傳「佛教」的宗教；可是當人民的知識水平提高了，人民的資訊發達了，可以瞭解到社會上和佛教界對西藏密宗藏傳「佛教」的看法，知道那根本就不是佛教以後，他們就會開始轉變。

話說回來，須菩提名爲善現，到底他是要善於示現什麼？須菩提偏袒右肩之後，右膝著地。中國人翻譯時就說，這叫作胡跪，因爲那是胡人下跪的方式。大漢民族怎麼跪呢？都是兩膝著地，我們佛門中就說這叫作直跪。胡人只有右膝著地，那是胡人的跪法，所以我們就說那是胡跪。所以法會中拜懺時，如果維那高聲說「胡跪——」，你就要右膝著地，就要知道這是胡人的跪法。好了！他右膝著地胡跪，然後合掌，以恭敬心向 佛稟白說：「**非常希有啊！世尊！如來善於護持顧念諸菩薩，善於付囑諸菩薩。**」因為當菩薩有什麼需要，如來就會護念他、加持他，所以叫作善於護念。假使菩薩有什麼遮障就求 如來，如來就加持他。有時候菩薩想要求正法，可是沒有因緣，如來就幫他安排，所以 如來確實是善於護念諸菩薩。如來又善於付囑諸菩薩，只要人間一個地方的眾生證悟因緣成熟了，如來就會付囑某些菩薩去幫助他們。

這也是事實，所以你們得法的因緣成熟了，我就被派來了，就是這樣。不然的話，諸位想一想，我們大家本來在大陸過得好好的，為什麼要跑到當時窮鄉僻壞的台灣來受生？我們這一世出生在台灣的時候，台灣眞是窮鄉僻壞，窮得鬼都怕；因為那個時候台灣眞的是一窮二白，而我們竟然都會出生到台灣來。我上一世在江浙一帶生活，當我往生到台灣來的時候，台灣還很困苦；那時想要在台灣找到一條柏油路，還眞的不容易。一般的小城市、小市鎮都是碎石路，公共汽車如果開過去，一整條街都是灰塵瀰漫。那個時候，我還記得小時候都是穿開襠褲；我當然穿過，那時父母親都要下田，沒有時間照顧，所以小孩子褲襠開了襠，就不會尿濕褲子了，都不必照顧，可見那時台灣眞的是一窮二白。到了我十幾歲，快二十歲的時候，當兵前，聽人家從台北市回到鄉下時說：「台北多熱鬧啊！你們知道嗎？那個長安西路的鐵路平交道，當火車要過去的時候，柵欄放下來，一擋就是十幾輛車子。」那時說十幾輛車子就很不得了了，那可是台北市首都哦！至於其他的鄉下小城鎮，也就可想而知了！你想那時夠不夠窮？當時都還住那種竹篾編起來的，糊上牛糞再坏上泥土的那一種竹房子——鄉下。聽到說台北市火車要過去，柵欄放下來，就要停下十幾輛車子，我們都說：「喔！台北那麼熱鬧！」如果在鄉下看見人家開一輛轎車或機器腳踏車，那可不得了：眞是有錢人。

一般人都很窮！那時候只有醫生有資格吃白米飯、騎腳踏車；那時候台灣最有名的腳踏車叫作伍順牌，你們年輕人都不知道了！那時候腳踏車每年還要繳稅，你們也不知道。一輛腳踏車，一年好像要繳二塊錢新台幣。那時候兩角五分的錢不是銅幣，而是銀幣。腳踏車要繳稅，稅捐處會給你一個有編號的鋁牌，要裝在後輪的擋泥板上。下車以後，就把後輪擋泥板上那個稅捐處發給的鋁牌（銃印出號碼——用國字銃印出來的號碼牌），下車時就要把那個牌子中央的鋁板拉下來帶走。稅籍編號是銃印在中央的一條鋁板上，把那條鋁板抽下來以後，車子就沒有稅牌號碼了，不能再騎了；假使有人沒號碼牌還在騎，警察就會認爲那是贓車，就要把人抓走；所以你只要把那個號碼牌拔下來，人家就不敢偷了。當你想要再騎時，再把那個號碼牌插上去，那就有號碼顯示出來，你就可以騎了。

你想：當時一輛腳踏車就已經很稀有，只有醫生才有錢買得起，是很重要的財產，那你說那時的台灣是不是一窮二白？對呀！眞是一窮二白。你們年輕人都沒經驗過，覺得我說的好像是天方夜譚：連腳踏車也要繳稅！？眞的要繳稅。那時賣冰要有賣冰的執照，賣砂糖要有賣砂糖的執照，都要領執照每年繳稅。當時那麼一窮二白的地方，爲什麼我要從江浙富庶之處生到台灣來？是什麼道理？是因爲諸位都要生到這裡來，佛菩薩都看好了：這個地方將來要大大的弘揚正法，這個地方未來的環境是適合的，所以就付囑菩薩們生到這裡來；然後你們各個在大陸捨報了，就安排你們生到這裡來，這叫作佛陀的護念與付囑。你們一般人的觀念大概想說：「**當佛最好了！就坐在**

那邊給人家拜，有香供養，有花、有食物、茶，什麼都有。」但我告訴你，眞的累死人了，這叫作累死佛、累死菩薩，而大家看到的都只是表相。

所以如來爲了眾生，總是時時刻刻護念以及付囑；善現很清楚知道這個道理，所以他起來讚歎：「世尊！眞的是希有！」讚歎完了，然後就爲大眾挖寶了，所以他又說：「善男子、善女人，發起無上正等正覺心的時候，應該如何安住？應該要如何降伏其心？」這意思就是說，發菩提心以後要怎麼安住？怎麼降伏其心？

發菩提心，若是像宗喀巴講的那一些，就都只是在事相上面講的。發菩提心，主要是怎麼發？就是發四宏誓願，要先去歸依三寶，因爲決定要學佛了。決定之後，去歸依大乘三寶，歸依時就得發四宏誓願：眾生無邊我都要度，既然發了願，當然發誓一定要度盡一切眾生；煩惱是無盡的，我也是願意把它斷除；佛道的修行法門是無量無邊的，我發誓願意把它修成；最後一個說佛道是至高無上的，我發誓一定要把它修成。好了，四宏誓願發了，這四個大願多麼偉大！「眾生無邊誓願度」，光是這一個願就夠偉大了；因爲眾生無量無邊，你都發願、發誓要度盡；可是發了這個願，表示什麼呢？表示你成佛以後不許入無餘涅槃。因爲你將來成佛以後，捨報的時候眾生還沒有度完，你怎麼可以入無餘涅槃？所以我說，光這一個願就夠偉大了。

好，這個願發了，最後一個願是說：佛道無上，我誓願成。可是眞正學佛的時候，人家說：「正覺同修會可以幫人家開悟，你要不要去學？」「我算老幾？我怎麼可能開悟？」上個月才發四宏誓願說「佛道無上誓願成」，結果連個初見道位的開悟明心都不敢追求，這算什麼發大願？還發什麼無上正等正覺心？所以三歸依的時候，如果有至誠心發起了四宏誓願，那就叫作發無上正等正覺心。因爲這四個大願不是要你成爲阿羅漢，是要度盡一切眾生，要斷盡一切煩惱，要學盡一切法門，並且一定堅決地想要成就佛道；這當然是大心，所以這是發無上正等正覺心。發起這個廣大心，眞的無上。

當學佛人三歸依，發了這個大心以後，應該要怎麼樣安住？是要住在世間法中嗎？或者要離開世間法呢？如果住在世間法中，顯然不是他所要的；如果要離開世間法，顯然不可能繼續修行。那麼到底應該如何住？這是個大問題。想要安住下來，一定是先要降伏其心，否則怎麼安住？當然安住不下來。此外，應該怎麼降伏其心呢？這個降伏其心，到底是降伏什麼心呢？那當然是降伏意識與意根。因爲最會打妄想，心如猿猴不斷攀緣，那就是意識心；可是執著最嚴重的顯然不是意識，而是《西遊記》中玄奘法師騎的那一匹馬，就是意根；所以才叫作心猿意馬。孫悟空就是他的意識心，叫作心猿；孫悟空沒有一時間停下來，不斷地要找出問題來，一直都在觀察可能發生的任何問題，怕他師父遭難；可是這一匹馬不管方向對不對，只管不停地跑，所以叫作意馬。所以意最厲害，這孫猴子意識現在還在這邊打坐，突然間這意馬就給他一個念頭，孫猴子意識突然間就跑到美國大峽谷去了！從台灣到美國，才一念之間就到了，整個心中都是在想著前年去過的美國大峽谷。好厲害！當然叫作意馬。

修定修不好，都是因爲意馬，不是心猿。心猿在數息時牢牢地抓著數目：「一呀、二呀、三呀……」這樣數呼吸，還數不到四，突然間意馬給他一個念頭，心猿才剛剛放心而不注意，就被意馬牽著跑到美國去了，快得不得了！那麼須菩提說的住心與降伏其心，到底是要安住什麼心？要降伏哪個心？對於一般修學《金剛經》的人來說，我們得先從事相上來說，當然就是降伏這個意識心，因爲他們不知道背後的意馬，只知道心猿。可是我們卻說心猿意馬都要降伏，所以須菩提就問：「如何安住？如何降伏其心？」佛就說：「善哉！善哉！須菩提啊！就像你所說的：『如來善於護念諸菩薩，善於付囑諸菩薩。』你如今就詳細地聽著，我會爲你詳細地說明。善男子與善女人，發起了無上正等正覺之心以後，應該這樣子安住，應該這樣子降伏其心。」須菩提就回答說：「好的！好的！我會專心地聽。世尊！我心裡面非常希望聽到您的開示。」其實說一句不客氣的話，這個時候 世尊應該給須菩提當頭一棒！對不對？你們還沒有體會出來嗎？

事說已畢，接著我們就來談談理說好了，我在前面講的，跟大法師們講的大約一樣，看來似乎沒有差別，因爲只是在事相上的解說。至於理上，我們該怎麼說呢？最善於顯現空性的人就是須菩提，既然經中說的是「**長老須菩提**」，他已在大乘講經法會上出現而成爲本經的緣起者，這表示須菩提這時候已經轉入菩薩道中，而且是明心證得般若了。世尊剛開始宣講大乘法時，轉入菩薩道的阿羅漢還不是很多，因爲這時才剛開始轉第二法輪的般若妙義；是到後來才有很多阿羅漢們迴小向大而轉修佛菩提道，發願生生世世勤行菩薩道；須菩提是其中之一，舍利弗、迦旃延等人也是一樣。爲什麼稱他爲須菩提呢？能在大乘法中被稱爲須菩提也是不容易的，須菩提的意思叫作「空生」；又因爲他善於顯現空性的眞實義，所以又名「善現」。他在大乘法中也被稱爲長老，表示他已經明心了，才能稱爲大乘法中的長老；否則的話，他要如何與 佛共同配合來演出這一場金剛法會的大戲呢？

這個無生忍是大乘的無生忍，這一場演述金剛法的法會是一場大戲；如果他不知道 佛所講金剛不壞法的意涵，要怎麼配合來演出呢？所以這時他是已經迴心大乘法中證悟金剛心了。可是這時大部分的阿羅漢都是還沒有證悟的，因爲他們還停留在聲聞法中，或者剛剛迴心大乘不久，佛陀的教外別傳等機鋒還沒有常常使出來，因此大部分迴心大乘的阿羅漢們還沒有證悟金剛心如來藏，還不懂空性。現在長老須菩提在大眾中，就從座位上站了起來，這眞的是通身放光！然後偏袒了右肩，露出右肩來，這是手臂放光！然後右膝著地，這是膝輪放光！然後合掌恭敬，這是手上放光！**「而白佛言」**，是口中放出慧光。

「偏袒右肩」就是在告訴你「色即是空」，說這個色身就是空性如來藏。一般都解釋說色身因爲無常所以是空，我告訴你：菩薩不是這樣講的，佛與須菩提也不是這樣講的。須菩提講的是這個色身本身就是空性。也許有人大不以爲然：「明明阿含裡面一直講說色陰無常，你在《阿含正義》書中也這麼說，爲什麼到這裡竟說色陰是空性？」那不然，請你誦誦《心經》好不好？《心經》不是告訴你嗎：「色即是空、色不異空。」那不是告訴你說色身就是空性嗎？那你說：「好極了！我今天開悟了，因爲看見自己這個色身存在，那我就是證得空性，因爲我證得色身了！」對不起！你又錯了！因爲色身是會壞的，色身只是空性所生的生滅法，含攝在空性中。可是等你悟了大乘法而生起般若智慧以後，你卻說：「對呀！色身也是空性，不是緣起性空，而是說色身存在的當下就是空性。」所以須菩提偏袒右肩時已經把答案告訴你了，就是《心經》講的「色即是空」、「色不異空」。「**右膝著地，合掌恭敬而白佛言**」，也都是一樣的。

須菩提讚歎說：「希有啊！世尊！如來善護念諸菩薩。」也許你說：「這須菩提騙人！說如來善護念諸菩薩，我什麼時候被如來護念到？我都沒有感覺。」那我問你：你認爲是說哪個如來？你喚什麼作如來？在事相上說，是祂老人家　釋迦如來護念你；從理上說，是你自己的如來在護念你。假使不是你自己的如來善於護念你，你活不到現在；小命早都沒了，你還能來這裡聽我講《金剛經宗通》嗎？你說：「我怎麼都沒有感覺到我自己有一個如來？」因為你感覺不到，所以你才要來正覺學大乘法；如果你感覺到了，你在外面早就成為大法師們的師父了，大法師們還得跟你學呢。你如果要問說：「我的如來是怎麼護念我的？」我就告訴你：「善護念你！」你說：「這不是廢話嗎？」我說：「不！我這是眞心話，我眞的是從眞心裡面發出來告訴你，一點兒都沒有騙你。」你說：「我怎麼不知道？」我就告訴你說：「我也不知道呀！」這才是實證般若的菩薩們所說底眞心話。

須菩提又說：「如來善付囑諸菩薩。」善付囑呀！眞的善付囑呀！只是你不知道而已。但祂怎麼個付囑法？這不能跟你明講，否則我就違犯法毗奈耶（法戒）了！可是我就藉著別人的說法來告訴你。有個禪師說禪（我記得是溈山靈祐禪師），可是有個徒弟突然高興起來了，溈山禪師問他說：「你高興什麼？」他說：「我早上沒吃粥，現在晌午了，肚子餓了，所以歡喜。」溈山禪師就很高興地說：「不料我大眾中也有這種弟子。」這就是如來善付囑你（大眾笑⋯）。這叫作「一般笑，兩樣情」，聽懂的人會心一笑，聽不懂也跟著笑，是什麼笑？我就不說了。所以如來眞的善付囑你。假使你還不知道，不然我告訴你一件事情好了：你們在家裡面也是爲人父母，你們出家了也是爲人師父，不管你膝下是兒子、女兒，你座下是比丘或比丘尼，當他們累了，坐下來想一想：「不對！渾身不爽快，都是黏答答的。」洗澡去了！這就是如來善付囑他。到了晚上九點、十點了，他想：「累了，睡覺去了！」他就懂得跑去睡覺了，這叫作如來善付囑他。你說：「怎麼都付囑他們，不付囑我？」那我問你：「你晚上累了，不知道要去睡覺嗎？」懂了嗎？《金剛經》不是那麼容易講的！《金剛經》得要這樣講，才能叫作宗通；曾鳳儀那個《金剛經宗通》，可是一點兒都沒有通。可是我要提醒諸位，別落入意識境界裡，要記得維摩詰大士說的：「法離見聞覺知。」聽我這麼講，又迷糊了吧？然而眞正證得自心如來的人，心中全都不迷糊，這才是實證般若。

接著，須菩提又說話了：「世尊啊！善男子、善女人，發起無上正等正覺心以後，應該怎麼住，怎麼降伏其心？」你看！這須菩提長老眞會搞怪，才剛剛說「如來善護念諸菩薩，善付囑諸菩薩」，搞了天下一場大怪以後，結果他卻來說：「假使善男子、善女人證得眞正的菩提心，他知道自己眞的可以成就佛道」，因爲不可知、不可證的，他竟然知了、證了，他知道說成佛有望，這經上講的不是騙人的，佛陀說的是眞實語；所以證得這個眞實心以後，已經知道自己確實在未來可以成佛了，確定了，這就是發起無上正等正覺心了！這時對自己有信心了，因爲不再是外門廣修菩薩萬行了。可是證得這個心以後，接下來「應該如何安住，如何降伏其心？」這就像我早期出來弘法，常常有人問：「老師啊！我們明心了，找到如來藏了，接下來我們要怎麼安住？」我說：「隨便你安住，你要依如來藏的無所住而住也可以，你要繼續無相念佛也可以，或者說你要保持一念不生也可以，隨便你住。」同樣的道理，須菩提長老說如來善護念諸菩薩、善付囑諸菩薩，然後馬上就問說：「發起無上正等正覺心了、明心了以後，應該怎麼住，怎麼降伏其心？」佛就說：「善哉！善哉！須菩提啊！就像你所說的一樣：『如來眞的善於護念諸菩薩，善於付囑諸菩薩。』」你們看，佛陀重新複述一遍，並不是須菩提講完就算了；須菩提說的話，如來還重複一遍。所以你不要以爲說，我剛剛回答的「善護念你！」說這個如來的護念、如來的付囑是開玩笑，我說的可是眞心話，是眞心話！所以你看，佛陀又複述了一遍：「如來善於護念諸菩薩，善於付囑諸菩薩。」然後才說：「你現在詳細聽著，我爲你說了。善男子、善女人，證悟明心以後，發起了無上正等正覺之心以後，應該這樣住，應該這樣降伏其心。」到底 佛講了沒有？（大眾答：講了！）講了嘛！這須菩提當時還懵懵懂懂地說：「唯然！世尊！願樂欲聞。」如果我成佛的時候講應如是住、如是降伏其心，他還答我這句話，我就給他一棒！

然而到底 佛陀是在哪個地方講了？這可大有文章！所以佛陀雖然講了，長老須菩提卻故意裝迷糊，故意裝作不知道。如果 佛陀說「應如是住、如是降伏其心」，而須菩提知道了，他就像中國古時的眞悟禪師一樣，禮拜完就走了，《金剛經》的法會就結束了（大眾笑…），那你說：還會有這部經典流傳嗎？那可能會變成佛教史上最短的經典了，因爲比《心經》還要短。所以他其實是裝迷糊，所以他就說：「唯然！世尊！願樂欲聞。」其實 世尊已經以總說而說完了，當 世尊說「應如是住，如是降伏其心」時，其實已經說完了，《金剛經》早就說完了，到這裡就已經圓滿了；可是須菩提護念眾生，要爲眾生挖寶，因爲他知道眾生這樣絕對是聽不懂的，必須要再問，讓 佛說得更多，眾生才有機會懂得 佛的眞意。這就像禪三裡面晚上普說，我如果講個十分鐘、二十分鐘就下座，我告訴你：要悟很難。所以最少要講兩個鐘頭。有時候覺得說，如果哪一批人覺得好像比較遲鈍一點，我就講三個鐘頭；然後晚上的小參時間就順延下去了，只好小參到半夜十二點鐘。所以我眞是害死人，監香老師因此跟著我累翻了，糾察老師們也要跟著累，都不能休息。須菩提長老同樣是這種心情，所以他裝迷糊：「唯然！世尊！願樂欲聞。」現在「理說」講完了，就來「宗說」吧：

【夾山善會禪師　師曰：「風吹荷葉滿池青，十里行人較一程。」師有小師，隨侍日久；師住後，遣令行腳，游歷禪肆無所用心。聞師聚衆，道播他室；迴歸省覲而問曰：「和尚有如是奇特事，何不早向某甲說？」師曰：「汝蒸飯，吾著火；汝行益，吾展鉢。什麼處是孤負汝處？」小師從此悟入。】

眞是善護念也！

夾山善會禪師，我們的《公案拈提》第一輯重寫以後，那個封面有一艘小船，畫著船子德誠禪師拿起撐船的竹篙，把那個改裝爲俗人的夾山善會禪師一竹篙捅下水。有沒有？就是那個夾山善會。這夾山善會，他說：「風吹荷葉滿池青，十里行人較一程。」以前我們學生時代，那時候台灣流行布袋戲，雲州大儒俠一出場，就先講兩句詩偈，我們就說這個人意境好高；沒想到今天我們意境比他高，眞沒想到！只因爲還有胎昧。夾山善會禪師常常講這兩句話：風吹著荷葉的時候滿池都是青色，奔走十里路程的行人還在拚最後一段路。當然這個是他悟後講的。他本來是個有名的大座主，專門講經；他講經的期間可能講了二十年了，因爲他那時已經很有名了。有一天他可能覺得腳跟下不穩，所以就把座下一個小師父派出去行腳。法座不穩——腳跟不穩，當然要派人出去行腳，看人家那邊到底悟個什麼東西。回來以後，如果徒弟說是開悟了，師父當然要勘驗徒弟：「你講講看，你悟個什麼？」這一勘驗他，不就知道了嗎？夾山善會很聰明，就派個小師父出去行腳，到各地禪肆（禪肆就是專門講禪的地方或寺院）去遊歷，目的是要他求悟。

可是這位小師父於所到處都不用心，所以一直都沒有悟。好幾年都沒有悟，突然有一天聽到人家說：夾山善會聚集了一大堆徒弟，他的法到處流傳，連人家別的很有名的教禪、講禪的道場都聽到他的名聲。這個小師父一聽，心想：「喔！原來我師父是個證悟者，我還在外面混什麼？」他一想：「喔！我應該趕快回寺去。」當他回去以後禮拜及問訊完了，就埋怨說：「和尚啊！

您有這種奇特的事情，為什麼不早早跟我講？還讓我到處去逛。」這責備當然有道理。可是這裡面其實有曲折的，因為夾山派小師父出去的時候其實還沒有開悟，他那時還在講經，已經很有名，但終究只是一個座主、一位經師，還不是禪師。

有一天，道吾禪師去見船子德誠。船子德誠為什麼叫船子？因為他就是靠一條小船謀生，他的法號叫作德誠。他就把船停在江邊，如果對岸有人招手，他就舉起那根竹竿或者木槳來，開口大聲說：「你要渡河嗎？」人家說要，他就把人撐過河去；搭船的人隨意給錢，不給也沒關係。船子禪師每一次都會問人家：「你要渡河嗎？」眞無聊！人家向他招手，當然是要渡河，他卻明知故問，一天到晚問人家：「你要渡河嗎？」可是人家都不知道他的眞意，都只是以為說他在問是否要渡河啦！他總是刻意的、很大聲的呼喊：「你要渡河嗎？」結果大家都不知道。有一天，道吾禪師想：「這個人有蹊蹺，一個出家人竟然在那邊撐著竹竿跟人家渡河。」他就去找船子德誠禪師，談了以後才知道果然沒有判斷錯誤。後來道吾就問他：「你證悟了，為什麼不開山度眾呢？」因為開山是悟後的事，沒有悟就去開山度人，那都要打屁股。道吾禪師就問他：「你為什麼不去開山度眾？」其實船子德誠想：「我每天撐著竹篙渡船就是度眾，悟不悟是眾生的事；他們悟不了，跟我有什麼相干？我已經有為他們作了，應有的開示我也開示了。」可是道吾既然這麼講，他想：「那好吧！我就正式度個人吧。」於是就說：「如果有伶俐底座主，你就指示一個人來見我。」

道吾接受他的委託，他一想：「那個夾山善會法師很有名，符合他的條件：他說的是要伶俐底座主。」能講經講這麼久，講好幾座下來了，依舊很有名，一定是很伶俐。他就故意去聽，就坐在大眾當中，他也不示現大人相。夾山善會就講：「目前無法，意在目前。不是目前法，非耳目所到。」講了一大堆，只是堆砌文字、依文解義。道吾禪師一聽，當然知道這是依文解義，聽了就故意「呵！呵！呵！」笑了起來。好！這一笑，夾山善會注意到了，知道一定有蹊蹺，匆匆講完就下座了，立即請人把道吾禪師留下來，請到方丈室去。進了方丈室，道吾就告訴他：「你說的都是依文解義。想不想開悟？」你送上門來的路子，夾山可不笨，當然回答說要悟，所以道吾就告訴他：「你講了一大堆，都是別人的東西。你如果想要悟，我指示你一條明路。」就告訴他，華亭縣有個船子禪師。他說，這位禪師上無片瓦遮身，下無卓錐之地。因爲他住水上，所以連一個錐子可以插的地皮都沒有。道吾並沒有告訴他說船子禪師是在擺渡。他說：「那位船子禪師上無片瓦遮身，下無卓錐之地。你去華亭縣去問，自然就找得到他。」好！去到那邊問了，既沒有片瓦遮身，那表示不是住在房子裡邊；也沒有卓錐之地，當然就沒有掛單之處；問來問去都這麼問：「沒有片瓦遮身、也沒有卓錐之地，名爲船子禪師。」人家一想，那一定是擺渡的那位出家人。於是夾山善會就出發去參訪了。

可是他前往參訪的時候是有心機的，他怕人家知道堂堂一個大座主，竟然去參見沒有名氣的禪師，多沒面子！所以他就易服，穿起俗人的衣服，又戴個帽子，這樣去參訪。他去了，船子問他：「你從哪裡來？」「我從夾山來。」「住在什麼寺院？」「寺院可就從來都不曾住過，假使說有住過寺院可就不相似了。」船子就問他：「既不相似，且道似個什麼？」夾山就講：「法非目前。」船子又追問說：「你是從什麼地方學來的？」夾山回說：「這不是耳目之所能到。」總之講了一大堆話，船子當然知道他依文解義。後來船子就舉起竹篙來說：「垂絲千尺，意在深潭；離鉤三寸，子何不道？」意思是說：「我爲什麼在這邊擺渡擺那麼久？爲的就是想要風聲傳出去；所以我在這邊擺渡很久了，就如同把釣繩垂到千尺之深了，我要釣的當然是大魚，不是要釣小魚，你正是那一條大魚。你講了那麼多話，都只是話頭，沒有用處，因爲不是實證。而你現在距離我垂下千尺深的魚鉤才只有三寸而已，你爲什麼不說說看？」這夾山善會才剛剛準備開口回答，船子禪師就一竹篙把他捅下水去了！夾山冷不防船子有這一招，一時會不過來，隨即爬上船；沒想到船子卻繼續逼問著：「速道！速道！」這時夾山準備再要開口回答時，沒想到船子禪師卻打了下來，於是夾山就這般開悟了，船子禪師也不要那艘船了，隨即棄船而離去了。人家夾山就這麼悟了，你們每晚在浴缸裡水一直沖，都還不悟。結果他回去夾山以後，上座開始說法時，講話就不同了，於是夾山是證悟者的說法就漸漸傳開了。

這小師父聽到消息，趕快回來，埋怨說：「和尚！你有這麼奇特的事情，爲什麼不早跟我說？」他哪曉得和尚那個時候還沒有這麼奇特呢？夾山善會這時候既然已經悟了，講話自然就跟以前不同了，他回答說：「你炊飯的時候，我就幫你燒火；你想要把飯盛給我的時候，我就把缽遞過去，我什麼處辜負了你？」一樣的道理，你們來聽經，我就爲你們說法，我什麼時候辜負了你們？我也沒有辜負諸位啊！人家這個小師父這麼一著，他就悟了。你看，夾山善會這個菩薩有沒有善護念這個小師父？然而到底是誰眞正的護念他？其實還是那個自心如來善護念他、善付囑他。這個時候既是這位小師父的自心如來善護念他，也是夾山善會這個身外的如來善付囑他，所以他就這樣悟了！這樣才是《金剛經》說的：「如來善護念諸菩薩，善付囑諸菩薩。」

我們再來看夾山禪師悟後怎麼護念他的徒弟吧：**【師一日喫茶了，自烹一椀過與侍者；侍者擬接，師乃縮手曰：「是什麼？」侍者無對。】**善付囑也！

有一天，這個夾山善會想要幫他的侍者開悟；因爲他已經悟了，所以他很會搞怪。所以禪師如果說：「某師啊！您眞是會扮神頭鬼臉！」那是讚歎的話，不是毀謗或者輕嫌他。譬如說在禪三，有時候我說：「你今天倒有一點屎尿味！」好些人以爲說我是在罵他，其實禪門裡說的屎尿味是表示說：你有一些禪味出來了，已經多少有所觸知了。這是好話。夾山想要幫助侍者，所以有一天喫茶時，當他喫茶完了，自己又親自沖了一碗茶遞過去給侍者；

這侍者手伸出來正要接過去，夾山善會卻又收回來，隨即問說：「是什麼？」這侍者不像那個四處參訪的小師父，根本不知道夾山是如何善付囑他，當下不知道應該怎麼辦，結果是「無對」，不懂得要怎麼樣應對。明明這侍者的自心如來已經護念他、付囑了他，身外的夾山善會自心如來也護念他、付囑他，可是他依舊悟不了，這就是悟緣還沒有成熟。

諸位！這些禪師是不是有精神病？你們看這些禪師說話舉止都不合情理，可是對於眞悟者來講，對於實義菩薩來講，絕對合情、合理而且合法；當然不是合於人間的法律，而是合於佛法。每一次禪三我都會說一個笑話，有一位去過五大洲說禪的大法師說：「我在禪七時會這樣講：『生薑長在樹上，蘋果生在地下。』但在平時，我是不會這樣講的，只有禪七時才會這樣講。」他爲什麼會這樣說呢？因爲他認爲禪師講話都是不合常理，都是常常講反話，這樣就是禪。眞的如此嗎？其實不然！禪師不是講反話，並不是把話故意說反了，或者舉止行爲故意不合常理就可以叫作禪；不是這樣的，這些公案裡面是有非常深奧的佛法大意在裡頭的。

所以假使有一天我跟他遇見了，他如果問我說：「我聽說你總是批評我，說我講的『生薑長在樹上，蘋果生在地下』不對，那麼你又怎麼講禪？」我就告訴他：「生薑長在樹上，蘋果生在地下！」我還是一樣的講；可是我對，他不對。如果你悟了，你就能知道爲什麼同樣的兩句話，我連一個字都沒有改變，而我講的對，他講的就錯。這裡面是有機關的，這個機關你要是識破了、透過去了，你就開始進入內門修菩薩行了！這時你就是眞正的菩薩，這叫作實義菩薩，已經不是表相菩薩了！這時你對《金剛經》可以自己讀懂，這樣才是《金剛經》的宗通，是從宗門來解說的。

般若諸經以及這一部《金剛經》裡面都不明說是第八識，般若諸經裡面只有一個地方講到阿賴耶識。在《大品般若、小品般若、放光般若》，許許多多的般若經中，你把它搜尋看看，只有一個地方講阿賴耶識，就只有一個地方，但也不是用阿賴耶識這四個字來說祂，這表示說：這是密意，不能隨便說。在般若系列的經典中，則有說祂是「非心心、不念心、無心相心」；《金剛經》裡面叫作「非心」，也就是般若經中的「非心心」，又叫作「無住心」。禪宗祖師則說祂是眞如、本地風光、本來面目。

爲什麼般若系的諸經中，到處都不明說諸法從阿賴耶識中出生，卻特別強調眞如法性呢？般若系列的經典中不斷地強調眞如法性，自始至終一直都在講眞如，因爲都是解說第八識心的眞實與如如的自性。因爲不斷地強調眞如法性，由於這個緣故就產生了兩個現象：第一個現象就是導致禪宗的祖師不斷地說：開悟明心就是證眞如，你所證的那個眞心如來藏就叫作眞如。所以當禪宗祖師說「眞如」的時候，就在指稱這個第八識心。爲什麼說祂是第八識心？因爲這個第八識心不斷地顯示眞如性，而「眞如」的意思就是眞實與如如。由於這個心是眞實存在的，而且祂可以出生萬法，所以不是假名而有，因此叫作眞實。祂的名字裡爲什麼還要有個「如」呢？這表示祂於萬法中都是如如不動的，不論你怎麼辱罵祂、否定祂，祂永遠都如如不動。印順法師常常辱罵說第八識眞如心是外道神我，而他罵得正起勁時，他自己的眞如心依舊是如如不動——他的如來藏依舊如如不動、不動其心。不管誰怎麼樣罵，毀謗說這個第八識心是假的，只是方便假名，結果祂還是如如不動。罵的人一直在罵，他自己的第八識心照樣如如不動，都不會起心動念生瞋，所以祂又叫作如。因爲祂雙具眞實與如如的法性，合起來就叫作眞如。由於眞實與如如是禪宗證悟者在證悟後可以現前觀察：祂確實是眞實與如如。因此中國祖師乾脆叫祂作眞如。有些般若經中也是以眞如來指稱祂。

第二個現象，是沒有證得第八識的人，他們會誤以爲佛菩薩解說眞如時，是在講一切法緣起性空、一切法空而不執著世間有爲法。所以六識論的應成派中觀，他們雖然不斷地主張「大乘非佛說」，可是卻又認同般若諸經，也認同《金剛經》。他們對般若系列的經典都認同，唯一不認同的般若經就是《心經》，因爲它明白說有一個眞心實際存在，所以不承認——凡是沒有講到第八識眞心的般若諸經，他們都承認。所以印順法師才會判攝第二轉法輪的般若諸經是在解說「性空唯名」的道理，把般若攝歸於聲聞法的緣起性空之中；也因此，印順法師才會發明一個新名詞，叫作滅相眞如，說蘊處界緣起性空，所以最後終歸於滅，就這樣子滅盡而成爲一切法空以後卻不是斷滅空，而是這樣空無的如，所以叫作滅相眞如。壞滅而空無以後的斷滅相也可以叫作眞與如，那麼他假使被人家毀謗，或者說假使他有好幾億財產被人家騙走了，那正好就是眞如；因爲滅相即是眞如：被人家滅盡了，被人家偷竊光了，就這樣的如。那，這樣大家都要讚歎小偷們，也要讚歎所有的殺人犯，因爲他們把人家的財產騙光或者把人殺死了，讓別人滅了，當別人滅了以後的滅相是不會再被滅除的，「就是這樣的如」，這就是證得眞如了。眞荒唐！所以我說，悟與不悟的人，對般若諸經的理解會產生兩個現象：第一個就是把第八識心命名爲眞如，第二個就是把眞如當作斷滅空、一切法空。

般若系列的經典，眞的是長篇累牘；因爲在第二轉法輪的十幾年中，佛陀專門解說金剛般若、實相般若；這是爲迴小向大而悟得第八識的三賢位菩薩們演說的，希望讓這些阿羅漢們可以度過三賢位而快速進入初地，所以般若才會講那麼久、講那麼多。你看看，《大品般若》六百卷，有多少人能把它讀完？眞的很少。以前陳履安說他有讀完六百卷，是因爲孫春華指定他一定要讀完；可是當他讀完以後，我曾去中央信託局聽他演講，看來他都沒有讀進去。然而般若諸經中爲什麼都不明說眞如就是在講第八識呢？因爲不許明說，也因爲極難信的緣故。不許明說又很難相信，當然很難悟入，所以就要施設教外別傳。教外別傳就是通達宗門的直指法門，所以大梵天供養了青蓮花，佛便藉機會拈花微笑，原因就在這裡。就是教外別傳，另闢一門幫助迴心大乘的阿羅漢們容易證得這個心，自然就會發起般若智慧，就能聽懂般若經教。

這個教外別傳的密法一脈相傳，由金色頭陀悟了以後，這位大迦葉菩薩接著傳給阿難尊者而賡續法脈，經過一代又一代，西天共有二十八祖而傳到達摩大師；達摩再傳來中土，這都是教外別傳。可是教外別傳這個宗門，卻跟教門完全相符相契；所以達摩大師臨行時，他將要回天竺去了，便交代神光大師（也就是二祖慧可）四卷本的《楞伽經》，教他用這部《楞伽經》自我印證以及深入修學。因為中土當時能夠印證教外別傳的就只有《楞伽經》，要二祖慧可用這部經來印證以及悟後進修，而《楞伽經》中說的正是第八識如來藏，名為阿賴耶識；所以禪宗其實就是教外別傳的法，因此它才叫作通宗的法門。

禪宗也有極少數的祖師，同時親證了眼見佛性的境界；由於這個實證，將來可以幫助自己在最後身菩薩位很容易見性成佛。禪宗最後也涉及到無餘涅槃的實證以及現觀，這就是牢關，稱為了生脫死的參禪事畢，透過了三界牢獄限制的關卡。但從大乘法中來看，這些都還只是三賢位中的修證。假使想要入地，還要兼修般若諸經中的種種別相智慧，並不是過了牢關就沒事了，而且過了牢關也不一定能入地。如果般若諸經的理都修畢了、通透了，就可以通達般若，配合應有的大福德（一、發起初禪不退而永離欲界愛。二、性障永伏如阿羅漢。三、護法的大功德）、道種智及對於十無盡願的增上意樂，才能進入初地的入地心中。然而入地以後不是沒事了，反而是事情更多；因為還要精修兩大阿僧祇劫，專修一切種智，廣修十度波羅蜜多，就是第三轉法輪的經典；也要同時努力進修更大的福德……等，然後才能地地增上。我們已經從宗說又拉回到教下，把教外別傳與《金剛經》的關係告訴諸位了。今天法會就講到這裡結束，諸位回家或回寺時好走！

〈大乘正宗分〉第三

【佛告須菩提：「諸菩薩摩訶薩應如是降伏其心：所有一切眾生之類，若卵生、若胎生、若濕生、若化生，若有色、若無色，若有想、若無想，若非有想、非無想，我皆令入無餘涅槃而滅度之；如是滅度無量無數無邊眾生，實無眾生得滅度者。何以故？須菩提！若菩薩有我相、人相、眾生相、壽者相，即非菩薩。」】

講記：第三品是〈大乘正宗分〉，正宗的意思是在排除其他錯誤的法相，回歸到實相心如來藏來，所以說它是正宗。換句話說，這一品其實可以給它一個方便施設的名字，叫作「排他品」。排他，不是世間法中排他的那個惡意，而是要讓眾生瞭解，假使所謂開悟的內容是落在這一段經文所說的世間內容之內的，就是落入種種相了，那一定是悟錯了，應該排除掉而重新繼續參禪，表示那不是眞正的開悟。因此，所悟的內容必須要和這一品所說的能夠符合，假使落入這一品所說的種種相的範圍之內，就表示悟錯了！所以這一品叫作大乘的正宗。「正宗」就表示你所悟的內容要經得起這一品的考驗，否則就不是正宗的佛法開悟了。

我們仍然先來講事相上的說法。佛陀告訴須菩提尊者說：「所有的菩薩摩訶薩，」也就是已經證悟的菩薩們「應該這樣子降伏其心」，也就是說：「已經證悟的菩薩們，他的心態應該這樣子安住：所有一切眾生，不管他是什麼種類，譬如說卵生的眾生、胎生的眾生，或者水生，或者化生的眾生；或者是有色法的眾生，或者是無色法的眾生；又譬如有知覺的眾生，或沒有知覺的眾生；又譬如非有知覺的眾生，或者非無知覺的眾生，我都應該使他們進入無餘涅槃而滅度他們；這樣子滅度了無量無數沒有邊際的眾生以後，其實並沒有眾生得到滅度，菩薩們悟得菩提心以後，都應該這樣子來降伏其心。須菩提啊！如果菩薩有我相、人相、眾生相、壽者相，那他就不是眞實義的菩薩。」

這樣依文解義以後，佛陀到底在講什麼呢？這個經文每一個字大家都懂，可是它眞正的意思究竟是什麼？就好像世俗人有一句話說：「這經上每一個字，我都認得，可是它們都不認得我。」意思就是說，這些字都知道，可是就不懂它們在講什麼。所以《金剛經》一向被人恭敬、崇拜、供養、唸誦、受持、記憶，有很多人會背《金剛經》，可是它眞正的意思卻沒有如實了知，都是似懂非懂而自以爲懂。會背《金剛經》的人很多，可是我一向背不起來，因爲我不想背。我現在連《心經》也忘掉了，也背不起來；若有人要叫我背的話，我也背不全。可是你若是要叫我講解，我可以從頭講到底；因爲這都是自己心裡面的東西，不外於自心，因此看著經文中的一句又一句，就能從自心的現觀裡面直接把它的眞正義理講出來。

這個〈大乘正宗分〉也有人解說是廣大心。爲什麼有人說這是廣大心？解說爲廣大心又有什麼過失？古人說這一品〈大乘正宗分〉講的就是廣大心，他們的說法是：菩薩摩訶薩證悟了以後，應該度一切的眾生去證涅槃，所以說其心廣大。又有人增補說：度了一切眾生證得涅槃以外，還不滿足，還要再度這一些眾生去取證更深妙的涅槃。也有人增補說：這樣還不夠，除了更深妙的涅槃以外，還要進一步教他們不入涅槃，永住世間利樂眾生，所以叫作廣大心。但是這些說法，其實都是依文解義而加以思惟所得來的觀點，佛所說的其實不在廣大心上面著眼。佛說的是：菩薩證悟了而被稱爲摩訶薩，其實是應該如此安住其心；也就是說，證悟之後要能確實轉依於你所證的實相心，不要再落入事相裡面，佛開示的是這個意思。可是他們依文解義的結果，當然就會成爲我剛剛所舉例的內容，也會解釋爲剛剛所提示的所謂發廣大心成爲菩薩摩訶薩，但其實佛並不是這個意思。我們也從事相上再來把某一些部分作個解說，然後再來講解如何是理說，如何是宗說。

這段經文裡面說「菩薩摩訶薩」，有些經典的定義是要入地了才算菩薩摩訶薩；但是《大般涅槃經》裡面的定義是眼見佛性不退，住於十住位就是摩訶薩；但是有的經典又比較寬鬆，只要明心而不退轉，就是菩薩摩訶薩；所以摩訶薩的定義也一樣有觀機逗教，適應對方因緣的狀況而有寬狹不等的定義。現在依《金剛經》的意思是說，明心了就叫作菩薩摩訶薩。因爲《金剛經》所講的都是三賢位中的法，不涉及地後的增上慧學，所以只要明心而不退轉了，不再回頭落入意識或識陰中，你就是菩薩摩訶薩；可是如果否定第八識就是退轉了，就只能是凡夫菩薩、表相菩薩，不再是摩訶薩了。

接下來**「所有一切眾生之類，若卵生、若胎生、若濕生、若化生」**，這講的就是四生。四生—卵、胎、濕、化—函蓋了三界中所有一切的有情。卵生，諸位都瞭解了。胎生，也能瞭解。濕生，就是在水裡面出生而活在水中的有情，不是寄住於母胎中而出生的。化生，在生物學上講「變態」，是說牠的生命形態有所改變；比如說牠從卵生孵化以後成爲蟲，蟲再轉變結成蛹，這樣把牠整個生命狀態繼續改變以後，或者變成蝴蝶，或者成爲其他的生物，那都叫作化生。可是鬼道也有卵、胎、濕、化，也有各種不同。這些是包括在欲界中的所有眾生，但是化生也包括色界與無色界，因爲色界眾生也是化生的；所以色界天人不依團食而住，是依禪悅爲食而住於色界；乃至無色界又是由色界化生，但他們沒有色陰。所以一般說來，卵、胎、濕、化，大多說爲欲界跟色界的眾生。

如果再要深入加以說明，就必須談到**「若有色、若無色」**。有色眾生是說色界天、欲界天和人間再加上三惡道，因爲都有色陰；有色陰可以受苦樂，這就是有色的眾生。無色眾生就只有四空天，四空天的眾生都沒有色陰，完全憑藉四空定的定力而存在於無色界中；無色界的眾生沒有色陰，純是精神境界，所以他們就不需要宮殿。因此，色界天人有宮殿隨他來來去去，是因爲有色陰才需要宮殿，所以無色界四空天沒有宮殿。這是有色與無色的差別。

可是有色與無色的差別之中，在色界以及無色界中又有差別；也就是有想與無想，這是從另一個方向來說色界與無色界。有想，欲界人間以及三惡道有情的生活狀態都是有想的。有想的這個「想」，在《阿含經》裡面講的就是指「知覺」；有想或無想，是指有知覺或者無知覺，不是在講語言文字妄想那個「想」。這個地方，幾十年來很多的大法師、大居士都誤會了，錯把沒有語言文字妄想當作是「無想」。

舉一個最簡單的例子，諸位知道（如果你修行夠久，應該會記得），以前美國有一個卡普勒禪師來到台灣尋覓禪的根。卡普勒禪師，這位美國人很嚮往禪；他也學過日本鈴木大拙的禪，後來覺得禪根還是應該在中國，而當時大陸還是封閉的，還沒有改革開放，所以他特地來到台灣尋根。他來尋根時去找誰呢？找了三個人：聖嚴法師，還有就是耕雲居士與南老師。那個時候廣欽老和尚還健在，他卻不懂得去拜訪，因為廣老名氣不如那些凡夫大師，所以他找來找去都是找到葉子而沒有找到根，連樹枝都沒摸著。當時禪的根呢，是在土城；可是他在台北找來找去，說他找到根了，結果都只是找到樹葉，連樹枝都沒摸著。他去找南老師、找耕雲居士和聖嚴法師，都只是樹葉；

這三個人之中，卡普勒禪師最佩服的是南老師。可是南老師怎麼說無想定的呢？他在《如何修證佛法》書裡面的第一章第一節就說：打坐修到沒有語言妄想了，就是證得無想定。可是這個其實只能稱爲欲界定，並且欲界定還有善根發的內涵，他也還沒體驗過。

欲界定的善根發，有個持身法；它會把你色身持住，讓你不搖動，你不必用任何力氣，坐著它就不動了。這個持身法第一次發起時，你會感覺到色身就像有一層薄膜護持著不動；譬如說荔枝、龍眼，你把外殼剝掉，裡面還有一層薄薄的膜包住；就像那樣把你包住，很舒服、很輕鬆的安住，這叫作欲界定的持身法。持身法現起了，你才算是獲得欲界定了。可是南老師連那個持身法也沒有，他講的是說，只要覺知心中一念不生，沒有語言妄想，那就是無想定，可是這個最多只是很粗淺的欲界定而已。接下去的未到地定、初禪、二禪、三禪、四禪，他當然也都沒有。眞正的無想定，是證得第四禪以後才能證得的，而第四禪要依第三禪才能證得，下至初禪要依未到地定才能證得，不是沒有未到地定的人能證得初禪的，也不是沒有第三禪的人能證得第四禪的，更不是沒有第四禪的人能證得無想定的，當然更不是在初禪前的未到地定證得以前就能證得無想定的。但南老師爲什麼會那樣解釋呢？都是因爲他誤會了這個「想」字。「想」在《阿含經》中有講過，佛特別說明「想亦是知」；換句話說，除了語言文字的思想是想陰以外，當你有覺有知的當下，那也是想陰。

佛說的無想定，是得第四禪以後的事；不懂涅槃的外道以爲說，四禪過後把自己的覺知心滅掉就是住於涅槃了，所以他們在四禪中把覺知心的自己滅掉；但又恐怕落入斷滅空中，所以不想把色身滅掉，就留著色身而滅掉覺知心，誤以爲是進入無餘涅槃中；可是結果呢，那只是無想定，所以無想定就稱爲外道定。菩薩證得四禪之後，一生難得幾回進入無想定；除非是遭遇橫禍很痛苦，才會入無想定中去休息，否則不會入無想定；因爲無想定中不但息脈俱斷，也是無覺無知如同悶絕一般，就不會領受色身受創而產生的痛苦了。那麼有想與無想，是在講什麼呢？是說有知覺與無知覺。所以，如果是說入於有想的境界或入於無想的境界，我們就要把它作一個區隔：什麼是有想，什麼是無想？剛剛解釋過無想定的大約內容了，無想定就表示定中意識心不存在，才可能沒有知覺，因爲意識心一旦生起存在時就一定會有知覺。這是因為意識心一旦現起了，就一定會有五個遍行心所法及五個別境心所法同時運作，所以一定會有知覺，有知覺的定就總稱為有想定。

這樣子瞭解有想定與無想定了，我們再來觀察一下：從欲界定、未到地定、初禪、二禪、三禪、四禪，再轉入無色定，死後就會與無色界相應；譬如說空無邊、識無邊、無所有處，都是有知有覺的，有知有覺的定境就是有想定。既然有知覺的定就是有想定，這意思表示：在這些定中意識都是存在不滅的。建立了這個知見來修定的時候，就不會把這些定境跟法界大定混淆了，因為這都是有想的定境，就是有知覺的境界。無想呢，就是剛剛講的，只有在四禪後的無想定中，就是外道未斷身見而作涅槃想所進入的外道涅槃境界，就是在第四禪中滅掉意識覺知心；其中既無識陰六識存在，所以無覺亦無知，其實就是無想定，成為無想的有情。這樣子，談起有想與無想時，就已經函蓋三界了！因為有想是從無色界的無所有處、識無邊處，一直下到人間乃至三惡道中，都屬於有想的境界，而無想的境界就只有一個四禪後的無想天。

諸位也許想說：「無想天好像也不錯，因為至少要先得第四禪，捨報我就生無想天好了。」可是我告訴你：千萬別去！假使有人證得無想定的話，千萬別執著，否則生到無想天以後，那是什麼境界呢？我告訴諸位：捨報後，色界中陰現起，然後看見四禪天，心裡歡喜就往生到四禪天去了；去到那邊，發覺自己還有覺知，知道還不是涅槃，因爲聽說涅槃中是寂靜而無六識六塵的，於是起念再滅掉意識自己而生到無想天中；剛生到無想天的時候，第一個刹那是發覺怎麼自己還在？爲何結果還不是涅槃？然後第二個刹那就開始把自己覺知心滅掉，隨後第三個刹那覺知心變成微微心，然後就消失了。這樣三個刹那以後，就留著色界天身（就是四禪天的無想天身）繼續存在，是以涅槃想而把覺知心滅了，就在無想天中安住了。因爲他還沒有斷我見，又不知道滅掉六識以後還有意根及第八識存在，所以怕落入斷滅空，就把四禪天身留著，然後覺知心滅了，以爲這樣就是無餘涅槃。如果他所修的無想定非常好、具足圓滿，他的壽命可以到達五百大劫；在這五百大劫中就好像睡覺一樣，覺知心都不在，什麼事情都不能作，當然不可能提升道業，空無所證而過完五百大劫。你想不想要這個境界？如果你很喜歡，你一定每天醒了還會想要一直再睡；如果你是醒了就一定會起來作事的人，那你一定不會喜歡無想定。在無想天中，如果中夭，有的三百大劫、兩百大劫、一百大劫，乃至有的人一劫、兩劫就下來欲界了。

下來欲界中又是怎麼個過程？都是因爲他的我見還沒有斷除，所以一念無明還在；於是在無想天中壽命盡時，突然間生起一個沒有語言文字妄想的念；這時念出現了，其實那個念不能稱爲念，應該叫作心動；是因爲我執沒有斷，我見也沒有斷，所以意根動了，然後意識覺知心的微微心就現起了；現起以後到第二剎那便具足現行了，然後第三剎那發覺自己怎麼沒有住在「涅槃」裡面？然後第四個剎那便下到人間了，很可能不是繼續當人；除非他生天以前有造作了許多的人、天善業，否則下來人間時就不是當人了，大約就往生到三惡道去了，這就是無想天捨壽後的果報。

所以如果生到無想天以後直到壽盡時的感覺是什麼？就只是那六個剎那：剛生到那邊時，三個剎那以後覺知心就不見了；壽盡時意根一動，覺知心再出現，三個剎那以後就下墮到人間了。這三個剎那可能長達半劫，但是對他而言還是三個剎那；所以往生及離開無想天中的覺受其實只有六個剎那，在那五百劫或三百劫中什麼事也作不得，只是在浪費生命，這樣有意義嗎？如果具足無想定的話，他在那邊五百大劫中，其他的師兄弟們假使福德與道業因緣都很好，在人間不曉得修到幾地去了，他卻還是凡夫一個，平白耽誤了道業五百大劫，所以千萬不要喜愛無想定。假使你將來有機會得四禪了，你可以體驗一下無想定，但是要交代別人，如果半天、一天還沒有出定，就要敲敲引磬喚醒你。要記得這一點，要不然一入定就是三年五載，人家不曉得學習進步多遠去了，你還在定中混日子，出定時的道業還是與入定前一樣，並沒有進步，所以這個無想定一點兒都不值得愛樂。這就是說，有想是有覺有知的；凡是從無色界的無所有處往下，識無邊、空無邊、四禪以下，一直到人間、三惡道，都有知覺，所以都是有想的境界。眞正無想的境界就只有一個，叫作無想定或無想天。

最後，還有一種：「**若非有想、非無想**」。因爲這個境界是介於無想與有想之間，也就是非想非非想定，或者非想非非想天的境界。這一個境界爲什麼稱爲「非有想、非無想」呢？這意思是說，從無所有處轉入非想非非想處的時候，那個境界是要把覺知滅掉的；然而他還沒斷除五陰我見，只斷色陰我見，所以能夠捨棄色陰而證得無色界定，終於進入無所有處定；因爲他已經聽聞善知識說涅槃中是要把所知心全都滅掉的，當他想要把自己所知的覺知心全部永遠滅掉時，卻又怕意識心斷滅了會成爲斷滅空，因爲他所知道的心就只有六個識；所以當他認爲人類只有六個識而又沒有斷我見，當他把禪定修得很好的話，就會轉入非想非非想定中，死後會往生非想非非想天中。

所以一定要記得斷我見，不論有沒有證得第八識，都要相信確實有第八識實存不滅，才能眞的斷我見；我見如果不能斷，禪定修得很好以後，就會在修到無所有處以後再轉進而誤以爲涅槃，就會進入非想非非想定，死後往生非想非非想天。這是因爲他害怕落入斷滅，又不信有第七識意根及第八識如來藏；而他又知道色身無常，所以滅掉了色身進入無色界境界中；然後聽說應該進入涅槃，但是又聽說入涅槃以後是五陰十八界滅盡的，他又不肯把意識滅掉，因爲他不信有七、八識，所以一定要留著覺知心以免成爲斷滅空，但是要設法把知覺滅掉；當他自以爲把知覺滅掉以後就變成住於非想非非想定中，這時不反觀自己，是使意識心變成微微心而不反觀自己，似乎是已經沒有覺知存在了，所以名爲「非想」，也就是「無知」的意思。這時雖然已經不會反觀自己了，其實覺知心意識自己還在；當意識自己還存在時，其實覺知就一定還存在，只是很微細也不反觀自己而沒有感覺到自己的覺知性仍然存在，當然不能稱爲非想，所以還要加上「非非想」三字。他要等到出定了，才會發覺自己的覺知性還是存在的。

這就是我見不斷又不肯承認有七、八識，因此在無所有處中想要入無餘涅槃而作涅槃想，結果就變成進入非想非非想定了。爲什麼說他非有想亦非無想呢？因爲他的知覺性不再去領受諸法，已經沒有證自證分而不能覺知自己的存在了；這時不領受諸法，所以在他的主觀中自認爲是無想，自認爲已經是無覺知了，就誤以爲那是無餘涅槃境界，自認爲符合涅槃寂靜法印；可是實際上他又有極微細的覺知存在，是還有意識的微微心存在不滅，並不是不存在，當然還是有極微細的覺知性存在，所以非有想非無想，叫作「非想非非想定」。這是滅掉無所有處想的粗想，而進入有想定與無想定之間的一個中間地帶，其實還是有細想存在，只是自己不知道罷了。

從四生以及有色無色、有想無想、非有想非無想來說，就函蓋了三界中一切的有情；因此，當菩薩度化「有色無色、有想無想、非有想非無想」等一切有情時，就是度化三界中的一切有情了。菩薩證悟後已經知道說：無餘涅槃中其實是沒有十八界存在的，只剩下如來藏離見聞覺知而單獨存在。菩薩要這樣去度眾生入無餘涅槃來滅度他們，這個才是在「度眾生」的事相上應該瞭解的眞實義；佛說的是這個道理，而不是依文解義。每一品中剛開始講的依文解義的那個說法，也就是事說，我們當然也得要說，讓那些大法師、大居士們認同一下說：「蕭平實也有這樣講，所以我講的也沒有錯。」但其實那只是依文解義，只是**事說**而非**理說**，更不是 佛陀在這些經句中所開示的本懷；依文解義會導致三世佛怨，所以我們當然要再從理上及**宗說**來講。

假使所悟的內容是有四生境界的，就是在有色無色、有想無想、非有想非無想的境界之內，都沒有超過這些境界，就表示這個開悟是悟錯的，這樣的開悟就不符合大乘法的正宗，違背〈大乘正宗分〉的眞義。所以從理上來講，應該怎麼說呢？應該說：所有的菩薩摩訶薩，應當要這樣降伏其心：所有的一切眾生，不管是哪一個種類，卵、胎、濕、化，有色眾生、無色眾生，有想、無想，非有想、非無想眾生，我都要度他們入涅槃。（入涅槃都是滅度而不是生度，換句話說，五陰十八界滅掉了以後，全都不存在了，才叫作入涅槃；所以是要滅掉五陰十八界而得度，不許意識還存在時就說他已經住在無餘涅槃中了。所以佛法說度眾生時從來沒有叫作生度眾生，都是度他們入無餘涅槃以後，才算是把他們滅度了。）可是滅度之後不管你所滅度的眾生有多少，多到無量無數無邊而不可計算；當這些眾生都因你而滅度，證得涅槃以後都進入無餘涅槃了，其實也沒有一個眾生眞的入涅槃；由此緣故，世尊說「實無眾生得滅度者」。

一般人聽了會說：「奇怪！明明度了無量無數無邊眾生入了無餘涅槃，爲什麼卻說沒有一個眾生得滅度？」這是因爲涅槃只是假名施設，實際上並沒有涅槃這個東西。涅槃無法，所以須菩提說：「設復有法過於涅槃，我亦說如幻如夢。」何況是涅槃？「假設有一個法，它是超過涅槃的，是比涅槃更勝妙的，我須菩提說：那個超過涅槃的法也是如夢如幻、不眞實，都不是眞實法。」超過涅槃的法（是說假使有這麼一個法，實際上沒有），假使有，也是如夢如幻，何況是涅槃呢？假使有人執著有一個境界叫作涅槃，就表示他還沒有證得涅槃。爲何這麼說？這是因爲涅槃是依本識，是依如來藏這個本識而施設的，並沒有涅槃實法存在。

在阿含中也是這樣講，佛說十因緣觀，從老死往前推，說老死由生而來，生是因爲有，所以生；有，是因爲過去世的取；這樣一直推，往前推到名色，顯示因爲名色所以有老死。可是名色是從哪裡來的？名色包括十八界，五陰十八界都攝在名色裡面。名色從哪裡來？由「識」而生。而意識是識陰所攝，只是名色所含攝的十八界裡的意識界；換句話說，六識以及意根這七個心都是從另一個識中出生的；推究到必然有這個識時，再往前推究這個識是從哪裡來的？佛說這個能生名色（當然也能生意識）的識是本然而有，從這個識再往前推究時就沒有一法可得了，所以佛說「齊識而還，不能過彼」。意思是說，一切法最多只能推究到這個識爲止，再過去便無一法可得了，因此到了此識就得要退回來；因爲前面都沒有法了，萬法都從這個第八識出生。前面沒有法，所以推究到這個識就得要退回來，無法往前推究了，說一切法不能超過彼識——不能超過那個入胎識。入胎識是在意根末那識及前六識之前先已存在的識，由於祂入胎執取受精卵了，才會有人身、六識、五陰的出生，也正因爲祂，才會有意根。接著　佛還說入了無餘涅槃是要滅盡五陰十八界的，換句話說：色陰要滅除，色塵等五塵也要滅除；五塵滅除了，五塵上所顯示的法塵也跟著滅除，就沒有法處所攝色、觸處所攝色乃至聲處所攝色了；這樣再加上五根的滅除，色陰全都滅掉了，剩下的六個識與意根也要全部滅掉；滅掉以後十八界都不存在了，這時候才能叫作無餘涅槃；所以眾生要渡過生死之河，必須要滅掉五陰十八界自己，才能**滅**度。

換句話說，入無餘涅槃就是把自己全部滅掉，不再留下一絲一毫；簡單的說，就是究竟自殺，並且還要死透。世間眾生自殺都死不透，所以自殺了以後又去投胎，又有一個五陰了，所以每一世不管怎麼自殺都死不盡。阿羅漢就是可以死透，不會再有來世的五陰——不受後有；這樣把自己滅了以後就渡過生死河，所以叫作滅度，不能叫作生度。這樣子渡過了生死河，就剩下他的本識單獨存在。這個本識是沒有見聞覺知的，不會有六塵來給祂了知的，因爲祂已不生起六塵，更不生起六根，所以剩下「識」單獨存在，就沒有見聞覺知了，這樣叫作無餘涅槃。所以阿羅漢入無餘涅槃時，其實是把自己滅掉了變成無餘涅槃，這時候他眞的渡過生死河了。請問：這時阿羅漢的五陰十八界還在不在？都不在了。既然阿羅漢自我都不在了，那他有沒有度到彼岸？當然沒有嘛！

說阿羅漢滅了、度了，結果是沒有度到無生死的彼岸，因爲沒有五陰的自我到達涅槃的彼岸啊！所以 佛說：這樣子滅度無量無數無邊的眾生以後，其實沒有一個眾生得滅度。只是他們的五陰十八界消失了，在三界中全部消失了，消失了以後就沒有生老病死苦了，沒有生老病死苦就叫作滅度；可是滅度了以後，有「人」度到生死的彼岸嗎？都沒有呀！只是他的五陰十八界消失掉了，盡未來際永遠不再出現了。所以菩薩把這一些眾生滅度了以後，這些眾生有被菩薩滅度嗎？沒有呀！眾生只是消失了，並沒有度到生死的彼岸繼續存在，只是消失了而已。那麼眾生的五陰全部消失了以後，被滅度的眾生還在嗎？不在了！所以沒有一個眾生被菩薩所滅度，這才是眞正的《金剛經》〈大乘正宗分〉的道理，這是理說的一部分。

佛又解釋說：「為什麼說菩薩摩訶薩滅度了無量無數無邊眾生以後，其實沒有眾生得滅度？須菩提啊！假使菩薩有我相、人相、眾生相、壽者相，他就不是眞的菩薩。」佛陀這句話是罵人哦！有些人自以爲是菩薩，這時可就被 佛陀罵了。現代這些大法師、大居士們，是不是都被 佛陀這句話罵了呢？佛陀的意思是在告訴他們說：「你們這些人都不是菩薩。」因爲他們滅度了眾生以後，所謂滅度的眾生，所謂證涅槃的眾生，都還有四相存在，連他們自己都還有四相存在，違背這一品〈大乘正宗分〉所說底道理。譬如說，現在最普遍的就是坐到沒有語言妄想雜念，古人則是成爲好幾天乃至幾個月都不起妄想的離念靈知；也有人是根本都沒有修行而且全無定力，他把前念已過、後念未起的當下，那是極短暫的完全沒有定力的離念靈知，那就是王驤陸創立的「心中心」法宗派，他的師父大愚把這種妄想的「心中心」法門傳給王驤陸，王驤陸就創立這個宗派，再傳給元音老人，這種極短暫的離念靈知就是「心中心法」的悟境。然而，不管他是沒有定力的短時間離念靈知，或者是有定力的很長時間的離念靈知，同樣都有覺知心存在；覺知心正好是五陰中的識陰所攝，那就是我，具足我相。

既然有我相，就一定有人相：當他見了任何人的時候，他都保持離念；可是別人在他眼前，他必定會了知那是某人，落入人相之中。即使他在打坐的時候閉眼保持無念，可是有時候也會想起某人，也是有人相。只要我相在，人相就同時存在，這是不可避免的，無法切割的；因爲我相跟人相是孿生兄弟，不但是雙胞胎，並且還是連體嬰，切割不開的。若眞的能切割開了，我相跟人相兩個一定全都死了。都死好不好？好呀！都死就是初果人。我相在，人相就一定在，這個連體嬰絕對無法切割。而且，這個連體嬰，不但會是連體嬰，詳細觀察還是個四體嬰，爲什麼呢？因爲有我相、有人相的時候，就一定會有眾生相；因爲當他看到別的人或是再想到另外別的人，就是有眾生相了。爲什麼又有眾生相呢？因爲反觀自己的時候，自己也是眾生，所以有自己的時候就有別人，別人跟自己同樣就是眾生，那又有眾生相了，就變成三胞胎的連體嬰了。

再詳細觀察，有覺知心的自我存在時，就一定會有壽者相；因爲覺知心六識是依五根、意根以及六塵才能存在，那就具足十八界了；這表示說，當他的五色根衰老了，他就說：「**我現在變老了**。」雖然覺知心沒有老（因爲祂不是色法，怎麼會老？）可是因爲色陰老了，就說覺知心也老了，所以當人家問你說：「**您幾歲了？**」你說：「六十好幾了！」突然警覺說：「**啊！我六十幾了！**」還記得以前小時候穿著開襠褲，現在都六十好幾了。可是這個「六十好幾」是依什麼講的？不是依覺知心，而是從覺知心所依附的五色根來講「六十好幾了」，這樣就有壽者相了。人類的覺知心不能離開色陰，因此所有的人類覺知心都依於色陰而存在，就會有壽命相。「**請問大德貴庚？**」「肖虎。」「請問是哪個虎？」那又要分別是甲寅、丙寅還是戊寅……，來說明是哪個虎。然後就要掐指頭算一算：原來你是六十幾。就這樣算，這就是壽者相。所以只要覺知心存在，就會有壽者相；凡是認定覺知心有念或離念時就是眞實心的人，全都不離壽者相，只是他們自己不知道罷了！這樣就是四個身體的連體嬰了。凡是我相沒有斷除時，一定會同時具足四相。

但是，當你轉依了如來藏以後，就沒有壽者相了。所以，有一次武則天問禪師說：「禪師有多少壽數？」禪師回答說：「不知。」也就是問他說：「您幾歲呀？」禪師說：「我不知道。」「爲什麼不知道？」「不憶。」因爲我無法去想像我到底有幾歲，根本就記不得。你的如來藏究竟有幾歲呢？你沒有辦法算，因爲祂無始本有，你要怎麼算祂幾歲？所以禪師回答說：「我不記憶自己是幾歲。」因爲記憶如來藏的歲數完全沒有用處，沒有意義，也不可能。意思就是說，依如來藏而言就沒有壽者相，因爲色身老壞時如來藏並不老壞，也就沒有歲數的問題存在；可是每一世的覺知心，不論是有念或離念的靈知心，全都是依當世的色身存在才能存在，不能去到下一世，下一世是依另一個色身而出生的全新的覺知心；所以如果依覺知心而言、認定離念靈知心是眞實我的人，就一定有壽者相。

請問有哪一個大師開悟了以後，可以說他的離念靈知是沒有壽者相的？都不可能！一定會跟色身的年齡相應。他一定有時候會想到說：「我現在老了。」老就是壽者相。看見小孩子時覺得天眞無邪，是因爲孩子還年少，年少就是壽者相。請問意根有沒有壽者相？有人搖頭，有人點頭；有的人說沒有，有的人說有，那麼到底有沒有呢？其實意根有時候沒有壽者相，譬如你睡著無夢時，意根都沒有壽者相；可是一旦意識出現了，醒來了，意根又有壽者相了，因爲祂又把意識所了知的全部抓住了，於是當意識了知年少年老時，意根就跟著有了壽者相。所以修道修到年老了，就終日惶惶然，每天很努力精進參禪如救頭燃；就好像頭頂被火燒著了一樣，趕快要救；因爲現在都五、六十歲了還悟不了，怎麼辦？無常快來了，到底還能活多少年？不知道！所以要努力。「如救頭燃，如少水魚」八個字，大家都會誦；爲什麼會「如救頭燃，如少水魚」？都因爲有壽者相，都因爲落在覺知心上就有壽者相了。

所以，覺知心一旦存在時，一定會有我相、人相，也會有眾生相、壽者相。假使你們到外面去，遇到有人聽到你這麼講，不服氣說：「覺知心無形無色，明明就是沒有眾生相，沒有我相、人相。」爲什麼他這麼講呢？因爲他的師父教導他：「你把四相都丟掉，都不要去想這個事情，不要跟它相應，你就沒有四相。」當覺知心還在時，把覺知心認定爲常住不壞的自我，所以他開示說：「這樣子，只要你不要去生起人我分別，就沒有人相、我相；不要去了知對方是眾生，就沒有眾生相了；你也不要去了知你是幾歲，你儘管修行就好，不理會它，就沒有壽者相。」因爲他的師父這樣告訴他，他很信受師父的話，所以你說覺知心有壽者相，他覺得很不服氣，就辯解說：「明明我一念不生時，就沒有我相、人相。」你就告訴他：「我們作個實驗好不好？您別生氣，純粹是實驗，讓您體驗佛法，所以先請您務必別生氣，好不好？」他答應說：「好！能幫我體驗佛法，當然不生氣。」你就告訴他：「請你保持五分鐘一念不生，看看有沒有我相、人相。」他說：「好！」你過了五秒、十秒，就給他一巴掌，他馬上質問說：「你爲什麼打我？」你就問他：「請問你現在有我相、人相沒有？你不是一念不生而不分別我相、人相嗎？怎麼會知道我打你？你知道我打你，就是有我、有你了。所以當你一念不生的時候，語言文字還沒有生起時，還是有我相、人相，不然你怎麼知道我打你？不然你怎麼會開口問我說『你爲什麼打我』？」他本來要罵你，聽你這麼一講，只好說：「感謝！感謝！您眞有智慧，您是大德，請受我一拜！」本來想要罵你，結果他體驗到了：原來離開語言妄想之念時還是有我相、人相，不然怎麼會知道別人打我呢？妳如果認爲說：「我是個女生，生來溫柔婉約；你教我出手打人，我學不來。」不然，妳用罵的也可以：「請你保持一念不生，都不分別我相、人相。我們要開始作實驗，請你保持五分鐘離念而不分別。」過了五秒鐘以後就罵他：「你這個傻瓜！一念不生幹什麼！」他馬上會開口答妳：「妳爲什麼說我是傻瓜？」然後妳照樣用這一番話開示他，他就能夠迴入正道了。

所以凡是修行，只要落在意根與意識上面，就一定不離四相。我們可以再來檢查一下三界中法是否有誰能夠離四相，請問：十八界裡面有哪一個法可以離開四相？譬如說眼根、耳根，鼻、舌、身加上意根，能不能離開四相？再問一遍：譬如說眼根、耳根，鼻、舌、身加上意根，能不能離開四相？不行。那六塵呢？六塵也不能離開四相，因爲六塵是十八界我所含攝的，怎能離開我相？當然也離不開四相。那麼六識呢？六識更是具足四相，因爲最能分別人我。這證明：即使是離念靈知心，也是對人我了然分明的。所以十八界法沒有一法可以離開我、人、眾生、壽者四相。

五陰呢？色陰顯然是我，正是色身的我。識陰呢？眼、耳、鼻、舌、身、意六個識，顯然也是我。識陰背後那個意根牢牢地抓住六識說：「我喜歡，我討厭。」也都是我。如果覺受呢？苦受、樂受、不苦不樂受，有沒有我相呢？顯然是有嘛！如果沒有我相，你怎麼知道苦與樂？又怎麼知道「我現在無苦無樂住在定中」？顯然有我相。受陰如是，想陰呢？想陰就是覺知，想陰就是覺知性，有五遍行、五別境心所法綜合起來運作而顯現出來的覺知性，就是想陰，也就是了知；知覺性就是想陰，這想陰仍然是有我相、人相、眾生相、壽者相的。行陰呢？行陰更是我，就是身行、口行、意行在運作的過程，那當然是具足了我相以及其他三相。

那麼這樣看來，大乘的正宗到底是什麼？五陰、十八界都有四相，到底有情身中有哪個法是沒有四相的？就只有第八識如來藏。所以如果所謂的開悟證得一個眞實心，卻是與這四相相應的，一直都在這四相裡面，這個人一定不是眞悟的菩薩。這樣，請你們今天回家以後（今天太晚了，回家後該睡覺了），明天有空再去找找看，全球所有的大師們，不管是台灣的、大陸的、南洋的、北洋的，乃至美洲、歐洲的，把所有大師的文獻，不論是當代的或是剛過世不久的，你都把他們的著作翻出來檢查看看：他們有沒有離開這四相？你將會發覺竟然沒有一位是自己的知音。當你證得如來藏以後去檢查那些人，不管他們名氣多麼響亮，不管他們多麼高風亮節，不管他們的徒眾多麼廣大，仍然都不離四相。那時候你才會珍惜正覺同修會的法緣，那時你將會說：「**原來我所有的知音都只在正覺同修會裡面。**」因爲那些大師們，不管他們名氣多大、道場多大，徒眾幾十萬、幾百萬，都是不離我相、人相、眾生相、壽者相的凡夫。那麼歸結到這一品的宗旨來說，請問：他們有沒有證得大乘的正宗呢？結論是：都沒有證得大乘般若妙法的正宗。

既然都沒有證得大乘正宗的法，那就表示他們都不是 佛陀血脈嫡傳的法，都是繼承什麼血脈呢？都是與外道私通而生的血脈；對呀！滲入佛門中的常見外道，不該稱爲外人嗎？正宗分是指什麼？是指嫡出的自家的血統，是由 佛陀正法所出生的，而不是與外道知見私通所生的外道血脈；外道血脈就是滲入佛門中的常見或斷見外道的法義，不離五陰十八界而落入四相之中。如果他們所證的不是正宗分，當然要說他們是旁宗分，那旁宗的本分就是與外道私通所生的。請問：你是要當嫡傳的正統血脈，還是要繼承庶出而且是外道的血脈？當然要當嫡傳的正統血脈，那才能叫作大乘的正宗。

所以，一直有法師在那邊爭執及宣揚說：我是繼承誰的法脈、我又是繼承誰的法脈……。那都沒有用，因爲表相上的法脈都可以用金錢去買來。所以你只要去大陸名山道場請住持寫個卷軸，他就一代一代寫下來，最後到了那個住持名字之下，再寫上你的姓名說「第八十七代某某某」，然後蓋個道場的章子給你，有這樣的文書承認你的正統血脈，只要五十萬元台幣就能買到了（編案：這是二〇〇七年二月說的），像這樣的法脈在實證上有什麼用處？這還是名山大寺給的法脈傳承呢！可是有沒有用呢？沒有！還是庶出的，而且是私通外道所生的；因爲得到的並不是大乘正宗，推究他的血管乃至骨子裡，全都是常見外道的本質。你如果是大乘正宗的妙法，管他什麼嫡出、庶出？都不管他！因爲老爸的財產都在你這裡，全都給了你；世尊的法財全都在你這裡，檢驗所證內容的結果也是 釋迦親爸的血統，那還不足以證明你是嫡出的嗎？還要用文件來寫明嗎？你若眞是嫡出的血統，世尊早就給你一紙狀子證明說：「你是我的眞正血脈。」而且會把所有的財產都給你。那一紙狀子叫作什麼呢？就叫作大藏經。大藏經就是我們正覺同修會的那紙正統血脈的狀子，是 世尊親給的狀子；因爲大藏經已經證明正覺所得的是大乘法的正宗，而且我們也確實得到了世尊所給的正法財產了。這樣一來，我們到底有沒有資格去得到別人頒賜的「邪魔外道」的獎牌呢？顯然沒有資格可以得。不過，沒資格得這個獎牌，絕不遺憾，因爲我們的血脈及財產都已經證明：我們才是大乘妙法的正宗。

由這裡來看，那些大法師們的說法都錯誤了！他們都把這一段解釋說：「佛勸勉佛弟子要發廣大心，不要因爲度了許多眾生就洋洋得意，向別人稱說自己度了多少眾生。」所以他們解釋都說：「眾生如果沒有度盡，我終究不會入涅槃；大乘正宗就是講這個道理，說要度盡一切眾生，但是不要居功。」可是我們不妨也借用他們說的廣大心的說法，而我們卻可以正確地講得通。當他們用廣大心來解釋這一段時，我說他們講錯了；但我們用廣大心來解釋這一段，卻是正確的。眞正的法，厲害就在這裡。

譬如說八識心王，哪個心是廣大心？（大眾答：如來藏。）諸位通了！這如來藏永遠不會、未來也不會小鼻子小眼睛，祂從來不像小家碧玉。這如來藏，不管是在誰身上，永遠都是丈夫相，因爲祂從來不會計較。心量狹小的人說：「我只要度一個徒弟就好了，度那麼多，家大業大，好辛苦喔！」可是他這樣想的時候，他的如來藏都不會跟他計較說：「你度這樣少的眾生，對不起佛陀吧！」如來藏都不會這樣懷疑。也許有一個大師說：「我要發廣大心，所以我要度很多眾生，因此我要花費三百億台幣建個世界最大的道場，度來的僧眾至少要有三萬人。」僧眾若有三萬人，那叫作食指浩繁，光是每一天埋鍋造飯得要煮掉多少米？他單單是爲了這個原因，就得要很辛苦、很辛苦，連晚上都沒辦法好好睡個覺。可是他這樣每天都不曾睡好覺，連續辛苦了五十年，他的如來藏依舊不會跟他抱怨說：「你這樣太虐待我了吧！」如來藏都不會這樣質疑，你說祂心量廣大不廣大？

如來藏對什麼人都包容：眾生如果造惡，譬如殺人放火、謗諸賢聖、誹謗正法而下了無間地獄，色陰中的離念靈知心一天到晚哀哀大叫；這時連思想妄念都來不及生起，每天時時刻刻都是運用直覺在逃避苦難，根本沒有時間讓他生起語言文字來打妄想；這眞是世間最重大的苦痛，然而那時他身中的如來藏也不會抱怨說：「都是你的前世造了惡業，害我跟著你來到這裡受苦。」祂從來都不抱怨，你說祂心量廣大不廣大？所以若要解釋作廣大心，也唯有解釋作如來藏金剛心才能通；因此，大法師們所說想要度化極多眾生的廣大心是錯誤的，因爲那只是有念或離念的意識覺知心，永遠都不夠廣大；而我們隨順他們而說的廣大心，則是以如來藏金剛心來說，就成爲正確的教法。這〈大乘正宗分〉講的廣大心，就是講這個道理。所以只要你悟了，七通八達，橫說豎說都由著你。你如果沒有悟，講一句，錯十句；因爲你講一句錯話，人家禪師要挑出你十種毛病，就有十句話來說你的不是。所以如來藏才是廣大心，證得這個心才是大乘的正宗。

我們再來說，如來藏爲什麼是廣大心？因爲從另一個方面來說，祂是一切法相應。意識心能夠相應到什麼？祂所相應的萬法都有一個範圍，都在六根、六塵之內，無法超越。可是六根、六塵都是誰生的？是如來藏生的，祂也相應，只是相應的層面不是凡夫與二乘聖人所知；因此，你需要六根，祂給你六根；你需要六塵，祂給你六塵；你需要山河大地，祂就跟其他共業眾生的如來藏，共同來變生山河大地給你；你需要種種萬法，祂供應那些種子給你，祂全都相應。可是爲了這一些而生起煩惱，那是你覺知心的事，祂從來不與煩惱相應。祂只負責給你，你需要什麼，祂都給你：你未來世若是需要一個螞蟻身，祂就給你螞蟻身；你需要一個很廣大而受苦無量的地獄身，祂就給你廣大苦難的地獄身；你需要一個很廣大的色界天身，祂就給你一個廣大莊嚴的色界天身。你想要什麼，祂都供應，如來藏就像個百貨公司。並且，往往你不需要的，在該給你的時候，祂照樣給你，你可作不了主。祂可以相應到很多很多的法，眞是一切法相應，並且十方世界相應。

也許你想：「參禪眞的好難！祖師們常說老實念佛就好了。」你就老實念佛，每天想著　阿彌陀佛，捨報的時候跟　阿彌陀佛相應，去了十萬億佛土之外；這是你的意識心到不了的，祂卻可以到。意識心去不了那邊，而祂能夠去那邊，又出生了另一個五陰。也許到了那邊，有一天　阿彌陀佛說：「你的菩薩性應該要發起，別老是賴在我極樂世界裡；你有時候也該發發願，可憐可憐你以前在娑婆世界的眷屬；所以你在這邊得了法，該回去度他們。」想一想說：「不！那些有情對我都不好，我要往東方過十萬億佛土以後再過十萬億佛土，我想要到不動如來的世界去！那邊眾生好一點，娑婆的五濁眾生讓我太失望了，我不要去。」好！這一下，又從西方經過這個娑婆，再到另一方十萬億佛土之外去了！這還是祂能去。你意識心想去，不行！結果生到那邊時是另一個菩薩，已經不是在極樂世界的名號，而是另一個五陰、意識心了，而眞實本際依舊是祂如來藏。

祂都能去，十方世界來來去去；宇宙多麼寬廣，祂都能到，當然是廣大心。不但如此，過去無量世是祂，現在是祂，未來的無量世以後還是祂；祂可以窮通壽夭、貫通十方三世，意識作不到，意識只有一世存在。這樣比起來，意識顯得非常渺小，而祂是非常廣大的；所以，必須是證得祂了，才能叫作已證廣大心，這才叫作大乘的正宗。因此，當你指出來說：「他們那些依文解義者說這一宗講的叫作廣大心。」我卻說他們錯了！而我同樣也說這一宗講的是廣大心，結果我卻是對了。這個智慧，就是諸位來正覺同修會要得的智慧。然而想要得這個法並不容易，必須要心性好、慧根夠，然後要奉侍無量無數諸佛而親近、供養、學習；換句話說，你得要是久學菩薩，才能得這個法。

也許你又想：「糟了！我大概沒希望了，我學佛以來才不過十年、二十年。」但我告訴你：你是不是久學菩薩？並不是只看這一世。因爲我們都還有胎昧，不記得往昔的無量世，所以你只要能確認自己是久學菩薩，而久學菩薩應該有的條件，你如果一世中就把它修足了，你就眞的是久學菩薩。如果信心不夠，願力很弱，也不夠精進，陽奉陰違，那你就是新學菩薩。就好像有些人說：「我沒錢啦！眞的沒錢啦！」喊到後來眞的就沒錢了。你一天到晚想著「我是新學菩薩」，想到後來眞的會變成新學菩薩，這就是妄自菲薄。想想看：到了末法最後五百年時，聽聞到《金剛般若波羅蜜經》，對這部經不會把它當作一切法空，認定是實而且打從心底眞的相信，不是把此經所說當作虛有而懷疑。這是還沒有開悟，只是信受此經而已，不把祂認爲是一切法空；那麼這個人雖然還沒有開悟，你應該知道這個人已經在過去無始劫以來，不止供養過一佛二佛、三四五佛，乃至「已於無量千萬佛所種諸善根」。今天你能夠進到正覺同修會來，抱著自己也能夠證得金剛心的信念，就要很肯定的承擔下來：自己不是新學菩薩。接著就是如實修習而完整地履踐菩薩道。

知道自己是久學菩薩了，有信心說自己是久學菩薩了，來到正覺同修會中就一定能開悟嗎？也不盡然！因爲有信心是一回事，本質有沒有，又是另一回事。所以進到正覺來，一定要發起菩薩性；如果一直都是聲聞性，一定沒有辦法開悟的；即使知道密意了，也沒有功德受用，智慧也是發不起來的。聲聞性的人所想的都是：「我趕快了生脫死，我這一世死了就不再來了。」不想再來人間的人就是聲聞性，聲聞性的人都是沒有辦法開悟的。如果是聲聞心態，實際上的表現也是聲聞人的行爲，都不會跟我相應的。我這個人就是很奇怪：很討厭聲聞人。面對聲聞人的心態時，我的直覺會很強烈；不管他怎麼巴結我，我就是討厭。都沒有用啦！巴結我是沒有用的！所以自信是久學菩薩以後，還要使自己眞的具備了久學菩薩的本質，那個本質就叫作菩薩性。

有菩薩性的時候就不會想說：「我要趕快悟、趕快悟！」悟了以後自己想要作什麼呢？「我可以去開山，我就成爲一方大師啦！」那就是凡夫性嘛！連聲聞性都沒有了。聲聞性是說：「我悟了以後，趕快把我執斷掉，捨壽後就出離三界生死，永遠不再來三界中受生了。」你叫他出來努力度眾，他一定不肯，只願意隨緣度眾，只等別人上門來求法，不想利益很多眾生。至於凡夫性，就是說他知道如來藏了、眞的找到了，可是沒有轉依成功，他只是想要用這個如來藏妙法來聚斂錢財。打從我出世弘法以來，一直都有人這樣，他們的想法是：「我得了這個法，這是眞正的大乘妙法，凡夫及二乘愚人都是無法思議的，然後我要趕快離開正覺，出去開山當一代大師。」這種人，有在家人也有出家人，都有，所以正覺同修會中一直都有這類事件存在。我們正覺同修會都不覆藏內部的事，全部公開，都透明化，都對佛教界公開。佛教界中常常有凡夫法師指責說：「你看，他們正覺裡面常常在內鬨。」可是爲什麼不探討一下說：爲何會過個幾年就有內鬨？根本原因就是因爲這個法確實是眞的，無可否定。如果這個如來藏法不是眞正的妙法，他怎麼會想要得了這個法就計劃出去開山、去聚斂錢財？正因爲這個如來藏妙法是眞正的佛法眞義，才會有這些人得法以後就想要出去開山聚徒、獲取名聞與利養，然後因爲我還在世間而使他們不能成就私心，於是他們就無根毀謗我，才會有這種事情一再發生。所以我不怕別人質疑，原因就在這裡。

那些想要藉這個如來藏妙法而出去當開山祖師，藉此來獲取名聞利養的事，問題是出在哪裡呢？都是出在轉依如來藏的事修還沒有成功。沒有成功地轉依如來藏，就落在我相中。因爲他心中想的是：「我悟了就要開山，要聚集很多徒眾而獲得很多錢財、廣受供養，擁有大名聲。」這叫作我相。有我相的時候，人相就來了：「那個人是大財主，我要趕快去拜訪他；這個人沒什麼錢財，平常也不供養我，那我幫助他開悟作什麼？」所以如果有人說：「大師啊！大居士啊！我供養你五百萬元，求你幫我開悟。」「來啦！沒問題啦！五百萬元送來，我就爲你明講，直接送給你。」有時候人家不信呀！就說：「你又沒有什麼名氣，你眞的開悟了嗎？」那不然就降低標準說：「你過來啦！趕快來啦！不用去正覺學。你來我這裡，只要五十萬元，我就幫你印證啦！」爲什麼要這樣呢？正是看在孔方兄的面子上。這就是轉依沒有成功，只知道如來藏的表義，卻仍然落在我相、人相上面，所以就對眾生起了分別，而不是在法上作深入的分別。

如果能依止如來藏金剛心而在法上廣作分別，就會不斷地深入、不斷地提升，實相智慧的進步就會很快。所以只要落在意識心上，那就不是大乘的正宗。如果要收受供養，我還不會嗎？我早就可以受了。雖然早就可以受了，可是我不想要。不管是誰，不論他開什麼價錢，送來一億元、兩億元，我都照樣不接受。其實，說眞的，以實證上來講，不論是一億元、兩億元我都可以收；收了供養以後，我把它捐到正覺同修會去——用供養人的名字捐出去；但是兩億元收了以後，你還是要來會裡共修兩年半，否則沒機會開悟。所以我就這樣惹惱了很多人。但我爲什麼要這樣作？是因爲轉依了如來藏以後，我不是看在錢財的面子上，我要看你有沒有菩薩性。你如果有菩薩性，有努力在作義工，都不爲自己求佛法上的利益；雖然你很窮，也照樣能夠上禪三道場去明心。只是說，我們的義工職務太少了，能作的事情也太少了，所以很委屈大家（編案：現在爲了求正法久住，開闢了許多福田，大家都不怕沒有義工可作了）。

這意思就是說，大乘法的正宗是什麼？是證如來藏。雖然《金剛經》沒有明說如來藏三個字，但它說的金剛心是什麼呢？是不能落在「四生」裡面。金剛心在不在「四生」裡面呢？沒有呀！祂出生了四生，而祂不在四生裡面——祂不被四生所含攝。如來藏有沒有「有色陰、無色陰」？都沒有呀！你若是說人間的色陰，這個色陰並不是祂；你若是說無色界的無色之陰（無色界的受想行識），無色有情就是祂嗎？無色有情只有四空天的眾生，四空天的眾生就是受、想、行、識，然而無色之陰的受想行識就是祂嗎？也不是。非有想非無想天中的眾生是祂嗎？也不是祂，因爲那也是可以滅掉的，當然不是祂呀！把這一些眾生都滅掉了，入了無餘涅槃了，叫作滅度；眾生滅度以後是誰繼續存在呢？還是如來藏，所以如來藏金剛心都不在這些眾生相裡面。而你把眾生滅度了以後，剩下眾生的如來藏無形無色獨自存在，誰也看不見祂，三界中再也找不到已滅度眾生的如來藏了，無形無色而不在三界中出現了。

當這些眾生得滅度了以後，他們的如來藏還在；可是如來藏在這種無餘涅槃的境界中，如來藏這個涅槃境界卻是祂本來就有的，不是你把眾生滅度了以後，他的如來藏才有涅槃境界。事實上是眾生還在生死中痛苦輪迴的當下，他的如來藏還是不生不滅的，如來藏不生不滅就是涅槃，所以眾生這個涅槃是本來就存在的。所以當眾生滅度了以後，剩下如來藏成爲無餘涅槃時，那個無餘涅槃也不是你幫助他滅度以後才得到的，而是他本來就有的。所以佛說：一切眾生、一切有情本來常住涅槃。那麼這樣子，你把眾生滅度了以後，眾生有沒有得滅度呢？還是沒有呀！他們的實際本來就是無餘涅槃，何必要你去滅度他作什麼？那你說：「好極了！那我不用度眾生就是度眾生了。」那又錯了！你還是得要度眾生。但是把他們滅度了以後顯現出他的無餘涅槃來，結果卻是你沒有度他得到無餘涅槃，因爲他的無餘涅槃是他的如來藏本來就涅槃。這樣才是眞正的般若，有爲而得的涅槃不是眞實涅槃。

所以，外道的五現涅槃講的是什麼呢？第一個：「我現前五欲自恣：這個風景好漂亮，我一直看進來，覺得好舒服！這時覺知心是常住不變的，就是現前所證的涅槃。」好舒服，覺得自己眞實存在，那是什麼？是覺知心，不離識陰境界。外道五現涅槃的第一種，就是這個覺知心存在色、聲、香、味、觸、法當中，他說：「我現前五欲自恣，而這個覺知心常住不滅，所以這就是涅槃。」然後有個人說：「你這個也可以算是涅槃，但是還有一個涅槃，你是不知道的，那就是我發起的初禪境界中，有覺有觀離生喜樂，不再於欲界中輪迴了，這就是現前涅槃，這是你所不知道的，因爲你還在欲界中。」這是外道五現涅槃的第二種。然後同樣的道理而有不同的定境，比如外道修定而以二禪、三禪、四禪說是現前證得涅槃；可是都不對！因爲以上這五種涅槃都會變壞，因爲欲界定中的覺知心以及初禪、二禪、三禪、四禪中的覺知心，和所住的定境全都是因緣所生法，都會變壞，是無常法。無常法怎麼能夠叫作不生不滅的涅槃呢？所以外道們那一些涅槃全都是錯誤的，只有你證得的這個大乘正宗才是眞實的涅槃。

也許有人不服氣說：「照你這樣講，那阿羅漢的涅槃是假的了？」我告訴你：還眞是假的！因爲那個涅槃只是方便說。阿羅漢的涅槃，是把五陰十八界滅盡了以後才成爲無餘涅槃，那時阿羅漢自我已經不存在了，怎能說是眞的證涅槃呢？只有菩薩所證的涅槃才是眞的。雖然如此，但阿羅漢所入的涅槃也並不是斷滅，因爲他的無餘涅槃中還有本際如來藏實存不滅。而且佛說阿羅漢入涅槃以後是「眞實、清涼、寂滅」，而且還說是「常住不變」。請問阿羅漢有沒有入胎識金剛心？也有呀！他入涅槃的時候，入胎識如來藏有沒有滅掉？沒有呀！他只是滅掉十八界自我。當他滅掉了十八界以後說他證得無餘涅槃時，他的五陰十八界已經不存在了；沒有阿羅漢存在了，那又是誰證得無餘涅槃？所以阿羅漢其實沒有證得涅槃；說他們已證涅槃都是方便說，其實還是他的如來藏本來就有的涅槃，這樣才是眞實的涅槃。所以，阿羅漢那個涅槃只能夠叫作二乘正宗，不是大乘正宗。我們說這個法，十方諸佛都不會否定，也不可能否定；除非十方諸佛想要自打嘴巴，因爲這是祂們教導的法。那麼這樣理說講了一大堆，再來補充一點禪宗的理說：

【南嶽懷讓禪師　開元中，有沙門道一住傳法院，常日坐禪。師知是法器，往問曰：「大德坐禪，圖什麼？」一曰：「圖作佛。」師乃取一塼，於彼庵前石上磨。一曰：「師作什麼？」師曰：「磨作鏡。」一曰：「磨塼豈得成鏡耶？」師曰：「磨磚既不成鏡，坐禪豈得成佛耶？」一曰：「如何即是？」師曰：「如人駕車不行，打車即是？打牛即是？」一無對。師又曰：「汝學坐禪？爲學坐佛？若學坐禪，禪非坐臥；若學坐佛，佛非定相。於無住法，不應取捨，汝若坐佛，即是殺佛。若執坐相，非達其理。」一聞示誨，如飲醍醐，禮拜問曰：「如何用心，即合無相三昧？」師曰：「汝學心地法門，如下種子；我說法要，譬彼天澤。汝緣合故，當見其道。」又問曰：「道非色相，云何能見？」師曰：「心地法眼，能見乎道，無相三昧亦復然矣！」一曰：「有成壞否？」師曰：「若以成壞聚散而見道者，非見道也。」】

南嶽懷讓禪師，在唐朝開元年中，知道有一個沙門（就是出家人），名字叫作道一，他住在傳法院。他很精進修行，每日坐禪打坐。懷讓禪師知道這個人是法器，所以他前往道一禪師打坐的地方，故意問他：「大德！你在這邊坐禪，圖個什麼？」問他說：你坐禪的目的是什麼？那位僧人道一回答說：「我想要作佛。」原來想要藉由坐禪而成佛。懷讓禪師聽了，就故意去找來一塊磚頭，在他面前磨呀！磨呀！就一直磨。那位道一法師沒辦法繼續靜坐了，因爲南嶽懷讓禪師坐在那邊磨磚塊，聲音很大，吵得他無法靜坐，就好奇地問：「師父！您磨這個磚頭作什麼？」懷讓禪師說：「我要把它磨成鏡子。」道一禪師說：「這磚頭怎麼可能磨成鏡子呢？」懷讓禪師就說：「磨磚既然不能成爲鏡子，那麼你打坐就能成佛嗎？」道一禪師想：「對呀！成佛是靠智慧，又不是靠定境。」終於想通了，於是他就問：「那要怎麼樣才能成佛？」懷讓禪師就跟他說：「就像一個人，當他駕著一輛牛車，車子不走的時候，請問你是要打車子呢，還是要打牛？」道一想了想：「不對！我好像是在打車子。」知道人家是故意來度他的，於是就問了：「那該怎麼辦？」所以懷讓禪師就跟他說：「你學坐禪，關於這個坐禪，我問你：你是學坐佛呢？還是學坐禪？你這個坐禪並不是禪宗的禪，因爲禪宗的禪不是坐也不是臥。如果說你在這邊坐禪是學坐佛，可是佛沒有定相，佛有時候坐著，有時候起來走來走去，有時候說法，所以佛也沒有坐相，沒有哪一尊佛是永遠坐著的。你在佛法中的無住法裡面，不應該有取捨呀！你如果說坐佛就能成佛，其實你就等於殺佛一樣，你的自性佛是沒有辦法成就的。如果執著打坐的法相，你就是沒有通達禪宗的道理。」

馬祖道一聽了這個開示，忽然知道自己錯了，猶如醍醐灌頂，趕快站起來禮拜；他以前還有些不信懷讓大師，大剌剌地坐在那邊跟人家對談，現在終於懂得起來禮拜了，然後就問：「要如何用心，才能夠符合佛法講的無相三昧？」懷讓禪師就說：「你學心地法門就好像在下種子，你已經下了菩提種了，知道要成佛了、要學佛菩提了；而我現在跟你說法要，就好像從天上下了雨來潤澤你。你的緣跟我相契合，所以你會見道的。」你看，懷讓對他眞的奢侈！眞的奢侈！一開始在他面前磨呀！磨呀！磨磚頭。現在又當面跟他承諾說：「你跟我有緣，你一定會見道。」既然說一定會開悟，這就是保證班。然後懷讓禪師講完了，馬祖就問：「你說我會看見道，可是道又沒有色相，我怎麼能看見？」由這一句就知道當時的馬祖道一知見還是非常的不足，完全沒有什麼知見。見道是看見佛菩提的法道，然而他竟然問說：「這個道又無形無色，我怎麼看得見？」眞的是有夠膚淺！然後懷讓禪師就開示說：「心地這個法眼，才能夠看見道，不是用肉眼去看見馬路，無相三昧也是這樣的。」馬祖道一說：「這個見道有成住壞空嗎？」懷讓禪師說：「如果以成壞聚散來說見道的話，那就不是眞正的見道。」

以上只是在理上說，還沒有談到宗門的說法。理上的說法，就是要讓大家瞭解見道的正理；所看見的成佛之道，如果是有成住壞空的，那都不對。當代五大洲、南北兩半球所有的大師，他們所謂的見道有沒有成住壞空呢？諸位要從這裡去檢查。所謂的定境中，他們認爲定境中就是悟境；出了定，有了語言妄想，就不是開悟，就是離開悟境了。所以北投一位大法師說：「當你講開悟的時候，就不是開悟了。」他的意思是說：「當你在講自己開悟的時候，你心中已經有語言文字妄想出現了，那你就離開悟境了。你不要求悟，才能開悟；因爲你求悟的時候，你就在那邊一直在想著要開悟，就是妄想，有妄想就不是開悟的境界了。」如果以無妄想作爲開悟，好，你現在上座一柱香都沒有妄想，那下座以後有沒有語言妄想呢？有啦！還沒有下座就有妄想了，爲什麼呢？因爲一柱香快到的時候，心想：「哎呀！腳痛了，引磬怎麼還不敲？」但他不好意思放腿，那會顯示自己還在座位上就已經不是開悟的境界了。

如果說腿功很好，坐上三個鐘頭都沒有痛覺、沒有妄想，就說三個鐘頭裡都住在悟境中。依他們的說法，這樣算是開悟了；可是等他上座爲大眾說法時又變成沒有開悟的人了，因爲他心中已經有語言文字等妄想了，當然不能再叫作開悟了。好了！在座上一念不生時是有開悟的，上座說法時就變成沒有開悟了，那麼他這時並沒有悟，能跟人家說什麼開悟的事？那這樣的悟，有時候有悟，有時候不悟；這樣變來變去，一會兒悟，一會兒不悟；那到底是有悟的時候才是眞的？還是沒有悟的時候才是眞的？到底是哪個才是眞的？這樣有時候有悟，有時候下了座，悟又壞掉了；然後重新上了座一念不生，悟又成功了，重新住於悟境了；然後一下座，悟又壞掉了，又沒有悟了，這樣的悟豈不是成住壞空嗎？這樣的開悟，能作什麼用？因爲那樣是錯誤的誤，不是開悟的悟。所以他被我寫在書上以後，一句話也不敢開口，原因就在這裡；因爲那個悟是有成住壞空的，根本就不符合懷讓禪師的開示。

理上說完了，接著我們再來談一談「宗說」，看宗門上怎麼說它？來瞭解大乘法的正宗。這一段，佛法宗門所證的法都是無相法，是離開五蘊相、六根相、六塵相、六識相，是離開一切相的。假使所悟的心不能離開我相等四相，不能離開卵、胎、濕、化等四生，不能離開有想無想、有色無色，不能離開非有想非無想，不是一悟永悟，那麼他這個開悟就不是眞正的開悟，那他所謂的般若智慧都是想像的相似般若，都是思惟得來的，不是實證，因爲他所謂的金剛心不具有金剛不壞之性。所以，外道所謂的實相的開悟都不離意識心、意根，全都不離這兩個心的境界。因此我們就來看看禪宗祖師怎麼說開悟，怎麼說大乘法的正宗，特別是咱們東山禪傳到臨濟以後，當然要談到在此之前的臨濟禪，看看臨濟禪的創宗祖師到底是怎麼說的：

《鎭州臨濟義玄禪師語錄》卷一：【「山僧此日以常侍堅請，哪隱綱宗？還有作家戰將，直下展陣開旗麼？對眾證據看。」僧問：「如何是佛法大意？」師便喝，僧禮拜。師云：「這箇師僧，卻堪持論。」問：「師唱誰家曲？宗風嗣阿誰？」師云：「我在黃蘗處，三度發問、三度被打。」僧擬議，師便喝；隨後打云：「不可向虛空裏釘橛去也。」……師因一日到河府，府主王常侍

請師升座。時麻谷出問：「大悲千手眼，哪箇是正眼？」師云：「大悲千手眼，哪箇是正眼。速道！速道！」麻谷拽師下座，麻谷卻坐；師近前云：「不審。」麻谷擬議，師亦拽麻谷下座，師卻坐。麻谷便出去，師便下座。】

臨濟義玄禪師，有一天因爲王常侍邀請他接受供養，請他同時爲那一些官僚們開示佛法，他上座就說：「山僧此日以常侍堅請，哪隱綱宗？還有作家戰將，直下展陣開旗麼？對眾證據看。」禪師講話就是要這樣，要有一般人說的「霸氣」；因爲天下學禪的人落在哪裡，他都看清楚了；所以眞悟的禪師們沒有一個上座說法時，還會在那邊斯文地說：「我不好意思說我開悟了，因爲這樣講就顯得不謙虛了。」眞正的禪師都沒有這回事！一定是開門見山！臨濟義玄禪師一上座就說：「山僧此日以常侍堅請，哪隱綱宗？還有作家戰將，直下展陣開旗麼？對眾證據看。」這是一上座就直接叫陣。禪師們一向都是開門見山！

臨濟義玄禪師說：「我這個從山上下來的僧人，今天因爲王常侍很殷勤、很堅持地邀請我一定要來跟大家說法，既然受邀了，我哪裡敢把綱宗的旨意隱瞞下來呢？」這很奇怪，他剛剛上座也沒有講什麼，竟然就說他沒有隱瞞。

禪師就是這樣。然後他就開口問大眾，那是挑戰呵！就好像廣欽老和尚說：「你們去打佛七，打了七天，得到什麼寶呢？拿來！拿來！」就是這個意思。廣老不就是這樣子嗎？他講話不太客氣的，看看大家沒有東西拿出來，他就說：「我們關起門來講話，這件衣服不好穿！」說這件僧服並不是好穿的，得要有東西可以拿出來利益信徒，才好接受禮拜與供養。臨濟義玄禪師也一樣，當場挑戰說：「還有沒有作家、戰將？」作家就是專家、行家，戰將就是說在禪門中能夠被稱爲法將，跟眞悟的人共同以家裡人的方式來說話，也就是質問：「有沒有禪門的專家，有沒有禪門的行家、禪門的戰將，當下展陣開旗」，把你的陣勢擺開來，把戰旗舉出來，「有沒有？對著大眾拿出證據來看看。」臨濟義玄就是這樣。

所以有些人批評說：「那蕭老師講話好狂！」其實不是狂，因爲你肚子裡有沒有東西，你自己知道；而天下人有什麼東西，你也知道了，那就沒什麼好狂的，只是講老實話（大眾笑…），眞是這樣呀！不是因爲狂，而是說老實話。可是你看，臨濟義玄就不像我這麼斯文了：「有沒有作家戰將，展陣開旗麼？對著大眾面前證明看看。」他就這樣喊出來了。接著有個僧人果然就上來跟他挑戰了：「如何是佛法大意？」臨濟義玄就大喝一聲：「出去！」那個僧人就禮拜。這到底是不是精神有毛病？可是臨濟義玄說：「這個師僧倒是可以談一談。」說他是可以講一講禪的。

接著又有人提問：「師唱誰家曲？宗風嗣阿誰？」這是問：「師父您唱的是哪一家的曲子？請問您的宗風是繼承哪一位大德呀？」臨濟義玄就說：「我在黃蘗禪師那裡三次發問，三次都被打。」那個僧人聽了準備要開口，臨濟義玄又對他大喝一聲：「出去！」這一聲大喝，在大庭廣眾面前被大喝了，那個僧人卻不知道該怎麼辦；臨濟義玄看他不知道怎麼辦，就打了他一棍，又說：「不可以向虛空裡面去釘那個尖木橛。」了結這件現成公案。

然後他有一天應邀來到河府，府主王常侍又請他升座了，這時候剛好有個禪師麻谷寶徹在座；這個人鼎鼎有名，出來就問：「大悲千手眼，哪個是正眼？」當面就要跟他見眞章，沒想到臨濟義玄反而回問說：「大悲千手眼，哪個是正眼？快講！快講！」他反而向麻谷寶徹要，麻谷寶徹也不是省油的燈，立即上前把臨濟義玄拽下座來─把臨濟禪師從法座上拽下來─拽下來以後，麻谷禪師就自己上法座去坐。可是他才剛上去坐好，臨濟義玄卻又來到他面前說：「不知道。」麻谷才準備要開口，臨濟義玄反過來又把他拽下來，然後臨濟禪師自己又上法座去坐了；當他上了法座坐定以後，麻谷就走了；臨濟義玄看他走了，自己也就隨即下座了。這公案的葫蘆裡究竟賣什麼藥？好奇怪，眞悟的禪師眞的好像瘋子一般；然而這就是宗門，你只要會得這一著子，《金剛經》自然就通透了。若是有人眞想會得《金剛經》中說的「此經」，無妨從此會去，省得咱家多嘴。

〈妙行無住分〉第四

【「復次，須菩提！菩薩於法，應無所住行於布施；所謂不住色布施，不住聲香味觸法布施；須菩提！菩薩應如是布施，不住於相。何以故？若菩薩不住相布施，其福德不可思量。須菩提！於意云何？東方虛空可思量不？」「不也！世尊！」「須菩提！南西北方四維上下虛空可思量不？」「不也！世尊！」「須菩提！菩薩無住相布施，福德亦復如是不可思量。須菩提！菩薩但應如所教住。」】

講記：「再者，須菩提！菩薩住於佛教正法中，應當無所住而修行於各種布施；所謂不住心於色塵上布施，不住心於聲、香、味、觸、法塵上面而作布施；須菩提啊！菩薩應該像這樣子布施，不住於六塵的法相中。爲何這麼說呢？如果菩薩不住於六塵相中而行布施，他的福德眞是不可思量。須菩提啊！你的意下如何？東方無盡的虛空可以思量嗎？」「不能思量的！世尊！」「須菩提！南西北方四維上下的無盡虛空可以思量嗎？」「不行的！世尊！」「須菩提！當菩薩沒有住於六塵相而作布施的時候，他的福德也像是這樣子不可思量的。須菩提！菩薩只應該如同我所教導的這樣子安住其心。」

這一品講的是「妙行無住」，意思是說菩薩摩訶薩的所行，在身、口、意諸行上面是很微妙的；這個妙不是在講世間法上的微妙殊勝，而是說他的身、口、意行是凡夫與二乘愚人不可思不可議的境界，所以叫作妙行。妙行之所以稱爲妙行，是因爲他無住，無住才是妙行的根源；所以妙行而無住，不是凡夫、聲聞、緣覺所能知道；因此，不迴心的二乘聖人才會非常的尊重菩薩，原因在此。這一品也有人說它叫作「無相布施」，建立無相布施的品名，當然也是有用意的。也就是說，菩薩的布施是無相的，就像一般善知識說的：「布施的時候不要執著於布施的人、事，以及布施將來所應得的福報。」所以，他們所說的無相布施，只不過是事相上的說法。但我們還是依照規矩，先來講「事說」。

佛說明了大乘法的正宗以後，接著告訴須菩提說：「菩薩在眞實法中應該沒有所住而行於布施；也就是說，不能住於所布施的財物色法上面，不能住心於自己所見的對象色法上面來布施。同樣的，也不可以住於聲香味觸法上面來布施，就只是單純的去布施。須菩提啊！菩薩們應當像這樣子來布施，不應該住於色塵相以及聲香味觸法塵相中來布施。爲什麼要如此說呢？如果菩薩不住於六塵相上面來布施的話，他的福德是不可思量的、無法想像的。須菩提啊！你意下如何呢？東方的虛空可以思量出來多廣大嗎？」須菩提答覆說：「不可能思量出來的，世尊啊！」佛又說：「須菩提啊！如同東方虛空一般，南方、西方、北方這四維的虛空，以及上方、下方的虛空，可以思量出它的廣大嗎？」須菩提答覆說：「沒有辦法思量出來的，世尊！」佛又說：「須菩提啊！菩薩摩訶薩不住於六塵相中而作布施，那個福德也就像東西南北上下六方的虛空一樣，不可思量的廣大。須菩提啊！菩薩就是應該如我所教導的這樣安住。」

這樣聽起來《金剛經》好像很簡單。當然，其中還有一些可以講的法義；但我們先依照一般善知識的說法，來講一講〈妙行無住分〉。菩薩應該住於佛法中，在佛法中不應該有所執著，來修行種種的布施。這意思是說，不應該在雙方的色相以及財物的多寡上面來執著。「住於色塵上面」有兩個說法：第一、因爲對方長得俊俏或者美麗，所以專喜歡對他布施，這是一種。那麼另外一種是，布施了以後常常記掛著自己對某某人布施了多少財物，對這些財物念念不捨，或者對被布施者記著恩情。如果他的品味高一點，他不會記掛這些，他記掛的是　佛在《優婆塞戒經》講過的：「如果我布施給一個破戒者，來世還有千倍之報；如果布施給持戒修行的人，我來世還得十萬倍之報；如果布施給外道中證得初禪的離欲者，我來世還可以得到百萬倍之報；如果布施給一個已經斷三縛結的人，來世可得到無量報。」然後，心裡面就很歡喜，於是每天很歡喜去布施，每天想著：「我來世有無量的福報，該怎麼去享受它？因爲我得到的是無量報，一定享用不完。」這也叫作住於色布施。

住於聲，亦復如是，有的人想：「我這輩子聲音不好聽，我專買一些能使人家喉嚨很好、講話聲音好聽的物品來布施給大眾，我來世不但得到很多財物，而且我將來講話會很好聽。」有的人卻不是這樣，那叫作等而下之；他是因爲某某人講話很有磁性，他好喜歡聽，所以每天買一些東西去送給對方，只爲了想要聽他講話。有的人又不同，他是因爲有一個女性講話好好聽，所以他每天非得要打開收音機聽聽她怎麼說；其實說穿了就是越嗲越好，她講話嗲聲嗲氣的，然後他就打電話進去，跟她奉承奉承，爲了討她歡心，就開口說：「我明天會寄東西給妳，妳收到時要跟我講。」這在喜歡聽收音機談話節目的觀眾層次中其實相當多，這樣的布施就是住於聲相中。若是想要藉布施來獲得別人的讚美，當然更是住於聲而布施。如果住於香、味、觸，情況也一樣是很多，就不必一一枚舉。

住於法呢，那就有住於善法與惡法的差別了。住於法，一般而言，每個禮拜天都希望去到師父那邊聽師父說法，一週沒去聽就覺得好難過；好不容易等到一個禮拜了，所以去的時候一定多多少少（三百元、五百元都好），供養個紅包，只要師父稱讚一句，心裡就好高興。他求的是什麼法呢？求的是世間法上的讚美，或者只希望師父給他一個關愛的眼神，然後對他說幾句關心的話，他就很高興了，這也是住於法布施。如果等而下之，那就是：「希望喇嘛看得上我，願意找我去合修雙身法，那我就可以成為『佛母』，那我這一世就成『佛』了。」所以每一次見了喇嘛，又是頂禮膜拜、又是供養的，她為的是什麼法？為的是邪法，是住於淫欲而作布施。如果以第二種為標準來說，等而上之，就是到了佛門各道場，認為那位上師是清淨的修行者，所以為了法而布施：「希望師父能夠常常注意到我，將來禪七或者出國遊玩時都能夠把我錄取。」這在外面道場很常見，這也是爲世間法；不過，比起第二種人來，這已算是等而上之。如果是到正覺來求法而布施，或是證悟後繼續努力布施給道場，這是護持正法，也是爲了離相而求妙法，就不在這三等人之內；因爲你已經悟了，悟後得要妙行無住。這個妙行無住，待會兒講到理說時再來說。

接著說，菩薩應當要像這樣子無所住；也就是說，在色聲香味觸法上面都應該無所住、都沒有執著；緣來了就布施，緣過了也不去憶念它，這樣叫作無所住的布施。菩薩們應該像這樣子布施，不該住於六塵相上來布施；爲什麼這樣說呢？因爲菩薩如果不住於六塵相中來布施，他的福德眞的不可思量。在事相上說布施有三種，諸位都知道是財施、無畏施與法施。財施，對世間人的財物布施乃至對三寶的財物布施都屬於財施。無畏施是施給有情無畏，讓大眾無所畏懼，這當然也有層次上的差別；在一般人來講，他們能作的無畏施就是遵守儒家的三綱五常，以及孔老夫子講的非禮勿視乃至非禮勿言，如果要再加一項就叫作非禮勿想勿思。這是屬於世間法上，儒家應遵守的禮儀，也是屬於無畏施。因爲一般人如果知道說，這個人是符合孔夫子教導的人，他不會傷害別人，所以大家都可以對他無所畏懼。如果是對動物，去作動物的保護工作，那也屬於無畏施；我們就不談它，因爲已經有很多人在作了。

但是，我們要針對佛法中所說的、最重要的一種動物來布施無畏，也就是人類；因爲天人不需要你布施給他們無畏，你也傷害不到他們；然而人類就不一樣，對於地球上的人們要如何施與無畏，這是菩薩平常應該要注意到的事相。當然孔老夫子非禮勿視那四個禮儀等，也是應當遵守的；但如果是凡夫菩薩，至少應該要受持五戒，最好加上一個意識層面的心地戒，叫作非禮勿思；只要不合理的、不合乎禮節的，就不要亂想，這是凡夫菩薩至少應該要有的。

可是在表相上的無畏施，應該怎麼作？如果你身強力壯，對於比較弱小的人，不要一直靠近他，別讓他心裡有壓力；因爲陌生人往往會這樣，會覺得有壓力。如果對方是個異性，你也別靠得太近。譬如搭電梯的時候，如果她在一個角落，你就站在對面的角落，不要故意跟她站在同一邊去，別讓她心裡面有所畏懼，因爲你是陌生人。這就像動物界說要有一個安全距離，同樣的道理，陌生人之間本來就是要有安全距離，因爲還不瞭解你。你如果站到對角去，不故意去瞧她，那麼她就不會有壓力，這也是一種無畏施，也有福德。無畏施既不必花錢，又不必花力氣，就可以成就布施福德或功德，何樂而不爲？如果是眞正要修學佛菩提的人，就一定要受菩薩戒；菩薩戒對眾生而言是很重要的，因爲可以使他們對菩薩心生好感，然後漸漸地願意聽受菩薩所說的法義，就可以漸漸進入佛菩提道中。藉由這樣來利益眾生，菩薩也可以在這個過程當中自己增進，因此更有能力再回頭來利益更廣大的眾生，這才是菩薩所應該作的。

當然布施功德與福德最大的，還是法布施。法布施是針對你所能理解的──你能確定爲正確無誤的佛法──來告知有緣的眾生，這就是法布施。甚至於你如果有能力還可以出來爲人說法，乃至成爲法主而使人證得二乘菩提、大乘菩提，進入三乘菩提的見道位中。但是如果你作不到，你說：「我這一世口才不好，你這樣要求我作法布施，未免強人所難。」那你可以換個方式：護持能說法的人，幫他把所弘揚的正法流傳出去。這件事，你只要花一點口水講講話，鼓勵別人來親近、修學，就可以作得到，一樣有法布施的福德與功德。或者口才眞的不行，講起話來結結巴巴，對方都聽不懂，那你就把善知識寫的書拿出去送給有緣人。如果覺得去送書也不好意思（因爲有的人很內向，送書給別人也會不好意思），那該怎麼辦？那也有辦法呀！你就助印好了！送書跟印書的事，我們來作，你只要捐款助印就行了，這也可以呀！這也是財施兼法施。

有的人確實很內向，有許多人聽了，覺得說：「**眞的！你說到我心坎裡去了。**」因爲這個內向，我也是體驗過的；我記得小時候五、六歲，媽媽呼喚說：「**你去買一瓶『媽嚕吉』**（台語）**的醬油回來！**」「媽嚕吉」就是「丸吉」，是一個圓圈中間寫個「吉」字，我們那時候台灣中部最有名的是這種醬油。然後我拿了二元五角錢及醬油瓶去到店裡面，還沒開口，耳朵就先熱起來。眞是，付錢買東西也會覺得不好意思；去跟人家買東西，覺得好像還欠人家什麼人情。這個心性很難改，所以如果有人給我一顆水果，我就會把他的恩情記住，因爲吃了人家的東西，這份情當然不能不記住。這就是說，習慣已經很多世就是這樣養成了，不愛樂於人家的供養。雖然往世是穿僧衣，穿僧衣時是不能拒絕接受供養的，但是受了以後就趕快轉施出去，不留在自己身上，這樣就沒有壓力，因爲被人家布施時心中都有壓力。所以，我知道你們有些人想要送書給別人的時候也會覺得不太好意思講，也是有這種人；但是總要改變而開始積極作法布施，開始從這方面修集大福德。

這就是說，布施的時候如果校量三種布施的功德時，其實是法布施的功德最大。但是功德雖然很大，卻有一個前提：可別布施藏傳「佛教」密宗那些邪法的爛書。西藏密宗的書籍眞的很爛，根本不能稱之爲佛法；因爲那只是在戕害眾生的法身慧命，對眾生修習佛法而言並沒有利益。所以凡是法布施都必須有個前提：必須是善法。假使布施的時候，你去布施利劍、利刀給惡人，那惡人心想：「我要用這刀劍去殺人。」那你是要負共業的，那就不叫作布施，那叫作共同造惡業。如果你去助印那一些西藏密宗的書送給人家，那不是財施，也不是法施，那是在造惡業，因爲那是在殘害眾生的法身慧命。所以不管哪一種布施，你都應該有智慧來作，免得造了惡業以後心中還沾沾自喜，那後世的麻煩可就大了！

這是大略說布施，菩薩布施的時候不應該對於所布施的雙方，也就是對於布施時相應的人以及布施的內涵或者事相，以及有沒有獲得對方的感恩來著眼，不應該有種種事相上的執著。如果能夠這樣，福德是很大的。這個福德如果要從事相上來一一解說，下面的法義就沒辦法講了！一定要從理上來講才通，所以外面善知識們從意識心的立場來講這一段經文，他們最多只能講到這裡，接著講下去就錯誤了！所以我們事相上的〈妙行無住分〉，也只講到這個地方，不再講下去了！現在接著從理上來說〈妙行無住分〉：

菩薩於法，應無所住，行於布施：法是講什麼？這是必須要探究的。在阿含中說：「**若見法，便見緣起；若見緣起，便見法。**」這意思是說，你假使看見了法，你就知道萬法是如何藉緣而生起的。也許一般人聽了說：「你講的這個緣起與法，其實太簡單了！有根、有塵就有識生起了，識就是這樣生起的。」他們認爲這樣叫作緣起，卻忘了龍樹菩薩早就破斥說「諸法不共生」，藉著有生有滅的根與塵就能生起識陰六識，不必有常住心作爲根本因，正是龍樹所破的「二法共生五陰諸法」。問題是：根從哪裡來？塵又從哪裡來？總不能夠說無因無緣就有六根與六塵啊！十八界中的六塵是從哪裡來的？這一定要探究。要有六根作爲所依的緣，六塵才能出現，所以六塵必定要依於六根才能生起及存在。可是六塵依六根而生起時，難道是由六根來出生六塵的嗎？不就成爲「諸法由他生」了嗎？這個邪見，龍樹早就破斥過了！六根究竟是因、還是緣呢？這可得要探究才行。六根其實只是六塵出生的一個藉緣，六塵之所從來，還是要從「法」而來，是哪一個「法」呢？就是入胎識、阿賴耶識、如來藏。這三個名稱，其實是同一個心，這個心就是《金剛經》中說的金剛心——「此經」。經由這個心，藉六根爲緣，才能有六塵出現；而六塵是從第八識如來藏中，也就是從金剛心中生出來的，六根只是六塵出生時的藉緣而已，不是能生六塵的心。

那麼六根又是從哪裡來的？還是從金剛心如來藏中出生的。有了六根、六塵先從如來藏中出生了，然後如來藏才能再藉六根與六塵爲緣而出生了識陰等六識，所以六識不是單由根與塵二法共生的，而是要有如來藏爲因才能由根塵共生的，不是無因生的。意識正好是六識之一，不論粗細，一切意識全都攝在識陰之中；意識出生了以後就能夠領會思惟種種諸法，於是就有三界中的萬法出生了。可是這六根、六塵與六識再加上三界萬法，這一切法之所從來，追根究柢還是從如來藏中直接、間接、輾轉生出來的；要能夠看見這個如來藏的所在，也要能夠現前觀察這個金剛心確實出生了萬法，才能說是眞正懂得緣起的人。所以你只要找到了如來藏，就可以現觀萬法都是從如來藏這個「法」藉各種助緣而出生的。所以說，當你看見了這個眞實「法」時，你就能看見萬法的緣起，就知道萬法是怎麼出生的，所以《阿含經》中說：「若見法，便見緣起。」當你親自看見諸法的緣起時，一定是已經親證這個眞實「法」了，所以佛又說：「若見緣起，便見法。」這是說，如果你是眞正能看見緣起的人，你也一定可以看見眞實法——「此經」。

這其實就是佛講的十因緣觀的逆推而從大乘法中講出來的道理，聲聞人聽聞以後就結集成爲專講解脫道的《阿含經》了。三界一切法都只能推到眞實法「此經」入胎識爲止，到這裡就只能退回來了，因爲入胎識之前沒有任何一法可得，所以又說：「齊識而還，不能過彼。」不可能超過那個根本識而可以找得到任何一法，能夠這樣推出必然是有入胎識才會有名色，才是懂十因緣觀的人，然後你才能懂得十二因緣；然而還沒有證得入胎識之前，縱使成爲緣覺了，還是只知道緣起的局部，無法確認「法」是怎樣出生蘊處界而顯現出緣起的事實。菩薩實證了「法」——「此經」金剛心如來藏，就能現觀三界一切有情是如何由如來藏藉緣而生起的，這樣就是眞正懂得緣起的人，這就是阿含講的「若見法，便見緣起」。所以眞要去推究這個「法」，阿羅漢還眞的是沒有眞實懂得緣起法的人，佛才是眞懂緣起法的人；菩薩們隨佛而修學，所以才懂得緣起法。所以菩薩們讀到《阿含經》這句話，會認爲這才是正法；阿羅漢們讀到《阿含經》這句話時也會說這是正法，可是兩種聖人解釋出來時，對「法」的解釋就不一樣，所以這個「法」眞的不容易探究。

可是，菩薩既然經由〈法會因由分〉體會到這個「法」，然後須菩提啓請了，佛也說：「應如是住，如是降伏其心。」其實已經明講了。但是佛陀又特別強調說：這個法才是大乘的正宗。如果只是在蘊處界上面來講「法」，那是二乘正宗，不是大乘正宗。因此講過大乘正宗了，佛就說：「菩薩於法上面，也就是於如來藏上面，於金剛心上面，應該無所住而行於布施。」這才是《金剛經》的眞正意旨，不要執言取義。「法」講明了就是「此經」金剛心，菩薩既然入了大乘正宗，悟得這個「法」，從此以後布施時都不應該有所住。所以你證悟了以後，如果說：「我在正覺裡面開悟，主要就是因爲蕭老師創立了這個同修會；所以我希望蕭老師您開個例子，接受我一個紅包供養，因爲我一則報恩，二則護持正法。」所以三萬、二萬、一萬元，想要供養我；也有人是像薛平貴那戲裡說的那樣：「誠意，喝水也甜。」有沒有聽過？只要誠意夠了，供養一杯清水也都是甜美的。

但是，我都不好意思講話回絕，因爲我如果說：「你這樣叫作有所住，行於布施。」那未免太傷人了！我這個人很不喜歡傷人，所以假使有人當我的面，妄說他已經過了牢關，又到了初地、到了八地，誇口說：「我現在比你蕭老師更厲害！」我也都說：「好！好！好！但是要小心。」這就是我的習慣。我不會當面拆人家的台，所以我不會告訴他說：「你這樣來供養我，這叫作有所住哦！」我不會這樣講，但是我會委婉地勸他：「你不如把錢拿去知客處護持正法，然後把你拿到的收據影印一份給我，對我作法供養。那你作法供養的功德、福德，比財物供養我的功德、福德更大呀！」還好，很多人聽進去了，所以就「兩廂無事」。

這段經文的意思就是說，你證得如來藏以後，應該現前觀察：自己去作了布施以後，不論是這一世或者未來無量世，這個布施行，在未來世所得到的廣大福德是由誰得的？是未來世的五陰得；未來世的如來藏依舊沒有所得，全都得不到！這一世所得的世間有爲法的福報一樣是由五陰所得，自己身中的如來藏也沒有享受到，都是自己這一世的五陰在享受。可是這一世的五陰享受了這些福德，是誰作的？不是這一世的五陰作的，不是自己造來的福德因，而是上一輩子的五陰所造；可是上一世的五陰並沒有來到這一世，當然修福的前世五陰並沒有享受到福德。上一世的五陰也許叫張三，可是你這一世的五陰叫作李四，不但色身不同，受想行識也都不同，並不是同一個，所以不能聯結上一世的記憶。由此看來，這一世布施了以後，未來世已經不是這一世的你了；未來世是另一個你，而不是這一世的你來得到福報。而未來世所修的福報，是由另一個未來世的五陰所享用；雖然未來世所有的五陰同樣是你的如來藏出生的，但畢竟跟你這一世的覺知心、這一世的五陰不一樣；所以，從事相上來說，其實也是沒有所得。正是在沒有所得中，就這麼到下一世去得。

五陰不能去到下一世，然而到了下一世時，你的如來藏也沒有所得；祂把你的福德種子帶到下一世去，可是下一世生出了五陰在享受這些福報的時候，你的如來藏都沒有享受到；因爲享受到的都是在六塵上面的享受，可是你的如來藏完全沒有享受到那些美好的六塵境界。所以，從眞實理上來說，你沒有所得；從三世輪迴時世世五陰都不相同的事相上來說，你也是沒有所得；就在這種沒有所得當中，不妨有世世的五陰這麼得——因緣果報昭昭不爽。當你證得「法」的時候，知道金剛心這個法是從無所得的，而來世有所得的五陰也不是這一世的五陰，那你還有什麼好執著的？你如果執著說：「我供養了蕭老師，我來世有無量福報哦！」心中好歡喜呵！可是你去不到未來世，未來世是另一個五陰的你在享受福報，已經不是這一世的你了！那是另一個五陰。這一世修福以後，是你下一世的五陰，不是你這一世的五陰去享受，那你布施以後在高興什麼呢？那就不用高興了嘛！也就不需要住著了！

而你從理上來作這個事相上的觀察，可以發覺因果報應就這樣昭昭不爽——每一世都有自己的如來藏所生的五陰在領受善果與惡果；即使你不想要那一些財富，那些財富卻一直追逐著下一世的你，不捨棄你。除非你能夠像菩薩這樣：「我這一世賺錢到四十歲、五十歲就夠了，我雖然還有精神體力，但不要再賺錢了，就到此爲止。」此世本來該得的福報，因爲你事業成功了；到四十歲、五十歲事業成功的時候，正開始大賺的時候，你卻說：「我不再賺錢了，我要開始投入佛法中了。」剩下的那些該賺的錢，就留到未來世一直累積下去，這樣你未來世才能夠福德圓滿成佛。所以很多人很聰明，四十歲、五十歲事業正輝煌，突然把它賣掉不作了，投入正法中修行，這才是聰明人。如果是愚癡人，到了八十、九十歲了，甚至於快要一百歲了，都還跟在後面看著他的兒子有沒有好好賺錢，繼續在運用自己的人際關係來指導兒子如何賺錢；可是賺的大部分是他自己應有的福報，其實是把他往世的福報賺來給兒子，然後他自己下一世去當個窮光蛋，這種人在社會上多的是。

所以事實上既然無所得，五陰無所得，眞實法如來藏也無所得，爲何布施了以後要時時想著說「我未來世會有無量福報」？可是無量的福報是來世的另一個五陰享受，他也不記得是由這一世的五陰修福給他享受。雖然來世同樣是你的如來藏生的五陰，但已經是另一個五陰而不是這一世的五陰了。有人這樣想起來：「我第一次聽到這樣的說法，知道布施以後並不是我去下一世領受福報，那我到底要不要繼續行善？」等而下之，或許有人想：「那這樣的話，燒殺擄掠也沒有關係，反正下一世也不是我這個五陰受惡報，而是另一個五陰。」可是等你想回來：「好在上一世我那個五陰沒有幹惡事，不然我這一世可不知道要怎麼受苦了。」那你要不要你的下一世也這樣想？如果這樣想回來，腳底涼涼地，當然知道惡事不能幹；因爲你還有一個意根是從上一世來的，如來藏雖然不接觸這六塵法，但意根是可以配合六識來領受的；而你這個意根還會到下一世去，不但會到下一世去，一直到你最後成佛時還是同一個意根。如果不小心造了惡業，到下一世時意根藉著意識來想：「都是我上輩子那個五陰不好，所以害我今天障道因緣特別多，老是無法證得如來藏，都進不了菩薩數中。」那時不要怪上一輩子的五陰，因爲上輩子的五陰就是在你現前這一世的意根指揮下去幹的惡業；而這些都有一個根源叫作「法」，這個「法」叫作如來藏，在這部經中就叫作「此經」金剛法。

所以，前後世的五陰雖然非一但也非異，因爲是同一個意根來主宰、來作主，也是由同一個如來藏所生；而且後世五陰一定會繼承前世五陰的一切善、惡法種子，以及一切世間技藝的無記業種子。所以證得如來藏的人，能夠這樣現觀以後，自然會發覺布施的時候不需要執著所種下的福業。如果布施的時候都不需要執著了，在公司裡面就不需要貪污了，因爲貪污的惡業種子會使未來世的五陰損失無量的福德。如果貪污到一百萬、一千萬元，那麼這一些貪來的錢，自己享用不完就交給孩子，讓孩子享受快活，而自己下一輩子卻要去當餓鬼，連一口濃痰都搶不到；這些人到底是聰明還是愚癡，我不想說，就讓他們自己去判斷吧！

所以，既然都無所得，但又不是全然的無所得，因爲還是自己的如來藏在持那些福德種子，未來世也是自己的意根在與那一些福報或者惡報相應，那麼又何必去造惡業呢？行善了以後該有的福德之業，卻不是由這一世的五陰去獲得，而是下一世的另一個五陰去享受，那又何必在布施以後就去執著呢？而每一世五陰背後的如來藏都不領受苦、樂、捨受，所以根本就不需要有所住而布施。因此，布施以後也不必去住著，布施之前也不必專在色法上面去著眼，也不必專在聲香味觸法上面去著眼，就只是布施，讓自己的福德一世一世累積起來，使將來在佛菩提道的各個階位修證上面所應有的福德具足，而能夠次第到達佛地，這才是最重要的，而不是專在福德的享受上面去著眼。

當你證得「法」如來藏以後，你如果有去深思、有去現觀，你將會證實這一點；法界中的眞相也確實是如此，因此就不需要住於相中去布施了。所以當你護持正法的時候，你指明說：「蕭老師不收供養，那我就護持正法。」就特地印了收據來對我說：「老師！請你接受這個法供養。」然後心裡面想：「老師接受了我的法供養，那我未來世福德就很大了。」當你作了法供養以後，心中也就不必這樣想。所以證得「法」以後，於「法」上，你去作布施時不需要住於相中，因爲你已經轉依金剛心了；而金剛心中沒有所謂的布施者、受布施者以及布施等三件事，因爲祂心中沒有認知自己布施了財物，在金剛心中確實都沒有這些，這樣轉依而作布施時才叫作三輪體空。只有意識心與意根才會有三輪——我某甲布施給他某乙多少財物，才會有這回事；但是從金剛心如來藏這個「法」的境界而言，都沒有這回事。因爲這一些財物都歸五陰所有，不是歸如來藏所有，都是在五陰上面去作，而轉依如來藏以後就沒有五陰這回事。轉依如來藏以後，應該像般若經講的「不見五陰，不見六塵，不見一切法」，雖然此時你仍然身在五陰中，仍然在一切法中。所以就不需要去執著布施這回事情，就這樣子來布施。

這個不住於相的布施，福德不可思量。住於相中的布施，是表示他還沒有證得金剛心這個「法」，所以不知眞實常住的「法」中都無所得，因此以意識爲中心來作布施；這個時候有布施的自己，有被布施的對方以及布施這回事與財物；這樣一來，這個層次只是在人間善法的層次，未來世所得的福德比較有限。假使你是依於「法」，不是依於意識，是依於金剛心來看待布施這回事，那表示你是超越三界法的；能夠確實超越三界法來作布施的人，未來世的福德不可思量。就像佛說的：「舍利弗！你布施給我所得的福德，不如我布施給你所得的福德。」因爲佛的功德廣大，祂布施同一個財物或者食物給舍利弗的時候，佛所得的福德比舍利弗更大；同樣的食物由舍利弗布施給佛陀時，福德便不如佛的所得。因此，你如果住於這個金剛心眞實「法」來布施時，三輪體空；由於這個智慧功德而使你布施時所得的福德無量無邊廣大，這是因爲你擁有世出世間的功德而獲得的。

這樣講，也許有人覺得懷疑而說：「你講得太玄了吧？」不然我們就講實際的好了。同樣兩個人，某甲證悟了，得到眞實「法」了，他繼續在行善；某乙還沒有證悟，都是依意識心在行善；這兩個人在布施的時候，眾生會對誰比較信受、比較能夠記得住？（有人回答，語音不清。）啊！諸位很有智慧。

某甲證悟了，他去作布施的時候，冥界眾生、天界眾生，特別是忉利天的天人們都看得很清楚，名聲一直傳布出去（他們都不必用電話，他們心念一動就傳出去了），天界都流傳說某某菩薩現在又在布施了。如果是還沒有悟的人，他也在行善，但他的善事傳得不遠；當然忉利天人也會傳布這個訊息，但傳得不遠也不久；因爲某乙的布施，對眾生所能利益的很有限。有限，是因爲他無法把不住相的布施隨順教導給眾生，那麼他所能夠度的人、能夠增長天人善道有情的功德便比較小。

忉利天人最在意的是什麼？最在意的是世間有沒有人行善，有沒有佛法流傳。假使人間有很多人在行善，他們就歡喜說：「將來我忉利天中的天眾將會越來越增廣，修羅道的眾生就越來越少，我們就不必害怕阿修羅來跟我們打仗。」因此他們很歡喜。可是如果有人能夠使更多的人都不會去犯惡業，都能夠一心向道，忉利天人的增廣將會更快速，因爲被他所度的人可以度更多人而且度得更徹底；而那些人不是每一個人都能悟，大部分都會生到忉利天去，或者生到兜率天中，一定會使三惡道眾生減少，至少不會使修羅道的眾生增長廣大，所以福德不可思量。你證悟以後所作的利益眾生的事，傳到忉利天以後就會傳到別的世界去，這是事實；所以菩薩如果能不住相而布施，這個福德不可思量。

佛陀接著作了比喻：「須菩提啊！你意下如何呢？東方的虛空能思量嗎？」須菩提說：「沒辦法思量啊！世尊！」因爲虛空是無邊的，有邊就不叫虛空。虛空如果有邊，請問：到了那個虛空的邊，再外面是什麼？還是虛空。如果那另外一個虛空還有邊，請問：它的外面又是什麼？還是虛空。什麼叫作虛空？無物之處就叫作虛空，那個邊的外面也叫作虛空。可是不管什麼物質有多麼廣大，如果有邊，它一定有無物之處，在它的邊緣外面還是無邊際的，那麼想一想：「這虛空無窮無盡無有邊際，到底要怎麼去想像它？」其實不必想像，只要是有邊緣的，邊緣外面一定有虛空。所有的虛空都是無邊際的，凡是有邊際的虛空永遠都有虛空之外的虛空，那還是沒有邊際。

佛說：「往東方去觀察，那個虛空有邊際沒有？」沒有邊際，不能想像。佛又問：「南方、西方、北方、四維上下的虛空，是不是可思量呢？」結果還是一樣，都不能想像它的廣大。問過以後，佛陀就說：「須菩提啊！菩薩住於法中去布施時是無所住的，沒有住相的布施，這福德之廣大就像六方虛空一樣不可思量。」佛接著說：「菩薩就應該只有這樣一個心態，就像這樣子，如我所教的安住下來。」可是佛到底教了什麼？世尊說了這麼多，到底祂葫蘆裡賣什麼藥？事實上，世尊一直在告訴你金剛心；可是祂說這個金剛心的方式都是不說而說，是在言說當中不說而說。我也就轉變成世尊這個方式，不斷地在言說當中不說而說，那就看你慧眼生出來了沒有？如果慧眼生出來了，一剎那間一把抓住，你知道了，就可以同時聽兩個法：一方面聽我講金剛心的法，一方面聽講《金剛經》這些文字中所說的表相法，你可以同時聽兩個法。

那麼到底哪個是佛所說的這個眞實「法」金剛心？這就要隨人悟解了！所以你讀《阿含經》那些法時，其中有很多都是大乘法；可是聲聞人聽了結集起來就變成聲聞法，緣覺人聽到後結集起來就變成因緣法，可是菩薩聽了卻說這是大乘法，不是二乘法。所以才說：「佛以一音演說法，眾生隨類各得解。」你看！光是經中說的同一個金剛心的法，大乘法中的學人們各各解釋互不相同，一個人說一個樣兒，十個人就有十個樣兒；然後加上我們說的又是另一個樣兒，跟人家又都不同，這就是「眾生隨類各得解」的結果。這意思在講什麼？在講「法」：「法」眞實，「法」不是虛妄。即使是二乘法，仍然不虛妄；所以得要先從理上來瞭解《金剛經》以後，才能夠有證悟的因緣，那我們就舉一個禪宗的公案來講理說好了。傅大士在布施上面是如何說的？針對無住布施，他寫了一個偈：

【若論無相施，功德極難量；行悲濟貧乏，果報不須望。凡夫情行劣，初且略稱揚；欲知檀狀貌，如空遍十方。】

傅大士是這麼說的：如果要說到無相的布施，這個功德是非常難以思量的；運用自己的悲心來救濟貧乏的眾生，所得的果報本來就無量無邊，本來就不會遺失，所以不需要去記掛而期望未來世會得到大福報。可是由於凡夫們的性情以及所作的行爲是低劣的，所以剛開始說布施的時候還是要稍微加以讚歎稱揚的。如果想要知道布施所得的福德果報的相貌，就告訴他：猶如十方虛空一般的廣大遍布於十方。這是傅大士說的。

在佛門中有一句大家耳熟能詳的話：「修福不修慧，大象掛瓔珞；修慧不修福，羅漢托空缽。」大家都耳熟能詳。可是有許多人自以爲修福之外也有在修慧，但他們修慧的結果卻是在違背 佛陀的開示，是在跟 佛陀唱反調；他們說：「意識卻是不滅的。」這樣努力號召幾百萬信眾努力布施修福，卻又在修慧的時候否定 佛所說的「意識是生滅法」的聖教，然後自稱是福慧雙修，這到底是有沒有福慧雙修呢？明眼人一看就知道了！所以還是要有人來指點他們的。即使那個托空缽的羅漢有了智慧，可是他的智慧依舊遠不如菩薩；因爲他所見的緣起只有看見現象界的緣起，仍然看不到「法」，所以不能了知萬法的緣起是從什麼地方開始藉緣生起的，所以他們的智慧遠不如剛明心證悟實相的菩薩們。

菩薩因爲世世修福，才能遇見眞正的大善知識，才能證得「法」而親見萬法的緣起；所以新學菩薩如果想要修證般若慧，一定得要先多修護持正法之福；不具備這個福德，就遇不到善知識，假使遇見了也還會錯過。如果善知識特別慈悲，一把將他抓住，所以他沒有錯過；但他證悟以後將來還是會誣謗善知識，還是會退轉。所以新學菩薩想要證悟而進入菩薩數中，一定得要同時修福。可是修二乘法就不需要福德嗎？亦不盡然。在阿含中 佛度人證初果時是怎麼度的？佛陀都是先說施論、戒論、生天之論。如果某人來到佛前，聽到 佛陀說要先學布施，他聽進耳朵就覺得很刺耳了；佛看到這個人聽不進去，那就只講到布施爲止，不再往下講了。如果布施說了，他能聽得進去，再爲他講戒法，以及持戒的因果，讓他下一世可以保住人身，不會下墮三惡道。如果戒也能聽得進去，眞的領受了，再爲他解說要如何行十善生欲界天，以及如何修四禪八定而往生色界、無色界天。假使這些還能聽得進去，才會告訴他五蘊虛妄而讓他證得初果。二乘菩提小法尚且要先說施論、戒論、生天之論，大乘的菩薩正法當然更是如此。所以即使是講眞實理的《金剛經》，佛陀也要爲大眾講布施。爲什麼連講理的經中都要說布施？爲什麼要這麼講？因爲 佛要看你有沒有菩薩性。如果你聽了布施就生起煩惱，就會把《金剛經》執以爲虛而不是執以爲實，然後就說一切法空，全都是緣起性空；心中認爲五陰死後全都沒有了，成爲斷滅空了，全都是緣起性空。那就不用布施了，也不用修行了，所以 佛還是故意要講布施。

在禪宗裡面講不講布施呢？也講。我就把六祖講的偈抄出來，給大家聽一聽。六祖說：【**迷人修福不修道，只言修福便是道；布施供養福無邊，心中三惡元來造。擬將修福欲滅罪，後世得福罪還在；但向心中除罪緣，名自性中眞懺悔。忽悟大乘眞懺悔，除邪行正即無罪；學道常於自性觀，即與諸**

佛同一類。】

意思是說，愚癡的人、迷惑的人，他們是修福而不修道的，所以有很多人一天到晚在利樂眾生，卻不想修學佛法；還有一種人倡導說「天堂掛號，地獄除名」，只要對眾生好、行善就可以了，死後要求生天堂去依止老母娘，落在欲界境界中。佛門中也是一樣，如今「環保菩提、清涼菩提、草根菩提、醫療菩提……」，什麼菩提都有，就是沒有「佛菩提」！（眾大笑…）哪來那麼多菩提？菩提就只有一種——佛菩提，怎麼會有那麼多種不相干的菩提！如果把佛菩提方便分析出來，也不過三種，就是三乘菩提。現在台灣佛教界的菩提很多，琳瑯滿目由你選擇，卻完全沒有三乘菩提；然而他們那些菩提都是什麼呢？都是把修福當作修道。這就是「迷人」——六祖說的迷人。

這些人到處去布施，到處去供養三寶，福德無量無邊；可是這些布施行作完了以後，回到家裡不是繼續進修佛法，而是打牌摸幾圈，小酒喝幾杯，孩子不聽話就罵一罵，就這樣「**心中三惡元來造**」，還是像原來一樣繼續在作惡。他們妄想要把修福得到的福報，用來滅掉自己所造的罪業；可是往生到後世時得到了福報，但是原來所造的業罪仍然存在。所以想要滅罪的人，不是藉修福來滅罪，而是要從消除罪業上去著手；修福歸修福，未來世一定會得到福果，然而以前所造惡業的罪，還是會繼續存在，那是兩碼子事，不能互相抵充的。

所以說，只要向心中把種種犯罪的惡緣消除掉，永遠不會再造惡業了，這就是從自性心中所作的眞實懺悔，這就是實相懺。當你證得金剛心以後，發覺金剛心根本不會受報；既然不會受報，罪就不在了；罪不在了以後剩下什麼呢？剩下事相上的罪。事相上的罪，那就好辦了，對被害人去作補償，去作種種彌補的事行，把這些事行作了，事相上的罪也就不在了，這才是「**自性中眞懺悔**」。假使有一天忽然悟得大乘的這個「法」，也就是悟得這個金剛心，那時候從實際理地上來看，沒有一絲一毫的罪業存在，這時就是眞正的懺悔了。眞懺悔以後再把種種邪行除掉，從此以後一切所行都是正行，這樣的人已經是無罪的人。以前假使有什麼惡業，現在經由證得金剛心而作實相懺悔，惡業就可以消除。

因此，應該在修學佛法成佛之道的過程之中，要常常在這個金剛心的自體性上面去作現觀，現前觀察以後永遠不再行邪行，永遠行於正行，就是與諸佛同一類的有情。一般人都不敢這樣想，因爲如果想要藉開悟來從自性上觀察罪性本空，那麼他一定要求悟；可是想要求悟，只能放在心中不能講出來；一旦講出來，師父聽了就破口大罵：「你算哪棵蔥？敢求悟！那是大菩薩的事情，不是我們的事情。」當頭一陣痛棒，從此以後心灰意懶：「原來我們都沒有機會，連師父都這麼說了，他都說不可能開悟了，何況我們？」假使心中不服氣，說：「我偏要求悟。」那你就得要準備收拾行李，不久就得要離開了，你再也住不下去了，因爲你已經成爲異類。可是你如果修學佛菩提，你就一定要當異類，並且未來證悟了還要向異類中行（我們那片〈超意境〉CD有一首詞就是講「異類」）；這樣子修行才是眞正能夠除罪的法門，可是這也有前提，佛法都是有前提的，前提就是證悟以後才能作實相懺，才能眞的除罪。不要亂打妄想說：「這個實相懺這麼好用，我可以再幹幹惡業，騙騙錢財，然後再來求悟除罪，再來作實相懺。」不行！因爲這是明知故犯，罪加一等，不會有證悟的機會。

所以修福與修慧是兩回事，修福是能夠使你證得眞正智慧的條件之一，修福不等於修慧；但是修慧完成了，卻可以得到大福德。所以假使以我爲例好了，假使我今天突然就出家了，我可以不必去托缽，只要在小廟裡面住著，住上十年就變大廟了，都不必出去托缽。可是我不想出家，因爲出家人不能拒絕供養，必須作爲福田讓人家來種；出家人接受供養，是義務而不是權利，是義務哦！假使我在這一世出家了（我不是說下一世），我也絕對不會還俗，因爲出家是一個責任，就得把出家人該作的事情努力去作，還俗則是逃避責任。所以這裡面的關係，很少有人去注意到如何拿捏分寸。修福能得慧，但修慧以後所得的福德更廣大，你隨便講一句話都是大福德。也許你很懷疑：「你蕭老師講話太狂了吧！」我告訴你：「不狂。」有人問：「如何是佛法大意？」雲門說：「胡餅！」就這麼兩個字布施，就已經是有未來世的大福德了；因爲他有爲人處，只要你緣熟了，根器夠利，聽到這兩個字，你當下悟了，他的福德可就不得了了。

度一個人成爲實義菩薩，福德很大。佛在《四十二章經》講過：度無量無邊眾生行善，不如度一個人得初果；度百萬眾生得初果，不如度一個人得二果；這樣推到第四果。所以度一億眾生得三果，不如度一人得阿羅漢。可是度十億人得阿羅漢，不如度一個人發菩提心行菩薩道，這還只是凡夫菩薩；如果度了無量無邊凡夫菩薩行菩薩道，不管他在家、出家都行菩薩道，不如度一個人證悟明心。那你想：「雲門這『胡餅』兩個字，這一講出口，福德大不大？」當然福德大，隨便講句話都是大福德。有個禪師就拿這個典故杜撰了來講：「觀世音菩薩去買胡餅，結果得到胡餅以後，把手攤開來一看：原來是饅頭。」這到底在講什麼？你看他好像在開玩笑，其實不是！所以弦外之音很難聽啦！聽得出來的人卻說很好聽。只要有一個人聽懂而悟了，並且已經不退轉時，這禪師的福德可就大得無法想像。

因此這個佛法大意很難會，可是佛法大意到底是什麼？是胡餅！雪竇重顯大師就作了一個頌，其中就有一句說：「胡餅㧗來猶不住，至今天下有淆訛。」㧗，就是一個慶祝的祝下面加一個土字。這個字，國語裡面已經換了一個字，改叫作擲。可是這個擲跟那個㧗又不一樣，擲是丟過來叫作擲，不論橫豎；㧗，則是把物品以豎向的方式直直地丟過來。所以雪竇說：雲門禪師那個胡餅這樣直直地丟過來，從古時到現在還沒有停下來，仍在繼續丟過來，然而至今恁麼久了，天下人都還是弄不清楚。那你想，如果你見了雲門大師，問他：「如何是佛？」他回答說：「胡餅。」你就當下悟了，這可眞不得了！你悟後的福德也是不得了，那他度你所得的福德更不得了，一定比你更大。所以說他就這樣子，口頭上作法布施就夠了，福德就很大了。這個福德，我們依舊是從宗門來說這個布施；但是在宗門之中也有講理的，以上都是從宗門來講理，接著再從宗門來講《金剛經》的宗通：

【唐開成二年，邑人翁遷貴，施山下子湖；創院，咸通二年敕賜額曰「安國禪院」。一日上堂示衆曰：「子湖有一隻狗，上取人頭，中取人心，下取人足；擬議，即喪身失命。」僧問：「如何是子湖一隻狗？」師曰：「嗥！嗥！」臨濟下二僧到參，方揭簾，師曰：「看狗！」二僧迴顧，師歸方丈。】

唐朝開成二年，有一個人叫作翁遷貴，他的產業很多而又信佛，所以把自己在山下的子湖布施給利蹤禪師。這個利蹤禪師就在子湖旁邊創院——建了一個禪院，後來就很有名。後來換了皇帝，到了咸通二年，新皇帝敕給他一個匾額掛在他那個禪院門上，叫作安國禪院。皇帝的想法是這樣：如果我這個國家想要平安富足，就需要有正法弘揚；所以我當皇帝時，也要護持正法。因此就封他一個安國禪院，頒給利蹤禪師一個匾額，這是皇帝的想法。皇帝如果不護持正法，橫加打壓，那就像宋朝一樣，宋朝皇帝就是因爲這樣子，所以天界沒有誰願意照顧他們。這位利蹤禪師就因爲住持在子湖安國禪院，所以人家都稱他爲子湖利蹤禪師。他有一天上堂開示說：「我子湖」（他不稱自己的名字，自稱爲子湖），我其實也可以這樣，就說「我台北」，因爲我住在台北，就稱自己爲「台北平實」；所以我也可以說我叫作台北，然後說「我台北如何、如何」。因爲他住在子湖，就自稱子湖；如果住在臨濟，他就自稱臨濟。就好像趙州從諗禪師，人家就叫他趙州，不叫他從諗，學人對證悟者總是要避諱而用地名來指稱禪師，後來就演變成出家人有內號外號，合起法號就有四個字了。

他有一天上堂開示說：「我子湖利蹤禪師有一隻狗，我這一隻狗的上半身，跟人的頭一模一樣；我這一隻狗中間這一段，跟人的心是完全一樣的；下身跟人的腳又是完全一樣。如果你想要思量我這一隻狗，你就喪身失命。」請問諸位：「這隻狗到底是什麼狗？」如果套句現代流通的、新創的名詞應該叫作「人狗」或者「狗人」，是不是？因爲上取人頭，中取人心，下取人足，跟人類是一模一樣，原來子湖這一隻狗是人。「可是你如果要思量我子湖這一隻狗，你就喪身失命」；換句話說，你如果眞要瞭解我這一隻狗，你得要捨命。有個僧人就上來請問：「如何是子湖一隻狗？」子湖就答覆說：「嗥！嗥！」（平實導師以狗叫的聲音講出來，大眾笑…）你如果聽出來了，就可以進入菩薩數中；聽不出來，仍然在菩薩數外。

換句話說，你得要肯喪身失命，也就是徹底把五陰、十八界的內容都了知，也能徹底把自我全部否定了，才能找到子湖這一隻狗，否則一定會落入五陰、十八界等假我中；等你找到了子湖這一隻狗，才知道原來這一隻狗不是狗，那時你要喚祂作什麼？不久以後子湖這一隻狗的風聲傳得很遠，後來臨濟派下有兩個僧人也來參訪了，他們即將進入方丈室，才剛剛把方丈室門前那個竹簾掀上來；竹簾知道嗎？因為怕西曬很熱，所以門口都掛個竹簾。他們剛剛把竹簾揭開來，正在方丈室裡的子湖禪師就大聲說：「看狗！」看狗就是叫他們注意狗，以免被咬著；這兩個僧人不防有這一招，聽到說要注意狗，趕快就轉頭去看狗；當這兩個僧人轉頭看狗的時候，利蹤禪師就走了。

這是我最羨慕的，當禪師就是這麼爽快。可是你若想要這樣當禪師，可得有這料子。我們都可以這樣當禪師的，可是為什麼不這樣當？因為怕我們講堂前到處長滿了長長的茅草。於現代佛教中，不容許我們這樣弘法；因為佛法命脈已經危如累卵、命如懸絲了，了義正法已經幾乎不存在了，我得度得更多人悟入，所以不能這樣作。這個公案中，翁遷貴布施子湖給利蹤禪師，這是事相上的布施；子湖利蹤禪師藉了這個布施而創院接引眾生、利樂眾生，他是作理上的布施，是法施，並且是究竟理的法施，所以他們兩個人各有其一的福德。如果是事施與理施都具足的話，這又不一樣了；布施時只要能事施與理施具足，未來世的福報就不可思議了。接著再從宗說之中，來看宗門裡是如何看待布施的事與理：

【池州甘贄行者，將錢參貫文，入僧堂；於第一座面前云：「請上座施財。」上座云：「財施無盡，法施無窮。」甘云：「恁麼道，爭得某甲錢？」卻將出去，上座無語。又於南泉設粥云：「請和尚念誦。」南泉云：「甘贄行者設粥，請大眾爲狸奴、白牯，念摩訶般若波羅蜜。」甘乃禮拜，便出去；南泉卻到廚內打破鍋子。】

池州有一位甘贄行者，行者的名稱表示他是個居士；他姓甘，名贄，有一天拿了錢參貫文，就是三千文；古時候有錢人家那個銅錢，每一千文就用個繩子貫起來，一貫就是一千文；參貫文就是三貫錢，一千文應該是兌換一兩銀吧？有一天，他拿著參貫文進入僧堂，走到首座面前就說：「請上座施財！」他拿著錢財去請上座要求施財，表面上看來，是反過來請首座施財，這首座就說：「財施無盡，法施無窮。」甘贄行者聽了就說：「你這樣子講，怎能夠得到我這三貫錢呢？」他就把這三貫錢又拿著走了！這首座沒奈何，眼睜睜看著三貫錢走了。古時候證悟的菩薩們要布施，都是不隨便布施的；得要讓他看得上眼，因為他的錢財會用在最有用處的地方。假使有僧人可以利樂廣大眾生，是以究竟法來利樂眾生，他就會鼎力支持；假使沒有證悟，說的都是表相佛法，不可能究竟利樂眾生，證悟的菩薩是不會布施給他的。所以這位上座講了這兩句話，奈何不了甘贄行者那三貫錢，眼睜睜看著三貫錢又走了。

然後這甘贄行者有一天又跑到南泉普願禪師那裡去，就在南泉普願禪師那裡施錢設粥；設粥，可能是臘八粥或者八寶粥，並不一定，總之就是供養眾僧。粥都做好了以後就上去找南泉普願禪師說：「請和尚唸誦。」因為在佛門中，飯前與飯後都得要唸誦的。南泉禪師就說：「甘贄行者設了這些粥普請，我請大眾們為狸奴、為白水牛，來一起唸誦大般若波羅蜜。」甘贄行者聽完了，對南泉普願禮拜後就出堂去了，離開了。這根本不像一般人供養了以後還要找師父討人情，講了一大堆，他都沒有。甘贄行者前來設粥供養眾僧，請南泉禪師唸誦；南泉禪師的唸誦卻不是像一般法師拿了經本或〈二時臨齋儀〉來唸誦，他只對大眾說：「甘贄行者設粥供僧，請大眾為狸奴、為白水牛，一起來唱唸『大智慧到彼岸』。」當眾僧受供時眞的是為狸奴、白牯唸誦了大般若到彼岸的經了。那甘贄行者聽了就禮拜南泉禪師，禮拜完，起身就離開了，一句話也沒有。並不是還在那邊等待南泉禪師唸誦什麼經文等等，因為他知道南泉說的是眞實語。但是甘贄行者走了以後還有事，並不是就沒事了：南泉禪師隨即走入廚房中，把鍋子敲破了。

諸位也許覺得說：這些禪師眞是無厘頭！然而這才是眞實的財施與法施，甘贄行者成就了南泉的財施與法施，南泉也成就了甘贄行者的財施與法施；這樣雙方的事施與理施都具足了，而受施吃粥的眾僧粥罷的時候，也因為南泉的緣故眞的為狸奴等唸誦完大智慧到彼岸的眞經了，甘贄行者的福德眞是不可思議啊！所以你們想要布施時，得要作這種布施，可千萬別說：「我昨天去正覺護持了一萬塊錢，哇！這個福德多大！」外面人家都會笑說：「原來正覺的程度只是這樣子！」就把我的臉給玷污了！好在我向來沒有臉、也沒有背、也沒有前、也沒有後，倒是無所謂啦！所以，無住相布施，福德無量無邊。那你若想要福德無量無邊的話，今晚回家的路上、車子上，你可要留意看看：甘贄行者說：「請上座布施。」結果上座講了那些話，爲什麼他不中聽？甘贄行者爲什麼又把那三貫文給帶走了，到底他帶走了什麼？諸位要好好端詳啊！然後南泉受了甘行者的粥供以後，甘行者爲什麼禮拜南泉就走了？南泉又爲何要去伙房打破鍋子？諸位可得端詳一下才好。

上週講到第四品，宗說的部分還沒說完。上週說的是不住相布施裡面的事施、理施具足的第一個公案，接下來還有一個有關布施的禪門公案：

【藥山惟儼禪師。師令供養主鈔化，甘行者問：「什麼處來？」僧曰：「藥山來。」甘曰：「來怎麼？」僧云：「教化。」甘云：「將得藥來麼？」僧曰：「行者有什麼病？」甘便捨銀兩鋌，曰：「若有人，卻送來。無人即休。」師怪僧歸太急，僧曰：「問佛法相當，得兩鋌銀。」師令舉其語；舉已，師令僧速送還行者家，行者見僧迴，云：「僧來！」遂添銀施之。】

這樣唸一遍，諸位可能聽不太懂；我們是不是可以研究一下，三個講堂都能夠把這些文字打上銀幕，有沒有辦法作？從下週開始我們就準備內容把它投影上去。我先把這一段公案記錄的文字解釋給大家聽。

藥山惟儼禪師，因爲他住在藥山，所以外號就叫藥山；惟儼是他的法號，這就稱爲內號。譬如說，假使有一天我很有名了，那就叫作台北平實；台北就是我的外號，未來世若是有人避諱而不敢直稱名諱，也許人家就說「台北禪師、台北法師」是怎麼講的；那時台北就成爲我的外號，然後平實二字就成爲我的內號。所以藥山惟儼也是這樣，他住在藥山，惟儼是他的法號，所以當時就稱呼他是藥山惟儼。有一天他命令供養主下山鈔化，也就是要他下山募化鈔票回來。鈔票當然是要比較多的錢，凡是用銀票寫出來的銀兩，那數目就比較大了。如果眞正給銀子，一鋌十兩，那身上能帶多少鋌銀子，數目可就有限了。所以「鈔化」的意思，是要他勸募比較多的銀錢回來，最好是鈔票。以前鈔票不是像我們現在講說鈔票，那時的鈔票就叫作銀票；所以台語現在對於紙印的貨幣都還叫銀票，就是從古時候沿襲下來的。古時是用一張紙寫上了白銀多少兩，然後去到某一處銀行（錢莊）兌換銀兩，那個叫作銀票，也就叫作鈔票。這個供養主，當然他的主要職務就是化緣來供養闔寺僧眾，這叫作供養主。惟儼禪師有一天教這個供養主下山去募化鈔票，他就去找甘贄行者募化。因爲甘贄行者不但是開悟了，他又當官，又不會花天酒地去作別的花費，他的錢都是用來供養三寶，所以供養主就去找甘贄行者募化。

甘贄行者看他來了，就問：「你從什麼處來？」這僧人答覆說：「我從藥山來。」這第一個機鋒，那僧人已經錯過了，因爲他不懂。甘贄行者是不懷好意的：「你從什麼處來呀？」這都是不懷好意的，那供養主就回答說：「我從藥山來。」甘贄行者又問：「來做什麼？」他就說「教化」，是和尚教我來化募鈔票。甘贄行者就問(因爲看他兩度問答都不懂)，就問他：「將得藥來麼？」你有沒有把藥拿來呀？因爲你是住在藥山，那你有沒有把藥拿來呢？「今天有沒有把藥送來？」講得這麼白了，無奈這個僧人還是不懂，落入話語的意思中了，於是就關心地回問說：「行者！你有什麼病呀？」(大眾爆笑⋯)這甘贄行者眞是對牛彈琴，那供養主也眞是驢頭不對馬嘴。看他不懂，甘贄行者就給他兩鋌銀，一錠叫作一鋌，古時候叫一鋌，兩鋌銀不過是二十兩。也就是給他兩鋌銀，給了二十兩銀子，就跟他交代說：「如果有人的話，就把藥送來，沒有人的話就算了。」意思是可以供養更多，但是得要有人懂得這藥而能夠送來。這個僧人依舊懵懂，拿著二十兩銀子就趕快回山去了。他完全不曉得甘贄行者最後一句話是話中有話，有很濃的弦外之音，但他都聽不懂，很快就回到藥山去交差了。

藥山惟儼覺得奇怪，問他說：「你今天去化緣鈔票，爲什麼這麼快？」這個僧人就回答說：「我快，是因爲我與甘贄行者問答佛法，兩者相當，所以隨即得到這兩鋌銀，回來就很快。」藥山惟儼禪師覺得奇怪：你什麼時候懂得佛法了？就叫他把問答的過程講出來。這一講，完了！上當了！藥山惟儼禪師就告訴他：「你趕快回去，把那兩鋌銀趕快送回去；那兩鋌銀就當作藥，趕快送回去。」這個僧人奉命又趕快送回去，這甘贄行者看他回來，知道背後一定有文章，當然就不必再問了；因爲那僧人一定不懂，當然是堂頭和尚作的文章，就爽快地說：「你這個僧人快過來！」於是又添銀布施。這不曉得又添了一百兩或二百兩，記錄中沒講，對於諸位的道業也不重要，咱們就不理它了。

諸位看看這甘贄行者：在前面公案中說的，有的是事施，有的是理施—

——法施。我們也講過雲門胡餅，那是法施而沒有事上的財施。現在甘贄行者，他不但施財，還施法，是同時作了法布施；能夠像他這樣理上的（法上的）布施以及事上的布施都具足了，這樣的布施才合乎《金剛經》講的不住相布施，這個才眞叫作妙行無住。能夠通達甘贄行者這種布施，就必然能夠通達《金剛經》。所以《金剛經》不是一般人所想的只是一個哲學思想，那些佛學研究者都說這是中國的哲學思想，這何嘗只是中國的？並且是全世界的，也是人間與天上的，並且是十方世界的；都同一個法，但卻不是哲學思想，而是宇宙中的眞實義。哲學思想最多就只能夠說他的意境好高，但都是意識境界；可是《金剛經》這個智慧是超過意識境界的，不在意識思惟所得的境界之中。所以要眞的能夠妙行無住，你得要有般若智慧；能夠像甘贄行者這樣搞怪，才能叫作妙行無住，否則永遠都是妙行有住。

捨財是妙行，然而凡夫們捨財時都是心有所住；心有所住就只能成爲世間法中的妙行，不能成爲出世間法中的妙行，與《金剛經》講的妙行無住就不能相符相契了。這個妙行無住的超意識境界到底要如何達到？只有一個辦法：到禪宗裡面來求悟。並且堂頭和尙教你開悟的前提是：他自己必須是悟得眞。如果他自己都悟錯了，那算你倒楣，不能怪別人。因爲天下錯悟的大師們漫山遍野，眞悟的人永遠都是希有動物；你可不能期待天下所有大師都悟了，而只有少數人沒有悟，那是不可能的。至於你要怎麼樣去遇到那個眞悟的人，那你得要有往世和這一世修集得來的福德資糧，否則一定失之交臂；明明常常一天到晚見面，你抓著我的手臂，我抓著你的手臂：「**某某人！我告訴你……**」，可是告訴了老半天卻錯過了那位善知識。這是很正常的事情，所以天下大師絕大多數都悟錯了，才是正常的。如果天下大師都悟了，只有少數人沒有悟，那叫作反常，那表示太陽快要打從西邊出來了，這是諸位應該要建立的一個知見。如果這些公案講了，你還是悟不了，那我幫助你開悟吧：下週再來聽講！

〈如理實見分〉第五

【「須菩提！於意云何？可以身相見如來不？」「不也！世尊！不可以身相得見如來。何以故？如來所說身相即非身相。」佛告須菩提：「凡所有相，皆是虛妄；若見諸相非相，即見如來。」】

講記：「須菩提啊！你的意下如何呢？可以把看見身相當作是看見如來嗎？」「不行的！世尊！不可能從所看見的如來身相中看見如來。是什麼緣故呢？因爲如來所說的身相就不是如來的身相。」佛陀告訴須菩提說：「凡是所有的法相，全都是虛妄法；如果看見各種的法相全都無相，就是看見了如來。」

這一品是〈如理實見分〉第五。如理而且實見，這是很困難的；不但現在末法時代很困難，其實自古以來就很困難。希望你所悟得的那個標的是如理的，而且你所看見的那個法是眞實的，這是非常困難的。如理，意思是說，如果所悟的標的稱爲常、稱爲眞、稱爲如，結果這個標的物或者說標的心，卻不能合乎自己所主張的常、眞、如，那就是不如理。譬如，古時候圭峰宗密禪師非常有名，寫了一大部的《禪源諸銓集》，可是爲什麼內容都不見了，只剩下一篇序文？因爲他落在離念靈知中，離念靈知是不如理也不如實的。怎麼說是不如理呢？離念靈知不但具有五個遍行心所法，並且還有五個別境心所法，所以能了知六塵，能分別諸法。既能了知諸法，能分別六塵，就能知道冷熱痛癢苦樂，就會與煩惱相應。與煩惱相應的心，怎麼可能如呢？又如何永遠都是如呢？所以祂絕對不如。只有離六塵的，才能永遠都是如：古今一如，前後一如，苦樂一如，永遠都是如；只有永遠都如的心，才能說祂是自性清淨。可是離念靈知不如：前後不如，古今不如，苦樂也不是一如；因爲往世也許當轉輪聖王，好高興哦！可是有時候當乞丐，有時候去當妓女，都不如。男眾可不要說：「妓女不是我當的。」你怎麼知道你往世都是當男子呢？每一個人都當過男生與女生，都當過的，所以離念靈知不能前後一如。單說這一世就好了，受苦的時候起煩惱，受樂的時候起貪著，可見離念靈知的心行並不是前後一樣，當然不是一如，所以祂不是如。

離念靈知是不是常？離念靈知不能說之爲常；必須要有如來藏在後面支

持著，爲祂執持種子，把祂攝歸如來藏時，祂才能夠說常；要有如來藏在離念靈知不斷的生滅中維持祂的存在，否則今天晚上睡著了，明天就沒有離念靈知意識存在了。可是意識離念靈知睡著了，不見了以後，明天早上祂爲什麼能生起？因爲有如來藏幫祂執持種子。意識本身既然已經滅了，滅了就是無，無不可能生有，沒辦法無中生有的，當然離念靈知不可能是無中生有而在明天早上自己出生了自己，因爲自己已經眠熟而不存在了。也許很多人喜歡無中生有，特別是像密宗藏傳「佛教」。譬如他們如果說自己的功德不夠時，那該怎麼辦？就多觀想。若是福德不夠啦，也是多觀想，認爲觀想出來以後就有福德了。所以他們怎麼供養諸佛菩薩呢？也是可以用觀想的：觀想一大堆的米、一大堆的金銀珠寶，觀想出來供養佛菩薩。這就是無中生有的妄想。

這個觀想如果是眞實，以後你遇到有親朋好友學密，就告訴他們：「你們喇嘛這麼講，說觀想是眞的；那你就不用付出金錢，你每天都觀想一堆的金山、銀山供養你的喇嘛就好了，千萬不要用新台幣、美鈔。」因爲他們喇嘛所教的是說，觀想出來的是眞實的；既然是眞實的，我昨天晚上觀想供養一卡車的黃金給你，你有沒有收到？事實上顯然沒有收到。所以觀想的是假的，那叫作無中生有；無中生有的道理是不可能成立的，因爲喇嘛並沒有收到你觀想供養的一卡車黃金。同樣的道理，意識今晚睡著滅了，滅了以後變成無了，既然無，怎麼能生有？無是不可能生有的，如果無能生有，有一句成語就必須取消——巧婦難爲無米之炊；因爲如果無無可以生有，無米之炊也可以生出飯來，應該這樣嘛！那麼這一句無米之炊的成語就要取消掉了，所以實質上無不可能生有。當前一晚眠熟時意識斷滅而不存在了，怎麼能從不在之中自己出生呢？他連出生的意志都不在了，連心體自己都不在了，哪還有意志能出生自己？所以離念靈知心意識要靠別人執持祂的種子，第二天才能再度出生。所以離念靈知意識心顯然非常，非常當然就不如理；因爲佛法中的般若說的常住法，是實相法界而不是虛相法界。必須是從來不間斷的、是等無間的法才可以叫作常，常才是如理，斷滅法、生滅法不如理，所以離念靈知不如理。

常而且如以外，還有一個眞，是在講什麼？離念靈知心，祂是要藉許多法才能存在：要藉五色根、要藉意根的作意，還要藉如來藏執持種子，並且必須五色根沒有疲累，五色根正常，離念靈知才能在人間存在；所以祂是被生的法，被生的法當然不能稱爲實，不實就是不眞。必須是不藉諸緣而能自己存在的法，才是眞，才是實；而自己能單獨存在的法，一定是萬法的根源，祂才能稱爲眞。所以常、眞而且如，那不是離念靈知的事，那是如來藏的境界；因此，般若智慧的出生，必須要依眞實理如實親見，這樣才能稱爲「如理實見」。前面兩品說無住，無住之中同時無相，又在無相的情形下說無住而布施。無相而布施，這看來好像有些矛盾；既是無住無相又說布施的法相，而布施的時候明明是有住、有相、有人我，卻同時要說不住相布施，那不是很奇怪嗎？正因爲有這樣的奇怪，眾生不能理解，所以必須再說金剛心的眞實理讓眾生瞭解，因此要說〈如理實見分〉。

這也就是說，既是無相無住，然後又要不住相布施，要以妙行來布施，這表示理與事本來就互相融合的，理與事本來就不能分開的；如果理與事是要分開的，是被切割成二法的，那就不叫般若。譬如說，離念靈知心正在布施的時候，都不牽掛布施，也不去分別所布施的對象，只是布施；然後他自以爲這樣就叫作無住布施、無相布施，其實還是有住有相的，因爲他一定會了知被布施的人，也一定已經了知正在布施，並且也了知自己用什麼在布施，這怎能叫作無相與無住？怎能叫作無分別？顯然講不通。可是他們自以爲那樣就叫作無相無住，我們就權且當他作無相無住好了；正在布施的時候，他都不想什麼，就是單純地布施，權且當作是眞的無相無住布施，我們就來檢視一下究竟對不對。當他布施的時候和顏悅色布施，自以爲是離相無住的布施，稍後卻聽到人家傳來一句話說：「接受布施的人嫌你今天錢送太少了。」這一下子，離念靈知又不爽快了：「早知道，就不要布施給他了。」這到底是有住還是無住？這是同一個離念靈知，前後並無不同，證明離念靈知意識心是不如而有所住的，所以那顯然不是理與事相融的。

說一句老實話，如果是眞的不住相布施；他應該沒有看見對方，也沒有了知自己正在布施，更不了知所布施的是什麼，這樣才是眞的無住相布施。可是也許有人問：「那這樣的話，我要怎麼布施？難道我要蒙起眼睛嗎？難道我要把觸覺給除掉嗎？難道我要故意裝白癡說，我不知道我布施了這一萬元給他嗎？」不是這個道理啦！不是這樣的，而是說你同時也具足了知，否則你悟了豈不變成白癡了嗎？誰願意當白癡？般若是智慧，悟了反而當白癡，那不是顚倒嗎？所以這意思在告訴我們：當我們在布施時，我們意識可以是離念的、不執著的，但是照樣能分別對方是誰，知道自己在作什麼，知道自己布施出去的是什麼，這些有相的分別照樣都有；可是同時還有另一個既不知道對方是誰，也不知道自己是誰，也不知道正在布施，更不知道布施的是什麼財物，同時有這個無住的心，與你能知道的有所住心同時同處；可是祂跟你同時在布施，而你知道布施的人是自己，知道誰被你布施，也知道所布施的財物；然而知道布施等事的你，轉依了不知道布施等事的祂，所以稱爲不住相的布施，這樣才叫作理事相融。

所以，許多大師一天到晚講理事圓融，問題是他們眞的懂理事圓融嗎？都不懂啦！然後自以爲懂。所以應當要怎麼樣去理事相融？你一定要去找出你自己身中那個眞如心，祂是眞、是如、是實、是常、是自性清淨，祂就是涅槃；你把祂找出來了，確認自己是生滅而虛妄的，篤定地否定了自己；你轉依了祂，不再以自己爲眞實法。你轉依祂以後，因此每次才剛布施完了隨即就忘了，不再去記掛誰欠了你的情，也不再去記掛自己未來世能得多少福德；這樣事上有布施、有布施者、有受施者、有布施的財物，可是理上全都沒有這一些，都無一法可得，也無一法可施，理與事都具足圓滿在一件布施行之中，這樣就叫作理事圓融，因為理與事都具足而圓融無礙了。

假使理與事，你仍然有所不足，那叫作理事不圓融。所以不應該要把離念靈知意識心變成理事圓融，永遠都不可能成功，即使有一天從天上下了紅雨時也還是不可能的；因為事上的永遠是事上的，理上的永遠是理上的，不能互相轉變取代的。事上的是意識心、是五陰，理上的是如來藏、是法界的眞實相，兩者要具足才能稱為理事圓融，而不是以事上的來轉變成為理上的。如果欠缺其一，那就不能談到理了，他必然只會落在事相上面。假使沒有理而只落在事相上面，不但無法理事圓融，甚至於連事上都不圓融；因為沒有轉依眞實理，所以聽到人家嫌他布施的錢太少了，他這個離念靈知就會生氣。你如果找到了理，轉依了理，那麼聽了就不需要生氣，因為你的如來藏既沒有所施也沒有所得，管人家說什麼，跟你都不相干；就在這種不相干之中來積集自己成佛的資糧，這才叫作理事圓融。所以如果有事而無理的時候，不但理不圓融，事也不會圓融，因為落在人間善法裡面了；所以必須要「如理實見」才能無相無住的布施，這樣無相無住的布施，福德可就無量無邊的廣大。當你能夠到達這個境界，你布施一萬元財物給一條癩痢狗，都勝過沒有找到如來藏的人布施一百億元給那些持戒清淨的人，因爲你的功德、福德都不可思議，所以必須要再從「如理實見」上面來說。

至於「如理實見」在事相上是怎麼說的？佛說：「須菩提！你的意思怎麼樣呢？可以用身相來見到如來嗎？」須菩提答覆說：「不可以的！世尊！不可以用身相來見到如來，用身相是看不見眞實如來的。爲什麼這麼說呢？因爲如來所說的身相其實不是在講身相。」佛告訴須菩提說：「不管是什麼樣的法相，只要是有相的，都是虛妄法；如果能在諸相當中看見那個沒有相的，那才是眞正的看見了如來。」

這樣講好像也是很抽象，如果用大陸人的語詞，也許他們會說「這個太過於意象」。佛在人間示現，當然必須跟人類一樣有五蘊；經中說人們看見了佛，是依人們不同的福德來見的。這個聽起來好像很抽象，其實都不抽象。譬如說，人類的壽命如果是一百歲，以現在來講，人類的歲數大約百歲，少出多減，出過一百歲的人很少，大部分的人是減於一百歲的。佛來人間示現或者菩薩乘願再來，當然會跟人們一樣。當人壽百歲，少出多減時，菩薩或佛來人間示現時也會與人類一樣，壽命百歲而少出多減。這不必講得太複雜說：「這是諸佛菩薩爲了示現，所以才跟人類一樣的歲數。」不必講得這麼複雜。因爲人類這個年代的基因，必須要有的歲數大多百歲之內；佛菩薩既然來人間取得這個基因，當然也是在百歲之內。就這麼簡單，不用解釋得太複雜。那些大師們講了一大堆：「這個都是佛菩薩慈悲示現。」鬼扯！如果人類的壽算是兩萬歲時，佛菩薩來人間取得那個基因就是兩萬歲的基因，當然就示現兩萬歲。這個不必講什麼慈悲方便，只需要說因爲眾生因緣成熟了，所以佛菩薩不辭辛勞來人間示現，這個就是大慈大悲，跟歲數無關。若是要說慈悲，應該說佛菩薩是不畏懼短命的人類有多麼辛苦，仍然願意在這個五濁短壽的時節來人間受生，爲眾生如此辛苦。

同樣的道理，佛來人間當然也是要有五蘊；假使沒有五蘊，人們如何依止、奉侍、修學呢？假使沒有五蘊，或者不說沒有五蘊，改說仍然有五蘊好了；但是祂取得的是天人的五蘊，請問：身爲人類的你們，大家要怎麼隨　佛修學？是不是都要去練天眼通、神足通，等到練好了再來隨　佛修學？可是佛法就得要在人間，因爲對眾生而言，在人間度眾最方便：不但人類可以依止而隨學，天人也可以來人間學法，鬼道眾生也可以到人間來學法；畜生如果懂得語言，牠們也可以來學法；色界、無色界天人，也可以化現來人間學法。可是如果在色界天出現，欲界天人就無法學了，人類更無法學了。可是眾生會導致生天或下墮惡道的事業，都是在人間完成的；人間既是導致上升的處所，也是導致下墮的處所，所以人間是五趣六道的樞紐；若是在人間示現，可以接觸到諸道眾生，所以 佛當然要藉人類的五蘊在人間示現。

因此，經文一開始說到「**世尊食時，著衣持鉢入舍衛大城乞食**」，還要說到「**飯食訖**」，那麼到底 佛有沒有吃飯？有！可是經中又說：「**佛沒有生臟、熟臟。**」那又怎麼能吃飯呢？所以你如果悟了，怎麼說都通：法身佛不吃飯的，莊嚴報身也不吃飯的，可是祂示現在人間的五蘊可得要吃飯。如果祂的五蘊都不吃飯，想想看：大家少了多少供養的機會？供養諸佛是很不容易的，你要遇到 佛陀而且可以供養，機會是少的，是很困難的。雖然很困難，可是你們過去世都遇到過諸佛，也都供養過。如果不是這樣，你進不到正覺講堂來，必定「**已於無量千萬佛所**」供養過。雖然機會很少，但是過去有無量世，所以親自供養過諸佛以後才能進到這裡來。如果過去只供養一佛二佛、三四五佛，千百佛或者一萬佛、二萬佛，我告訴你，還是進不來正覺，還要在同修會外面去外門廣修六度萬行，因此說諸佛在人間示現一定有五蘊。

大家說：「聽說佛世尊今天遊行來到舍衛國了，我們大家趕快去禮佛吧！」大家相邀約就一起去禮拜佛陀了，可是到底大家是禮哪個佛？這可要探究了！一般眾生都是禮拜應化身佛，那個能夠受供養的、會吃飯的那尊佛，其實是應化身佛；不迴心阿羅漢們禮拜供養奉侍的也是應化身佛，他們都看不見法身佛。《金剛經》講的既然是金剛法，表示那是永遠不會壞滅的佛；可是應化身佛的五蘊都會壞滅，顯然不是《金剛經》講的佛、如來，所以到底見佛的時候是應該見到什麼佛才是眞實的見佛？如果見到的是五蘊身的佛，那是應化身佛，就不是「如實見」，那樣的見佛當然也是不如理的。因此佛問須菩提說：「你意下如何呢？可不可以從依於這個身相來當作是看見如來了？」須菩提當然知道　佛講的是什麼，因爲他已經迴小向大了，也已經證得如來藏了，才能夠跟　世尊對答；否則這般若經系的金剛般若內涵，他是沒有辦法對答的。他當然知道　佛在講什麼，所以就說：「不可以的！世尊！不能夠以色身之相來說已經看見如來了，因爲我知道世尊您說的身相，其實不是在講色身。」那麼到底是在講什麼呢？當然他的意思就是說：「世尊！您說的是眞實如來，不是這個五蘊如來。」因此 佛知道他說的意思了，知道他懂得世尊所說的道理，就提示說：「凡是有相的法，不論是什麼樣的法相，都是虛妄法。」

諸位去過禪三的人應該都不會犯這個過失，因爲我們最早期共修，並不是先共修兩年半，傳授了很多正知見以後才去禪三。那時候沒教什麼知見，直接就辦禪三，然後有的人參呀！參呀！就說：「老師啊！我看見一個東西，應該就是眞如了。」「什麼東西呢？」「它圓圓的，可是卻透明，沒有什麼形相，沒有色彩。」請問：圓圓的，是不是相？透明的，你感覺到它存在而透明，是不是相？（眾答：是。）還是相。早期就是有這些好笑的事，因爲那時才不過共修半年就參加禪三了，所學的知見都非常欠缺，才會有這樣的事情。現在我們書寫很多了，講經也講很多了，禪淨班的課程也都在二年半之中系統地教授過了，所以現在禪三不會有人說：「我看見一個透明的、好像圓圓的東西，那就是眞如心。」都不會這樣了。這意思就是說，不管所找到的心或物有什麼相，只要有相讓你講得出來，那就不是眞實法。因此說：「凡所有相，皆是虛妄；若見諸相非相，即見如來。」

這幾句經文，一般大師的解釋都是說：「你如果看見一切的相，不管是五陰相或什麼相，只要它是有相的，都是無常的，都是緣起性空；知道它是緣起性空，你就是看見如來了。」那這樣子，如來到底是什麼呢？他們這樣解釋的如來卻是斷滅空了！如果這樣解釋得通，這個「如理實見」就要改爲如理而不實見，就不是眞的如理了。換句話說，他們是要看見無常空、斷滅空才叫作如理了，所以不能像那樣解釋。應該說，如果在諸相之中，譬如說五陰相；五陰相有色陰相，有識陰相，有受想行陰相；在這些諸相裡面去看見了還有另一個無相的，那無相的就是如來，那才叫作眞實如來。

也許有人說：「那我知道了，這五陰之相裡面，這見聞覺知、離念靈知是無相的，所以我看見了見聞覺知、離念靈知時，就是看見眞實如來了，太棒了！我已經悟了，我下週不來聽經了。」然而那眞的是無相嗎？好多法師、居士都解釋說：「我們離念靈知是沒有物質的、沒有形象的，所以祂是無相。」眞的無相嗎？請問：這個離念靈知有沒有見聞覺知相？有！有沒有煩惱相？

有！有沒有世間智慧相？有！統統都有，怎麼會是無相呢？原來都誤會了！所以聽法、讀經的時候誤會法義的人，古今如是，一樣都是漫山遍野。眞正的無相，不但是沒有物質相、沒有色法相，乃至連見聞覺知相、六塵相、煩惱相、喜樂相、痛苦相都不存在，什麼相都沒有；連捨相都沒有，要這樣才叫作無相。如果說：「這個覺知心，現在冷氣正合適，正在講經的蕭老師也不會指責我說：『怎麼聽經時還在睡覺？』我心裡面很安適，我就打打瞌睡。這時候沒有苦也沒有樂，什麼相都沒有。」可是我告訴你，這也是相，這叫作「捨相」：捨苦、捨樂。捨的相還是相。什麼是眞正無相？要離開六塵，不與六塵接觸的就不會了知六塵，就沒有見聞覺知相，就沒有苦樂捨等三相，才是眞的無相。

可是，我這樣開示後，又有人誤會：「那這樣的話，我只要入定了，不接觸六塵，那就沒有捨相了，那我入定的時候就是開悟了。」可是，入定的時候覺知心眞的沒有了知嗎？對定境都沒有了知嗎？還是有呀！所以還是有法塵相與了知相。「那這樣，我懂了，不然我晚上回去睡一覺就沒有捨相了，因爲覺知心不在了，六塵相就消失了。」可是應該要想一想：覺知心不在了，是不是斷滅相？那又變成斷滅空，那就不叫「實見」，不符合本經這一品的「如理實見」；這應該叫作無見，不是實見。所以眞正的無相很不容易瞭解。有些人又說：「我只要打坐入定，什麼都不分別時就是無相。」如果這樣可以叫作無相，這一個覺知心是不是入定了？是。等一下要不要出定？要。有沒有入定相與出定相？有。若是在入定時可以叫作無相，出定時又叫作有相，那這個無相不是常存不變的，就是生滅法了！又有問題了！所以不能夠用意識心來揣摩實相的無相，一定要去親證。只要在意識境界中都是有相的，只是自己不知道那是相而已，便誤以爲是無相。

所以眞正的無相，只有第八識如來藏金剛心才是眞正的無相；但這個眞正的無相不能離相而得，也就是說你必須在有相法中去尋找，不能離相而得。有些人誤以爲說：「我要證無相，那就入定去。」可是入定了，就找不到祂，必須要在有相法中才能找到無相法；這個無相法叫作金剛心如來藏，祂是常恆不變的，是眞實，是如如而不變異的，所以祂才是眞實理；只有見到了這個如來藏的無相，才會眞的懂實相，才不會落入緣生性空的虛相中，才能說是「實見」。如果像一般大師說的「看見了諸相都是緣起性空，這樣叫作見如來」，那就變成把斷滅相的虛見當作是「實見」。可是斷滅相不能稱爲實，因爲將來五陰自己也要斷滅，不管是現在所見的斷滅相，或者將來滅後的斷滅相，那都叫作虛見，不能叫作「實見」。若是虛見就不如理，那樣的說法寫成文字時，這一品應該叫作〈不如理虛見分〉；所以眞實法必須要見眞如相，才能說是「如理」的「實見」；把這樣的所見寫成文字時，這一品才能命名爲〈如理實見分〉。

可是眞如究竟是什麼？在般若經中，眞如就是指第八識；在禪宗，眞如也是指第八識。在第三轉法輪諸經中的唯識增上慧學，則說眞如是第八識金剛心之所顯性；意思是說第八識如來藏，這個金剛心在諸相當中、在萬法當中顯現出祂是眞實存在的，顯現出祂有能生萬法的眞實性，也顯現出祂於諸法中運作時一向都是如；把這個金剛心的眞實性與如如性合起來就稱爲眞如，所以在第二轉法輪時期的般若諸經中往往說這個金剛心叫作眞如。但是到了第三轉法輪，爲諸地菩薩演說唯識增上慧學時，卻說眞如其實只是第八識心體所顯示出來的行相；是因爲祂有眞實性、如如性，由這個第八識金剛心藉著萬法顯示出來，所以說「眞如亦是識之實性」——眞如也是第八阿賴耶識的眞實法性。當你找到了如來藏時，你就看到眞如了！當你看到金剛心如來藏是眞實與如如的，這叫作證眞如；除此以外，別無眞如可證。你親自證實第八識的眞實與如如就是證眞如了，就看見佛菩提道實證的正道了，這個時候就稱爲眞見道；這時看見了眞如這個眞實理，是如理的眞實看見了，才能夠說是「如理實見」。

可是當佛菩薩在第三轉法輪的經論中說「眞如是識之所顯性」時，那到底眞如是生滅、還是不生滅？我想絕大多數的人都會說眞如絕對不生滅。但眞如如果是絕對不生滅的，請問：阿羅漢們入了無餘涅槃以後，還能不能看見他的第八識的眞如相呢？看不見了！因爲第八識金剛心的眞如相得要藉著萬法來顯示，當阿羅漢入了無餘涅槃以後，五陰十八界滅盡了，就看不到金剛心在五陰十八界中的運作了，那時第八識金剛心無形無色而不再顯示出來了，怎麼可能會有眞如相存在？所以對初學者來講，應該爲他們說「眞如不生滅」；可是對於已經證悟的人來講，卻要告訴他：眞如非生滅、非不生滅。譬如阿羅漢、辟支佛，他們還活在人間時，他們的第八識有眞如相具足顯現出來，可以被菩薩們看見，眞如確實是不生滅的；可是他們是定性聲聞，終究會入無餘涅槃，入涅槃以後就沒有眞如可見了，再也看不見眞如法性了，豈不是生滅？但不能因此就說眞如是生滅法，因爲菩薩證眞如以後，盡未來際永遠不入無餘涅槃，所以他的眞如是永遠存在的，永遠不生滅的；也能確定阿羅漢們的眞如是永遠存在不滅的，只是他們入涅槃以後再也看不見了。

當菩薩究竟轉依了第八識金剛心的眞如性以後，菩薩卻又說眞如不可見，而眞如自身也不見。眞如不可見，是因爲轉依了金剛心的眞如以後，從眞如的立場來看一切法時，還有什麼法可見呢？都沒有一法可見了。可是在沒有法可見當中，卻又有能轉依金剛心眞如的意識心繼續能見聞覺知，證悟以後應當如是轉依。所以，菩薩證悟如來藏以後繼續修學般若，有一天他會讀到經中有一句話說「以眞如不可得故」，他知道眞如爲什麼不可得；因爲眞如是你本來就有的，你的金剛心如來藏在你開悟之前，祂本來就是眞如法性。你開悟了，說自己眞的證眞如了，其實也沒有證，因爲你的金剛心本來就已經眞如，本來就眞實而如如；悟前如是，悟後也如是，所以你有什麼額外的眞如可證的？還是你的金剛心本來就存在、本來就是眞實而如如的；證悟時只是你能夠知道這個眞相而已，而你所證的金剛心的眞如卻是本有的，是本來就已經眞如了，並沒有經由修行來獲得本無今有的眞如，所以方便說你開悟時是證眞如。

如果說你證眞如了，現前看見第八識是眞實與如如了，那你有得到眞如了嗎？沒有，因爲眞如是你自己本來就有的。證得眞如，說你現在證了，所以得到眞如法性了；但問題是你得到了眞如法性，永遠都是你的第八識金剛心所有的法性，你的意識心固然開悟而證得眞如了，卻永遠不可能眞與如，因爲你的意識心還是和悟前一樣會夜夜斷滅；跌倒而悶絕了，離念靈知就斷滅了；被人家打了一記悶棍而悶絕了，離念靈知還是斷滅了，所以悟後的意識心依舊不可能變成眞如，而是你本來就存在的第八識金剛心本來就眞實而如如，祂才是眞如。所以開悟而證「眞如」，你也沒有得到眞如，而是你的如來藏本來就是眞如，悟後祂仍然是眞如，而不是眞如的覺知心的你仍然不眞如；所以眞如不可得，悟了以後要這樣看待。那也許你又想：「我現在又還沒有證到金剛心如來藏，你講這些，我根本聽不懂，我都只能猜測。」那也沒關係，等你兩年後、三年後、五年後、十年後，當你開悟了，我們今天講的內容會整理成文字，那時你再拿來讀，不就懂了嗎？所以也不必懊惱。

眞如不可得，經上又說：「如來之心不住眞如。」那到底是在說什麼？如來明明是證得佛地眞如了，竟然又說：「如來之心不住眞如。」因爲假使如來之心住於眞如，那如來還是有所住。以世間法來說，應該像什麼？像王永慶那樣，有錢我就用，從來不必去想說我很有錢。眞如，我已經證得了，我何必一天到晚想著說我已證眞如，你只管受用就好了；因爲證眞如以後就有很多智慧生起，你以這些智慧儘管演說、儘管利樂人天，不必一面講經說法、一面心裡面記掛著說「我證眞如了」，根本不必要；得要這樣轉依而無所住，你才能夠次第邁向佛地。如果老是時時想著「我證眞如了」，出去外面搭車時不斷地看著左鄰右舍，心裡不斷地自言自語：「都沒有證眞如。」（大眾笑……）。去到任何道場，又說：「這個堂頭和尚沒有證眞如，這位大師也沒有證眞如。」那就表示你住於眞如了，那意味著什麼？意味說你一直都停留在眞見道位，你沒有向上轉依成功，你也沒有轉進。

眞見道以後，應該要向相見道位轉進，要轉入相見道位不斷地修學。當有人向你請教眞如的法義，你就爲他宣說什麼叫作眞如，但是不必牽掛自己有沒有證眞如。有大師說：「開悟以後要時時保持著，不然悟境會退失。」這樣講對不對？錯了！錯得一場糊塗。假使有大師這麼開示，你一聽，當場「哈！哈！」兩聲，轉身就走，那表示他沒有開悟。他如果聰明就說：「居士！請留步！」或者說：「闍黎！請留步！稍後奉茶！」他應該如此，可是現代那些大師們都拉不下臉，一定不會這麼講。等你走了以後，他們反而會講一些風涼話，背地裡諷刺你，那就表示他們都還沒有悟道的因緣。所以證眞如以後要轉入相見道位繼續向上進修，轉入相見道位以後你就可以利樂諸方大師；當他們亂講般若時，你就當場站起來「哈！哈！」兩聲就走人，他就知道自己錯了。

因此，眞如這個法，你證得之後、現觀之後轉依了祂，轉依了祂以後就不需要去分別：他有證眞如，我沒有證眞如。或者：我有證眞如，他沒有證。都不必作此想。因爲如來藏依眞如法性，從來不起此想，這樣才得解脫。如果證了眞如以後在聽眾席上坐著，心裡面就嘀咕：「這大師根本就沒有證眞如，還以開悟聖者的身分在那邊說大話，欺矇眾生，這個人眞可惡！」這時候你不是起煩惱了嗎？那就表示你沒有轉依眞如成功。金剛心如來藏自己是從來都不了知自己是否眞實與如如的，所以這個眞實如來是不住於眞如的；祂是顯現自己有眞如法性而從來不了知自己住於眞如法性中的，所以眞實如來是不住於眞如的；再從究竟佛地的意識心來說，如來就只是把所證的智慧拿來用，從來不觀自己證與不證，所以也說「**如來之心不住眞如**」。

如果證眞如以後還是執著有眞如，那就已經不是眞如了；所以悟後很久了，不會在意人家怎麼說。當你在外面素食館用午齋，旁邊人家在說：「**眞如是如何、如何、如何……。**」講得一大堆離譜的佛法，你既不會起煩惱，也不會噴飯；不管他講的錯得多麼離譜，你也不會，因爲你會覺得說：凡夫眾生就是這樣。那麼我們轉依眞如，根本不去管他，所以你也不會去參加他們的討論，說：「**你這樣講錯了，眞如應該如何、如何……。**」因爲當你去插話了，一定會跟那些有慢心的凡夫們諍論，諍論的時候已經不眞又不「如」了；這樣毫不在意，才叫作轉依眞如。轉依眞如以後，從眞如自身來觀待一切法中的眞如法性時，又說沒有眞如法可說了，所以這時候你也可以說「**眞如不可得**」。所以你如果慈悲他，你就爲他說：「**眞如不可得。**」那他問你：「**眞如不可得，要怎麼得？要怎麼修眞如？怎麼證眞如？**」你就說：「**不可**

得中，就如是得。」這樣就好了，就夠了。如果他有因緣，他自然會來跟你求法。如果那是個有慢心的人，他就會罵你。他罵你了，你就問他：「你知道這罵是什麼嗎？」如果他有智慧，他就會閉嘴好好去想。如果他沒有智慧，他就接著罵：「神經病！」

這意思就是說，其實「**若見諸相非相，即見如來**」，如來不可以身相見，就是說如來所說身相即非相，這個是在顯示般若的眞實體。也就是說，般若的眞實體到底是什麼，你要去弄清楚，你要在「**諸相非相**」之中去尋找。正法相、非法相中你都得要好好地找，在諸相之中去找到一個沒有相的、非相的，這樣你終究有一天會去找到一個無相的、非相的眞實心，祂就叫作如來藏。當你找到這個金剛心如來藏了，你就可以現前觀察祂的眞實性、如如性，這時候你就稱爲證眞如。證眞如了以後，你就可以住在大乘本來解脫的智慧境界中了。

這一段經文，菩提流支有另外一種翻譯，他這樣譯：【**佛告須菩提：「凡所有相，皆是妄語。若見諸相非相，則非妄語。如是諸相非相，則見如來。」**】他這個譯文其實譯得不好，不過譯得不好中，我們卻接受他，反而說他譯得好；因為還沒有找到如來藏的人，你不能要求他譯得完全正確；不過為了保持密意、覆護密意，他譯錯了倒是好，是因為譯錯了所以說他譯得好。這就是說，眞實法必須要用暗示的手法來說，你如果明說了，眾生都無法信受，並且他們將會失去體究的過程，而體究的過程其實就是徹底殺死我見的最好方法。有了體究的過程，一再地否定、否定、否定，把所能找到的誤以為是眞如的五陰或識陰中的生滅心都給否定盡了，我見就不會再生起了。我見不會再生起，他對於再也無可尋覓的法，除了所找到的金剛心如來藏以外，再也沒有別的東西可以被他找到了，他就會信受了。當他眞的信受所找到的金剛心如來藏了，實相般若的智慧就能生起，般若眞實智慧就源源而生，這樣對他才是有利的。所以沒有開悟的菩提流支這個部分翻譯錯了倒是好，因為陰錯陽差的就為眾生保留了自己參究體悟的機會。

所以，般若經的眞實義都是意在弦外，般若經不會明白顯示那個月亮在哪裡；般若經只是一個指月的手指頭，你要藉著它所講的方向去找到那個月亮。這就像畫國畫，人家說烘雲托月；畫國畫時，在畫那個月亮的時候都有畫雲，否則就得把天空畫得很黑暗；你找不到一幅國畫說畫月亮是沒有雲的，找不到一幅畫月亮的國畫中天空是純白明亮的；若沒有雲或黑暗的天空，就顯示不出那個月亮。畫月亮，你什麼時候看過說國畫時畫的月亮是畫一個圓圈？沒有！都是把旁邊的烏雲畫上去，然後空出一個圓形的空白處，那就烘托出一個月亮了。烏雲是不美的，可是由不美的烏雲顯示出那個美的月亮出來。同樣的，你要證如來藏，不要嫌棄種種煩惱；煩惱法是不美的，五陰也是不美的，可是不美的煩惱與五陰能夠烘雲托月一般，就把如來藏和祂的眞如法性顯示出來了。

所以，有智慧的人講烘雲托月，跟沒智慧的人講烘雲托月，會是不一樣的講法。沒智慧的人會說：「**我要把一切煩惱丟掉，當煩惱丟掉以後，我的眞心就顯示出來了。**」錯了！反而應該住在煩惱之中，你才找得到如來藏。不懂佛法而強以爲懂，他就會開示說：「**我們要把五陰滅掉，滅掉五陰以後剩下的就是如來藏。**」問題是你五陰滅掉了，你自己不存在了，又有誰能去找到你的如來藏？結果是像阿羅漢一樣，把自己滅掉以後還是不知道如來藏在哪裡，這個就叫作邪師說法誤導眾生。因此你要眞實找到這個金剛心如來藏，實證金剛法性而到達無生無死的解脫彼岸，得要藉著不美的法、不善的法，也就是藉著煩惱與五陰來找到你的如來藏，才能證得金剛法，不能想要滅掉五陰進入無餘涅槃中去找到剩下的如來藏金剛心。

過來人知道這個道理，把種種正確的知見教導給你，而般若諸經講的就是這個道理，禪宗祖師們講的也是這個道理；就是在藉著種種煩惱法，教你不可以捨棄煩惱法，要留著這些煩惱法，藉這些煩惱法來找到如來藏金剛心；這些五陰十八界等等煩惱就像那些烏雲，如來藏就像那個明月。有過來人指導，找如來藏其實是很簡單的，所以他可以巧設種種無量無邊的現代公案，隨手拈來都可以幫助你。這就像現代立體的三D佛像，不懂的人再怎麼看，都是一些破破碎碎的佛像；可是已經看見的人，他可以教導你用什麼方法去看，只要把這個方法爲你教導了，你努力去實行，想要看見畫中的立體佛像就不需要很久。有的人很快，我教導他以後不到一分鐘，他就看見了；可是有的人這方面的智慧比較差，得要看很久，看到半個鐘頭時才終於看出來；可是有的人總是看不出來，永遠沒有辦法看見，老是說：「在哪裡？我怎麼看不見，那立體的佛像在哪裡？」這就是他看見的因緣還沒有成熟。同理，證悟的因緣如果成熟了，給你一塊胡餅，你就悟了。如果是利根人、上上根人，都不必給你胡餅，只告訴他「胡餅」兩個字就夠了，他連胡餅都還沒看見、還沒接到就開悟了。所以眞正要求悟，你得要先分辨眞假善知識。眞禪師、假禪師，一般人都看不出來。眞禪師上座，拂子才剛剛一舉起來，又放下走了；而假禪師也來這一招，你要怎麼分辨他有悟或沒悟？眞正的禪師假使座下有弟子眞正悟了，是在外面悟了，也就是在外面參訪的遠行途中悟了回來，這弟子會表現他悟在何處，禪師一眼就看出來了：我這弟子眞的開悟了。這裡面當然有蹊蹺，到底那蹊蹺在哪裡？那就只有家裡人才會知道。

所以這一品中說的「如理實見」不是容易的，可是不如理而說他是實見的人，那是古今同出一轍，所在多有。我們就以明朝著作《金剛經宗通》的曾鳳儀來講，他是怎麼說的？我唸給諸位聽聽看，諸位可以判斷，看他落在什麼地方：【此須菩提所見，已知法身無相，猶未明法身不離乎相也，故佛印可之曰：「凡所有相，皆是虛妄。」一切有爲之相，皆從妄念而生；妄念本空，無有自性；念尚無性，況所現相而實有耶？不但三十二相如幻不實，凡世、出世間一切聖凡等相皆非實也。】他落在哪裡？落在意識心有念、無念上面，所以他說一切有爲之相皆從妄念而生，所以他也是離念靈知的信徒，落在離念靈知上面。

曾鳳儀又說：【不但三十二相，相即非相，是名如來；凡世、出世間一切諸相，相皆無相，無非眞如無爲法體。一眞平等，無二無別，總法界性爲一法身。如是見者，由證乃知。故不以虛妄之相見如來，而以微妙之相見如來也。】所以他所見的如來還是有「微妙之相」，還是落在相上，可是他自以爲是無相，認爲微妙之相就叫作無相，這是他的見解；所以他這樣一來，眞如法身與微妙之相就變成兩個法了。明明說是無相，他卻說要用微妙之相見如來，說微妙之相的如來就是眞如法身。一旦悟錯了，講出來、寫出來時，人家從他所講、所寫的一段話、一句話中，就可以判定他有沒有悟了。

所以前幾年，會外有些人總是批評我說：「這蕭平實眞狂！人家才短短的一段話，他就判定說人家沒有悟，他也沒有把人家的整本書都讀完就下判斷。」如果他說離念靈知是不生不滅的，我只要憑他這一句，就知道他落入意識心中，我見根本沒有斷除，根本就沒有證得第八識金剛心，這就足夠判定他沒有悟了，何必要讀完他整本書？哪來那麼多美援的時間！（編案：「美援」是美國所援助之意。台灣在四〇、五〇年代極貧困，美國常常以美元及食物、舊衣……

等給予援助。後來台灣民眾就以美援二字喻指由別人贈送的剩餘物資。）所以禪師不是像他們那樣當的。如果禪師都得要讀完人家整本書才能判斷，那就不叫禪師了，那得要叫作依文解義的法師了！說法之師就是這樣，得要整本讀完以後才思惟一番而作下判斷。可是禪師不是說法之師，他不必整本讀完，只要從關鍵處的一句話就可以直接判定了。所以曾鳳儀這樣的說法，他是變成有兩個法了，不是絕待無依的實相。所看見的是相待的兩個法，怎麼會是如實見呢？如實見的法，一定是絕對待的，沒有第二法可以取代的，那才叫作如實法。曾鳳儀的《金剛經宗通》說的卻變成兩個法了：一個是無相眞如法身，一個是微妙之身。那怎麼可以叫作眞實法呢？這一段經文的理說就講到這裡，再來看看宗門怎麼說：

《黃龍慧南禪師語錄》卷一：【師室中常問僧：出家所以、鄉關來歷。復扣云：「人人盡有生緣處，哪箇是上座生緣處？」又復當機問答，正馳鋒辯，卻復伸手云：「我手何似佛手？」又問諸方參請宗師所得，卻復垂腳云：「我腳何似驢腳？」三十餘年，示此三問，往往學者多不湊機。叢林共目爲三關。】（普燈禪師於此文次云：「脫有酬者，師未嘗可否，人莫涯其意。有問其故，師曰：『已過關者，掉臂徑去，安知有關吏？從吏問可否，此未透關者也。』」）

這就是禪門很有名的黃龍三關，但不是禪宗講的破初參、重關、牢關等三關。我們來解釋一下。黃龍慧南禪師在方丈室裡面，凡是遇到有人進來參問時，他常常會向來參問的僧人問：「你爲什麼出家？」這就是問「出家所以」：出家的所以然是什麼？你爲什麼出家？你出家是爲了什麼？這是個大題目，總不能夠說：「我出家就是爲了混飯吃。」出家之目的不是爲了要當粥飯僧，當然是爲了探究生命的眞相：生從何處來？死往何處去？如何是父母未生前的本來面目？這就是問「出家所以」。接著，這個問完了就問「鄉關來歷」。鄉關，是問說：「你是哪裡人呢？」來歷，是問說：「你從哪裡來啊？來我這裡之前去過什麼地方參學呢？」都問這一些，這就是黃龍禪師的第一關。一般不懂禪的大師總是解釋說：「禪師好關心我，都問我爲什麼出家，問我住在哪裡，從哪裡長大的，故鄉在哪裡，又曾經去過哪裡而最後才來到這裡，眞的很關心我。」錯了！那都是不懂禪的愚癡人所說，這樣想、這樣解釋的人，表示他離禪還遠著，還在十萬八千里外！十萬八千里應該超過美國了吧？到美國可能還不到十萬八千里吧？所以禪師的作略不是眾生所能想像的。

禪師們問這些話都有他的道理，只是聽得懂的人太少了。如果因為這樣而覺得說：「黃龍禪師好關心我，我乾脆就在黃龍禪師座下去歸依他、依止他。」可是依止之後，才知道原來黃龍禪師都不關心他，因為今天叫他去田裡面除草，明天叫他去打掃架房。架房懂嗎？就是廁所啦！後天叫他去為竹子培土，大後天又叫他去摘楊花，一天到晚忙得不得了；他心裡面開始覺得奇怪：「當初禪師那麼關心我，怎麼現在都一天到晚在奴役我？」其實不是！當初既不是關心他，現在也不是奴役他。可是有誰知道黃龍禪師第一關的道理？有誰知道黃龍禪師的眞意？都把他的無上好意給誤會了。

黃龍禪師，如果有人來問，當參訪的僧人問了法，他也問了「出家所以、鄉關來歷」以後，他接著就說：「人人盡有生緣處。」也就是說，每一個人的法身慧命都有出生的因緣，隨即請問來人：「哪個是上座你的法身慧命出生因緣的地方呢？」多數人被這麼一問，都是啞口無言。這個啞口無言，禪門有一句很有名的話，叫作「口似扁擔」，嘴閉得緊緊地，好像一根扁擔；不然就說是「口掛壁上」，嘴巴已經掛在壁上而不在自己的臉上，當然就不能講話了。眞可憐喔！不管來者是大經師、是大座主，來到禪師面前就沒有開口的餘地；阿羅漢們來到眞悟禪師的面前時也是一樣，都是口掛壁上。假使有人參學過很多道場，學得許多禪門應對進退了，於是有樣學樣而依樣畫葫蘆時，黃龍禪師看到來者有種種的言語機辯，這個時候黃龍禪師就伸手出來問對方說：「**我的手爲什麼如此像佛的手？**」（此時平實導師把手伸出來。）諸位看看有沒有像？（大眾笑…）眞的像嘛！如果這樣還覺得不像，（平實導師又以說法的手印示現自己的手。）那這樣總是像了吧？（大眾笑…）像呀！然而到底像在何處呢？

有的時候人家參過很多地方來了，黃龍禪師這個「**我手何似佛手**」已經問過了，他就從禪床上（本來是盤腿的），他就把腿放下來又問：「**我腳何似驢腳？**」我的腳爲什麼如此像驢子的腳呢？到底像不像呢？一般愚人都會這樣說：「**禪師！您太見外了！太看輕自己了！您的腳怎麼會像驢腳？根本不像呀！**」可是我告訴你：「**太像了！**」沒有辦法說二者之間有一點點的不像。這是黃龍禪師的第二關嗎？不是！已經第三關了。

諸位想想，那麼第一關到底在哪裡？第一關是什麼？第一關就是常常問來訪的僧人：出家所以、鄉關來歷。這就是黃龍三關的第一關。好多人當黃龍禪師把這第一關已經施展過了，他還不知道這就是第一關，等到黃龍禪師伸手出來時才說這是第一關，垂腳下來時才說這是第二關，然後聽人家別的開悟禪師說：「黃龍三關，你已經全都考過了，不及格！」他想說：「哪有三關？明明只有一個伸手，一個垂腳，哪有三關？」當他說沒有三關的時候，那眞悟的禪師一定是把他痛棒趕出去；因爲黃龍第一關就好像那個環境背景的輕音樂一樣，叮叮噹噹問話之中就已經過去了，他都沒有感覺到。所以諸位親教師們，以後萬一外面有人自稱是參禪僧，當他們來了，你就問他們「出家所以、鄉關來歷」，看他們會不會？所以黃龍三關，這樣已經施展過了，不知道諸位從這些「所有相」中看見了「非相」沒有？若是眞的看見了，你就知道黃龍禪師這三關爲什麼會被眞悟禪師們稱爲三關，你就會懂得：問問來者「出家所以、鄉關來歷」就是第一關，你就會懂了。

黃龍自己施設的這三關，後來普燈禪師有這麼說：「假使有能針對黃龍禪師這三關來作應酬的人，當那個人應對了、酬答了，可是黃龍禪師總是未嘗可否。」他都不說你這樣是對、這樣是不對，不管人家應對有沒有合乎禪門的宗旨，他都不作評論。我在會裡也都是這樣，有人宣揚正法時我通常都不作評論；可是對會外的大法師誤導眾生，我都要作評論。所以有時候某些同修也許私下說他已經登地了，也許說是七地、八地了，我都說：「好！好！好！」我都不作評論，這叫不置可否（編案：但因這是大妄語，總是會有人舉發而要求當事人在布薩時懺悔滅罪）。但是如果有一天他開始反對正法了，我就會開始評論了，通常我總是隨喜。因為黃龍禪師從來「未嘗可否」，所以禪門中人沒有人知道他到底是在講什麼、在想什麼、在說什麼，都不知道，對於他的意旨總是摸不到邊。

有人說：「這黃龍禪師為什麼都不置可否？」所以就來問他說：「禪師啊！某甲這樣應酬你的話，某乙那樣應酬你的話，某丙又另外一種應酬你的話，那到底是對還是不對呢？您怎麼都不表示意見？」黃龍禪師就說：「已經過了關門的人……」古時候出城進城都要過關，城門都設關卡來管制；什麼人不許進出城門，什麼人可以進出城門，都有關卡。黃龍說：「已經過了城牆關卡的人，甩起手臂直接就走了，哪裡還去在意那個守關的官吏呢？如果還要向那個守關卡的官吏去問能不能過關，或者是還在思量自己有沒有過關了，那都是還沒有過關的人。」所以黃龍禪師的意思很清楚了，從普燈禪師記下來的這一段話，這黃龍禪師的意思夠明白了：你如果已經過關了，你不必問我這三關是什麼，也不必問我說你有沒有過關？你早就知道是過關了。如果你還要問我說你這樣算不算過關，那就表示你還沒有過關。所以黃龍禪師很有智慧，根本不必麻煩地為人家印證；因為，為人家印證時還得要細細勘驗，很辛苦的。他都不必管這個事情，所以有智慧的人應當這樣子作。關於這一段經文，我們再舉一個公案來作宗門的說明：

【天童宏智正覺禪師　舉經云：「『若見諸相非相，即見如來。』法眼云：『若見諸相非相，即不見如來。』」師云：「世尊說如來禪，法眼說祖師禪；會得甚奇特，不會也相許。」】

你說禪門奇怪不奇怪？世尊這一段經中明明說：「若見諸相非相，即見如來。」法眼清涼禪師卻說：「若見諸相非相，即不見如來。」剛好跟世尊說的相反。然後天童禪師卻是另一種說法：「世尊是講如來禪，法眼禪師則是說祖師禪；如果你能夠體會到這裡面的眞實道理，那你眞的是很奇特；可是你如果不會這裡面的道理，我還是相許的。」意思是說，我還是認可你。

這到底是怎麼說法的呢？眞的好奇怪！可是等你悟了，根本都不奇怪；因爲「若見諸相非相，即見如來」，其實就是法眼說的「若見諸相非相，即不見如來」，我告訴你，是同一個東西。

天童禪師說：「世尊講的是如來禪，而法眼講的是祖師禪；你如果能夠體會出來，那你眞是很奇特的人，眞的不簡單；可是你如果無法體會，我說你無法體會也是對的。」因爲你如果懂得體會、能體會，那你就錯了；你如果不能體會，不知道怎麼體會，也不會體會，那你卻是對的。所以你看，三個人有三種說法，佛的說法與兩尊菩薩的說法，各不相同。可是在我看來都相同，而我也藉他們的說法，已經把不同的說法告訴你，讓你知道其實是同一種說法，那就要看你怎麼聽了。

也許你心裡想：「你只是在籠罩我啦！你們講禪的慣會籠罩人啦！」可是我告訴你，我沒有籠罩你，而且我眞的已經把密意告訴你了。所以「如理實見」的人應當要這樣見，應當要這樣說，這樣來度眾生，才符合《金剛經》的眞義，這才是眞正見道的人。所以大乘法中的見道不容易，人間只要有一個人在大乘法中見道，馬上就聲聞諸天，立刻就會傳上天界諸天去；只要人間見道的人越多，諸天就越安樂；因爲修羅會越來越少，諸天天眾將會越來越增廣。所以，你們自己不會說自己悟了有多麼了不得，可是只要你悟了，立刻就聲聞諸天。現在諸天最高興時是什麼時候？是我們辦禪三的時候，這一個人悟了，就傳上去說某某人開悟了，一天又一天傳上去；然後過了五分鐘、十分鐘又有一個人開悟了又傳上去（大眾笑…）。你不要以爲我們在講笑話，這是眞的。所以針對上面說的這些密意，我簡單的作個頌：「會得此中意，方解金剛旨；如理實見分，眞實示月指。」「如理實見」的正理，我已經把道理告訴你了，你有沒有看見那個明月，就看你了。可是明月究竟在何處？如果你找到了那個明月，你也就證眞如了。明月譬喻如來藏，眞如譬喻明月的眞實存在皎潔不染，這樣證才是「如理實見」如來的人。

天童禪師講得好：「會得甚奇特，不會也相許。」還記得嗎？有人問禪師：「如何是佛法大意？」禪師隨便跟他講了一句話，這個請問的人回答說：「我不會。」因爲禪師講完隨即問他：「你會麼？」他說：「不會。」可是禪師卻說：「不會最親切。」還記得嗎？所以你如果會了，你眞的奇特；可是如果不會，不會也是對的。因此，天童禪師才會說：「你如果不會，我還是相許。」那你又該怎麼辦？無計可施！既然無計可施，你就去找你自己那個不會的。所以你如果找不到，下週來了，問我：「我找不到咧！」我一定問你：「你爲什麼找不到？」你如果說：「我就不會找呀！」我就指點你說：「我也不會呀！」（大眾笑……）所以要記住了：「不會也相許。」到這個地步，你如果通透了「會得甚奇特，不會也相許」，到這個地步，說見也可以，說不見也可以，隨你怎麼說；你說有見也可以，說沒有見也可以。但是如果對學人，他們說見，你就不許他；他說不見，你也不許他；你倒說說看，這個蹊蹺在什麼地方？這個蹊蹺在哪裡呢？我告訴你吧——在你的睫毛上！

〈正信希有分〉第六

【須菩提白佛言：「世尊！頗有眾生得聞如是言說章句，生實信不？」佛告須菩提：「莫作是說。如來滅後，後五百歲有持戒修福者，於『此』章句能生信心，以『此』爲實，當知是人不於一佛、二佛、三四五佛而種善根，已於無量千萬佛所種諸善根。聞『是』章句乃至一念生淨信者，須菩提！如來悉知悉見是諸眾生得如是無量福德，何以故？是諸眾生無復我相、人相、眾生相、壽者相，無法相、亦無非法相。何以故？是諸眾生若心取相，則爲著我、人、眾生、壽者。若取法相，即著我、人、眾生、壽者，何以故？若取非法相，即著我、人、眾生、壽者。是故不應取法，不應取非法。以是義故，如來常說：『汝等比丘，知我說法如筏喻者，法尚應捨，何況非法？』」】

講記：須菩提向佛陀稟白說：「世尊！有沒有可能將來眾生一聽到像您這樣的言說章句，便能生起對眞實法的信心呢？」佛陀告訴須菩提說：「你不要這樣子說。如來入滅以後，到了末法最後五百年時，還有人能夠受持佛戒而修集福德的人，對於我在這部經中解說『這個』的章句，能夠生起具足的信心，認定『這個』是眞實法，應當知道這個人過去無量劫來，並不是只於一佛、二佛、三四五佛而種善根，其實已經於無量千萬佛的所在種下種種善根了。聽聞『這個』的章句時生起具足的信心，乃至只曾經突然一念生起清淨信心的人，須菩提啊！如來全都知道、全都看見這樣的許多眾生已經獲得這樣無量的福德了，爲何這麼說呢？是因爲這些眾生已經不再有我相、人相、眾生相、壽者相了，他們已經沒有法相、也沒有非法相了。這是什麼原因呢？這些眾生如果心中還有取相，就是還執著我相、人相、眾生相、壽者相的人。如果心中還執取法相時，就是執著我相、人相、眾生相、壽者相，是什麼原因呢？如果執取非法之相，就是執著我相、人相、眾生相、壽者相的人。由於這個緣故不應取著法相，也不應取著非法之相。由於這個眞義的緣故，如來常說：『你們所有比丘們，若知道我所說法猶如過河皮筏的譬喻的時候，就知道法尚且應該棄捨，何況是非法呢？』

這一段經文想必大家都是耳熟能詳。這一分說的是「正信希有」，看來，具有正信的人確實是很希有的；因爲這一品的品名已經告訴你，正信的人是很希有的。請問：希有的具有正信的人，會是當代佛教中很普遍的嗎？顯然不是！意思是眞悟的人本來就是很少的，不會是多數大師都悟了而只有一個蕭平實悟錯了。既然正信而希有的人是不普遍的，那一些講《金剛經》的人那麼多，他們是不是正信者？諸位就要打量一下了，因爲《金剛經》中明白地說正信的人是很希有的。既然是希有的，就顯示說，絕大多數宣講《金剛經》的人悟錯的可能性是很高的，大多數人並不是正信者。這就是這一品的品名之中要提點諸位建立起來的正確觀念：正信的人是很希有的。對於《金剛經》能夠有正確認知而具有正信的人，絕對是希有動物。不是末法時代的當代才如此，而是古時就已經如此了。

當然，也許有人這麼想：「**這蕭老師終於講一點比較淺的，現在開始講《金剛經》了。**」因爲我們以前講的都是深妙的唯識種智的妙義。問題是：《金剛經》眞的淺嗎？雖然這只是總相與別相的智慧，還沒有談到方廣種智的內容，可是當你把這一品聽完了，就知道《金剛經》其實一點都不淺；因爲這一品一開頭就當頭棒喝了：對《金剛經》擁有正信的人是希有的。不過如來在這一品裡面特別開示說，這是針對末法時代僅剩的最後五百年時候的人來說的；所以諸位這樣一聽，知道自己現在的年代還不是最後五百歲的時候，應該還可以稍感安慰說：現在講《金剛經》的人，也不見得是每一個人都錯誤、都變成邪信，所以至少還有少數幾個善知識是擁有正信的。這樣一想，心中也就寬慰一點。不過，到了「後五百歲」時是怎麼回事？就來看看這段經文中是怎麼說的。

須菩提向　佛稟白說：「世尊！會不會常常有眾生能夠聽聞這部經所說的這一些言說，以及各章各句的法義以後，不會認爲是在解說諸法虛妄，而生起了『眞實』之想的信受心呢？」佛告訴須菩提說：「你不要這樣子說。如來入滅以後，到了佛法存在的最後五百歲時，如果有人守持佛法的戒律，並且能殷勤地修集福德，他們那時若是對於《金剛經》中的各章以及這些法句能生起信心，把這裡面所說當作是眞實法的人，你應當知道這個人在過去生中，不是只有曾在一佛、二佛、三四五佛之處而種下善根，並且已經是在無量千萬佛所在之處種下了種種的善根了。」因爲我弘法以來所見的事實，眞的如此，世尊又開示：「聽聞到《金剛經》中各章各句以後而能全部信受，乃至或者只是一念之間生起清淨信的人，須菩提啊！如來全都知道、全都看見這樣的眾生得到了如此無量無邊的福德。爲什麼我如此說呢？因爲這一些眾生們已經不再有我相、人相、眾生相與壽者相了，他們不再落於法相中，也不會落於非法之相中。」當你們在正覺同修會裡面實證了，自然就這樣看見了，世尊又解釋說：「爲何如此呢？這一些眾生們，如果心中已經對種種法有所取相，那他們就是執著我、人、眾生與壽者等四相。」世尊解釋說：「爲何如此呢？因爲如果他們取非法之相，就是執著我、人、眾生與壽者。由於這個緣故，不應該認爲金剛心這個法是實有就加以執著，但是也不應該執著說這個金剛法不是實有。由於這個道理的緣故，我釋迦如來常常這樣說：『你們這些比丘們若知道我說法就好像以羊皮筏所作的比喻一樣，就會知道法尚且應該要捨棄，不可執著，何況是對於非法，更不應該去執著而應該捨棄。』」

這是從字面上依文解義所得到的意思，也許有人已經聽出弦外之音了；然而這弦外之音可能十人之中卻有九人沒聽出來，所以我還要再說明一下。因爲有人認爲說：「《金剛經》？那很淺啦！到處都有人註解，有人在講，這個並不深啦！」可是知道它不深的人，必須是知道它的弦外之音，才可以說眞的知道它不深；對於沒有證得金剛心如來藏的人而言，般若甚深極甚深。這意思是說，凡是還沒有證悟的人，《金剛經》對他們其實都是很深的。儘管他們覺得很淺，但他們的想法是錯誤的，因爲實際上是不懂而自以爲懂。一般人的想法是認爲：「這不過是中國字，我爲什麼不懂？」可是這樣就變成依文解義了！然而 佛說諸般若經時總是有弦外之音，這要能夠聽出來，才能夠說它不深。

我們這裡再把它作一個詳細的說明。須菩提悟了大乘以後，他想：對於《金剛經》所說的言說章句，能夠生起眞實的信心而不是虛妄斷滅法的信心，應該不是很難。爲什麼他要這麼問？因爲他證悟的時候並不覺得很難，但其實是因爲他證悟的緣熟了，所以他證悟時並不怎麼困難。這就像我以前破參的時候覺得說：「這個很平常，沒什麼難。」因此，以前也沒有共修兩年半再去打禪三才開悟，而是平常共修，當大家在禮佛的時候，我就一個一個抓來小參，就直接把他們弄出來了。最早期是連禪三都沒有的，也沒二年半的基礎知見教導；可是被我這樣子弄出來的人，如今死傷殆盡，只剩下一位。後來是半年辦一次禪三，共修滿半年時就辦一次；到最後一天若還是參不出來時，全部叫過來一起明講；這樣子辦禪三的結果，雖然沒有死傷殆盡，但是到如今還能夠留下來的人，大概就只有四個或五個人。

我們正覺第一次辦禪三時總共只有二十八個人參加，那時候我都不觀察各人證悟的因緣熟了沒有，在最後一天全部明講；到現在爲止，法身慧命還活著的人就只有四、五個人。爲什麼我當初會這樣荒唐？因爲我覺得這個很簡單，明心太容易了，這沒什麼困難，何必要刁難人家呢？因爲我想：我把這一世的師父教的全部丟掉，在家裡面壁時，我就開始參：「什麼叫作明心？什麼叫作見性？開悟應該是明心與見性，不該是一念不生。」就這樣，然後開始思索：「什麼是明心？明心應該明什麼心？如何是見性？見性應該是見什麼性？」當然是見佛性，問題是佛性到底是什麼東西？這樣從法上入手思惟以後，沒多久就全部解決了！所以我覺得說：這個太容易了，這也沒什麼。因此就對參加禪三的人統統有獎。但是他們得的容易，死得也容易，大部分人的法身慧命都死了，好多人退轉了。

胎兒在母親懷中如果才只有兩個月就出生了，絕對死定；如果是半年後出生的，那叫作早產兒，一定要用保溫箱，還要用很多的心神去照顧他，否則活不了。所以第一次禪三下來到如今，沒有陣亡的，現在大概只剩下四位或五位，這還是我在他們「悟後」不斷地教導，不斷地增長他們的智慧才能存活四、五個人，統統有獎而明說的結果就是這樣。所以一般人覺得說，開悟明心太困難了；如果眼見佛性，那根本不能想像。可是我當初就覺得：「這二關都很容易，這沒什麼。」那時也沒有人告誡我說：「要保持密意、覆護密意。」都沒有呀！所以我當年就這樣子，放手極奢，奢侈得不得了。但是後來陣亡的陣亡，半身不遂的半身不遂，能夠派上用場的人並不多；而能夠繼續留下來的（我是說第一次禪三通過的人），現在不過剩下四位或五位。所以對於當時自參自悟而且悟得容易的我來講，往往覺得：到了未來世中，對於《金剛經》這個章句，聽聞之後能夠把它認為是眞實法而不是斷滅空、不是一切法空，這樣的人應該很多才對。我當年一直是這樣想的。

因為是這樣想，所以我也認為多數的人對於能幫助他們開悟的公案，都應該會把它們當作寶貝一樣；所以我們《公案拈提》第一輯（那時候叫作《禪門摩尼寶聚》，只有兩百多頁），那時候我想：這本書印出來以後鐵定是洛陽紙貴。所以一次就印了五千本，沒想到賣了兩年才賣出一千來本，這在當時的台灣佛法書籍來說已經是很高了，可是我還有將近四千本的庫存在，就覺得說：「奇怪了！這些都是可以幫人開悟的東西，講得很直接的，爲什麼他們不懂得要買？」那時是第一次感覺說：「原來眾生的根基，不是我所認知的那麼好。」所以在寫第二輯的時候就學乖了，改爲印二千本，從此以後都只印二千本。在一般的佛法書籍來說，他們一般的出版社，除了大山頭以外，一般的出版社出版的佛學書籍，都是每刷一千本，兩年賣不完，通常是這樣的。所以現在我們書都是每一刷兩千本，不到一個月就賣完（今年），這也算是很好了。我們又不是大山頭，能賣這樣，已經太好了。

這就是說，我對佛教界程度的認知，是從很高跌到谷底，然後再慢慢拉上來，現在第一刷二千本印出來，通常一、兩個月就賣光了，不到二個月就得加印第二刷了。所以外面的佛學書籍，他們的版次是以一千冊算一版的。如果這樣講的話，我們《無相念佛》現在應該算是差不多一百多版了，但我們首刷三千冊以後再刷八千冊，接下來就改爲每刷印一萬冊了；這五、六年來，每一刷都是印二萬冊；在小小的台灣島上，佛學書籍能夠流通這麼多的還眞是少見。

所以悟得容易的人，他的看法跟一般人不一樣。一般人認爲：「開悟，那不是我們的事；開悟，是再來的大菩薩們的事。」所以我記得《無相念佛》出版以前，想要把妙法送給□空法師，那時前往杭州南路相見時，我一談實相念佛，他馬上就扣下一頂大帽子來：「我們不談什麼無相念佛、實相念佛，那是大菩薩的事啦！我們算什麼？怎麼能夠講這個。」這就是一般人的想法，名氣很大的法師也是一樣的想法。同樣的道理，悟得容易的人，一讀《金剛經》以後就這樣說：「《金剛經》中早都明說了。」因爲悟得容易，所以覺得別人也會跟自己一樣。可是後來聽人家講出研讀《金剛經》的心得，都認爲說《金剛經》都是在講一切法空。我心裡面覺得：「奇怪？這講的明明是眞實法，爲什麼他們說是一切法空？」我就覺得好奇怪！可是後來也是接受了，反正大家都認爲《金剛經》講的就是：「一切法空，不要執著，什麼都放下。」他們又沒有開悟，怎能怪他們呢？

可是《金剛經》眞的如此說嗎？佛告訴須菩提說：「你不要這麼講！將來如來入滅以後，歷經正法、像法之後，到了末法那最後五百年的時候，如果佛門中還有人繼續受持佛陀的戒法不犯，也依照經中的開示繼續在修集福德的人，那一些人對於這部《金剛經》所說的各章各句能夠生起信心，而以『這個』作爲眞實法，你應該知道這樣的人不是過去生中只在一佛、二佛、三四五佛那裡種下善根而已，其實已經在無量千萬佛身上種下種種的善根了。」佛說，以這個作爲眞實而不是虛妄、不是斷滅。到底哪個是這個？懂嗎？佛說「以『**此**』爲實」，不是以此爲虛。可是那些大法師、大居士們都是以此爲虛，把金剛心認爲非眞實有，又把《金剛經》解釋爲演說一切法空，使此經成爲虛相法而不是實相法。只能說他們心中想的與《金剛經》中所說的，眞是南轅北轍，根本就沒有交集點；你說，他們如何能夠悟入呢？以此爲虛而不肯「以『**此**』爲實」，怎能夠把《金剛經》通達呢！

所以，凡是把《金剛經》請出來宣講的時候，他如果這樣解說：「這個說的是一切法空，全部緣起性空，大家要懂得放下一切，都別執著。」那就是以此爲虛。可是佛說：「末法的時候很希有的人，是已經在千萬佛所種諸善根的人，聽到這個章句時是以此爲實，不是以此爲虛。」所以假使讀《金剛經》、誦《金剛經》，讀誦到後來竟認爲說：「原來它都是講一切法空，全部都空掉，空掉以後不是斷滅嗎？那我每天辛苦課誦《金剛經》作什麼？」

我相信一定有人這樣想過。你如果曾經這樣想過，因此不再課誦《金剛經》了，那表示你曾經以此爲虛，那你今世想要悟得《金剛經》的宗旨，一定要依靠我，你一定沒有辦法自己開悟。

我以前事業正忙的時候開始學佛，家中既沒有佛堂，也沒有佛像，什麼都沒有；但是每天晚上點了香就課誦《金剛經》，我不把它認作一切法空、緣起性空，所以我一直都沒有停過。也是由於誦《金剛經》，才使我引生無相念佛的功夫。誦《金剛經》剛開始及結束時，不是有兩個地方要禮拜好幾位菩薩嗎？我想：「我禮拜這些菩薩的時候，爲什麼不能用修定的方法來禮拜呢？」所以我就用修定的方法禮拜，就把六妙門那個精神用進去（當然那時還不知道我所用的方法就是六妙門的方法），拜到後來說：「我爲什麼一定要唸祂們的名號再禮拜？不必要呀！我只要直接知道所拜的是誰，直接禮拜就行了，何必一定要唸祂們的名號？」我就這樣禮拜了。我是這樣開始無相拜佛、念佛的功夫行門，這就是無相念佛功夫的起源。

然後這樣每天誦完了禮拜、誦完了禮拜，結果覺得說，這個功夫可以把它帶到平常生活中來，所以無相念佛就這樣成功了。那時初學佛不久，往世修證的禪定也還沒有恢復；可是不管多麼累，一面誦《金剛經》，一面打呵欠，我還是要繼續課誦，不會減少我對《金剛經》的信心。那時候眞的很累，因爲事業很忙；但是累到打呵欠時還是要照樣課誦，因爲這不是空，這是眞實法，所以沒有停止。到後來正式開始參禪了，才停下每晚的課誦；因爲覺得要把《金剛經》中的義理弄通才是最重要，不然每晚在那邊課誦，那都是說食數寶，才停下課誦而專心參禪。所以，因爲自己是這樣的看法，就認爲別人會跟我有同樣的看法。沒想到後來聽人家講起《金剛經》時，原來都說是一切法空，都說是緣起性空；還有頂有名的大法師主張說：金剛般若的定義就是性空唯名。但事實上不是這樣，法界的眞相是眞實法而不是他說的這樣，他已經落入「以此爲虛」了。

所以 佛說：「到了末法最後五百歲時，持戒修福的佛弟子對《金剛經》的章句生起了信心，把這個當作是眞實法，不是當作緣起性空的斷滅法，這個人絕對不只是已於極少數佛所種善根的人。」想想看，現在已經有那麼多的大法師、大居士把《金剛經》認爲是在講一切法空了，何況是到末法最後五百年時還能夠把「此經」當作眞實而非空，顯然這個人一定是已經在千萬佛所種過善根了。後五百歲時的這種人是誰呀？就是諸位，就是你們大家啦！你要另外去找其他的人到後五百歲時還會把《金剛經》中說的章句當作是眞實法，可就沒處找了！因爲你們今天這個善根種子已經種進去了，不但是種進去，還有許多人已經是確實依照《金剛經》而找到「這個」眞實法了；所以後五百歲的這一類人，只有諸位啦！不會有別人啦！如果還有人想要成爲後五百歲的這一種人，他們只有一條路可以走——趕快進正覺同修會來，以外就沒有別的路可走了。

那麼「以此爲實」，諸位就要探究了：佛向須菩提說的這個此，是哪個此？此「此」非彼「此」，不要輕易放過。《金剛經》這個此，我剛才其實已經跟諸位講過了，信與不信就看你了。也許你說：「騙人！你什麼時候跟我講過這個『此』？」你看，我已經同時從宗門以弦外之音跟你講過多少遍的「此」了，還沒有講嗎？我聽到有人說這麼一回事：「有一些人生意作得很好，聽說正覺講堂在講《金剛經》，趕快跑來聽；因爲《金剛經》到處放光，那一定能讓我的事業蒸蒸日上。」結果來聽了以後，發覺怎麼聽都聽不懂，好灰心！但是別灰心，要對自己有信心。如果到最後終於一念相應，你聽懂了；那我告訴你，你原來那個世間法的事業就不算一回事了，那已經是小事了，因爲《金剛經》這個事業才是眞正的大事業。原來的那個事業再給你幹上五十年好不好？還是要交給孩子去作，自己還是得要退下來；可是《金剛經》這個事業你可以帶走，帶到未來世去，你說這個事業大不大？這才大。所以這個「此」很重要，一定要弄清楚。然而到底是哪個「此」？就是「此」呀！（大眾笑…）這個弦外之音，我已經彈過了；而且是彈過好幾遍了，你能不能聽得到，那就是你自己底事。

聽到《金剛經》這個章句，聽了以後能夠「以此爲實」而生起清淨信心的人，這個人一定是擁有無量福德的人。假使沒有一直都對《金剛經》所說的妙法生起清淨信的人，他只是在聽《金剛經》的全部演說過程當中，曾經一念生起清淨信心，不是時時刻刻都有清淨信心，他只是曾經起過一念說：《金剛經》講的是眞實法，不是虛妄法。只是這樣清淨信而已，只要有這麼一念，這個人未來世將會得到無量的福德。所以來聽講《金剛經》這麼久了，如果你心裡面曾經生起一念說：「原來《金剛經》講的是眞實法，不是斷滅法。」心中好歡喜！只要生起過這麼一念，未來世就有無量福德了。

爲什麼會有這個福德呢？佛接著說：「這一類的眾生，末法時期的後五百歲時能夠生起這樣一念清淨信的人，這一類的眾生不會有我相、人相、眾生相與壽者相，他也不會有法相和非法相的。」爲何這麼說？因爲《金剛經》告訴你的是有「此」，「此」就是「這個」啦！是有「這個」啦！而「這個」是眞實法，不是虛妄法。那大家要想：「『這個』到底是什麼？」說實在的，你想要怎麼猜都猜不出來。

佛陀老是說「此」——說「這個」，怎麼不跟我們明講呢？說實話，明講了就沒有價值了，江湖上流傳一句話：「江湖一點訣，講破了就不值一文錢。」（平實導師以閩南語說。）老和尚聽懂嗎？我翻譯一下：「江湖一點訣」，是訣竅的訣；「講破了就不値一文錢」，如果明講，講破了，至少有一半的人回家以後立即會毀謗：「原來正覺講的是『這個』，這算什麼嘛！」因爲不是自己參究得來的，智慧不可能生起來，於是就會毀謗。毀謗了，我沒有關係，他將來死後可就大有問題了！他們毀謗了以後，下一世就不在人間了！因爲法界中的眞實相，其實就是這個；除了這個以外，沒有任何一法可以本來無生而自己本來存在，所以「這個」很重要，這個—此—是一切法的根源。現在距離末法最後五百歲還有九千餘年，都已經被大法師們把「此」認爲是一切法空、以此爲虛。那你想，到了末法最後的五百歲中，會把「這個」當作是眞實的人，可眞的是稀有動物。也許你忍不住了，站起來問：「蕭老師啊！這個到底是哪個？」我告訴你：「是如來藏！」你不要聽我這幾個字的聲音，你得要聽出弦外之音。

以這個如來藏作爲眞實，不當作是虛妄，這個人到了末法最後五百歲的時候，他仍然不會有我相、人相，也不會有眾生相與壽者相。《金剛經》不斷地告訴你：「凡所有相，皆是虛妄。」但也告訴你說：「若見諸相非相，即見如來。」是說：「於諸相當中看見了這個非相的，你就看見如來了。」這個非相、無相的就是如來——你自己的如來。你自己的如來是眞實的，不是緣起性空，不是性空唯名。既然諸相之中有一個無相的、非相的，那才是眞實法；而諸相都是虛妄法，所以佛說「以此爲實」，此也就是說這個，說祂是眞實法；祂不但眞實存在，而且能生名色及山河大地，不是名言施設。

印順法師等人一直都在說：如來藏是施設建立法，實際上沒有如來藏存在。他們說：如來藏只是爲了接引恐怕落入斷滅的眾生、執著常的眾生而施設建立，所以如來藏非眞實有。但是《楞伽經》中世尊講的類似這種話的意思，不是他們解釋的這樣；想要知道原意的人，可以請閱我的《楞伽經詳解》，就會知道他眞是誤會得很嚴重。而《金剛經》中佛說的也不是他說的那樣，佛說：這個—此—是眞實，不是施設建立；而這個，或者叫作如來藏，或者叫作阿賴耶識，祂是在諸相當中同時存在的非相之法。諸相都是無常性的，所以沒有眞實相，但在非相的諸相中卻有「此」無相法眞實如如地存在，這才叫作「諸相非相」。在諸相都沒有常相之中，卻同時有一個非相而同時存在的這個，這個才是眞實的金剛不壞法。

諸相無非就是五蘊相、十二處相、十八界相、六入相，當你現前觀察證實五蘊、六入、十二處、十八界都是無常法，都不眞實；可是卻在五蘊、六入、十二處、十八界存在的當下，找到另一個不被含攝在五蘊、六入、十二處、十八界中的法；這個法，祂是眞實的，但祂不屬於五蘊、六入、十二處、十八界法所攝，不在蘊處界入等法裡面，所以「此」是沒有五蘊相，沒有六入、十二處、十八界相的，也沒有我相、人相、眾生相、壽者相的，而祂是「非相」之法，卻同時存在於諸相的所在；因爲祂是與我、人、眾生、壽者同在一處，而我、人、眾生、壽者是由祂而出生的，所以同在一起。譬如說，假使你養了五個孩子，這五個孩子與你住在一起；如果外人不知道有你的存在，他只看到你的五個孩子，可是又看到你這五個孩子都會成長，將來都會死，他就說這五個孩子都是緣起性空。現在 佛說，假使你從這五個孩子的緣起性空存在的當下，看見另外有一個能出生這五個孩子的「此」——五個孩子背後的不死的母親，那你就知道這個母親不是那五個孩子。那五個孩子是誰呢？是五蘊，五蘊就好比五個孩子。

我相等四相是緣於五蘊假我而出生的，假使有一個法，這個法是出生五蘊的，而五蘊都是緣起性空，全都有相；可是當你在五蘊中看見了同時存在的「非相」的「這個」，你也認爲「非相」的「這個」才是眞實的，也親見具足「諸相」的五蘊則是虛妄的，那你還會有五蘊相嗎？還會落入五蘊相之中嗎？你已經知道五蘊是假的，也看見出生五蘊的「此」，當然就不會再有五蘊相了，遠離五蘊相時就沒有我相等四相了，這一段話講的就是這個道理。所以，「非相」的「此」不是「諸相」的五蘊，卻與五蘊同時同處。假使你看見了「諸相」中的「非相」法，就知道五蘊都從此而生，那麼「**以此**

爲實」，當然就不會有我相、人相、眾生相、壽者相了。

能夠這樣瞭解《金剛經》，然後去修學佛法，你就會一心一意想要把「此」找出來。當你找到了「此」，你就會知道，原來 佛說的「此」就是「非相」的祂；從此以後你對《金剛經》就可以讀通了，這時候你就會說：「《金剛經》已經明講了，爲什麼以前我都讀不懂？」以前就是因爲無明所籠罩，所以讀不懂；找到了「此」就打破無始無明，你就讀懂了。可是此在哪裡？你得要自己尋找。我今晚已經不斷地跟你提示此，我在說法時就同時以弦外之音在彈給你聽，非常美妙地彈給你聽，問題是你有沒有聽見。假使你不再落入我相、人相、眾生相、壽者相裡面，你就有機會聽到我說此的弦外之音了。

我相講的是什麼？我相講的就是五陰的我，就是六入我、十二處我、十八界我。五陰的我，大家都是耳熟能詳；問題是來到正覺以前所聽說的五陰我，內涵是不具足的，有許多的錯誤，不免繼續落入五陰的範圍中。來到正覺以後兩年半的課上完了，才知道原來離念靈知也是五陰所攝，原來祂只是識陰裡面的一個法。可是心裡面還是不太願意把自己給否定，因爲識陰（特別是意識）就是眾生最寶愛的自我；如果這個我可以死掉，那還有什麼不可以忍受？「是可忍，孰不可忍？」眾生最看重的就是自我，你們幾年前剛來正覺同修會時也是一樣：我是爲了要求開悟，我才會來正覺這裡。只這兩句話中就已經有兩個「我」了，都是以我爲中心。現在「來到正覺以後竟然叫我要把我死掉」，如果這個也可以忍受，什麼都可以忍了，狗屎也可以吃了。因爲對世間人而言，我是最重要的，結果正覺竟然要求說要把我死掉。

以前在別的道場學法時都說「我要死掉」，要無我；其實卻都教你把自我抓得緊緊的，原來他們說要死掉自己的只是針對色身，可是對覺知心的自己都是抓得緊緊的，一絲一毫都不許死；總是認爲覺知心意識只要修到一念不生時就變成眞心、眞我了，就是常住不壞心了，就已經不是緣起性空的生滅心了，這就是落入我見與我執中。大法師們都是這樣講的。如今來到正覺學法卻是完全不一樣，連離念靈知都要死掉——都要推翻掉；所以剛開始還是眞的很難接受，但是學習久了以後，正知正見熏習夠了，也有能力實際上作觀行了，終於能夠從實地觀行之中，自己確定離念靈知還眞是假有的，只是緣生法：得要依靠好多個助緣，我離念靈知才能生起、才能維持、才能存在。這時終於願意死掉五蘊我了，也就是遠離五蘊的我相了。

眞的願意死掉離念靈知了，可是實證法身的慧命還沒有活轉過來，怎麼辦呢？就暫且留下自己一命來找找看：在「諸相」之中有誰是「非相」的呢？到底我的非相的法身如來藏在哪裡呢？這時禪淨班一年半的課程已經教完了，所以接下來的一年之中，親教師便開始教你把無相念佛改爲看話頭，也教你參禪的知見，教你要怎麼樣去找那個眞心。這就是要從諸相裡面去找到那個非相的，也就是要找那個自心如來——此。這個自心如來沒有相，沒有五蘊我的相，也沒有六入相，當然也沒有十二處相、十八界相。可是你們在外面道場時，大法師們教你們找的是什麼呢？都是有五蘊相、六入相的，都說：「我意識覺知心只要一念不生時，管他什麼聲音來了，我都不理它；管他漂亮的女人來了、英俊的男人來了，我都不看，我都離語言妄念而不起心動念，這個離念的覺知心就變成眞心了，就不是識陰所含攝的。」這其實是叫你死掉色身，死掉我所，可是還有六入我、識陰我存在，依舊落在我相等四相之中。一念不生時看到男人，難道不知道那是男人嗎？看見女人時，不知道那是女人嗎？看見時都不知道美或醜嗎？看見食物時，不知道食物嗎？看見狗屎時，不知道要避開嗎？都還是知道的嘛！那還是有六入相呀！有六入相就會同時有分別相，那就是我相；就是不離識陰我，就不離我相。這個我相還眞的不容易避開，所以要把自我死得通透，還眞的不容易。

也許有人想一想：這些我都知道是假的，凡是有六入的都是假的。那麼沒有六入的到底是哪個？有的人想來想去最後想通了，說：「我只要一念不生，定力越來越好，我最後進入無覺無觀三昧裡面，我可以自己作主，就在這個境界中安住不動，這就是眞實我；這個我就是沒有我相的我，不屬於十八界所攝。」可是問題又來了，這眞的不是虛妄的五陰我嗎？眞的脫離十八界了嗎？其實仍然是虛妄我，仍未脫離十八界我，當然不離我相。因爲這個離念靈知就是在六塵中作主宰的我、人，會作主宰的都是蘊處界中的我、人。他們就這樣安住下來：「我要妄念不動、一念不生，永遠不起妄念。」就這樣壓制著，壓制自己不起妄想。有時候一個念頭一閃而動，馬上發覺不可以跟隨它去，強行壓制著，要作主宰，於是怕被打擾，活得很辛苦。

爲什麼會這樣錯想錯修呢？「因爲我師父告訴我，將來臨命終的時候要自己能作主。」可是我告訴你，正因爲想作主，所以不離生死。這個作主宰的是誰？是十八界中的意根，那還是五蘊我呀！不離我相呀！所以「我」眞的是很難遠離。所以能夠把這個道理講清楚的，目前也就是只有正覺同修會；親教師們讓你知道這些都是我，把這些都推翻了，教你去找那個沒有我相的五蘊背後的眞實我，才會找得正確。如果沒有把這些內容（沒有把五蘊我、六入我、十二處我、十八界我的內涵）都詳細弄清楚，找來找去始終只會找到十八界內的某一個法當作不是我相的眞我，那可就會犯下大妄語業了，好危險喔！大妄語業是很容易犯的，古今多少大師犯了大妄語重戒，可是都不知道警覺。甚至於現代有人被我檢點了說：「你們這樣說，是大妄語。」他們竟然還是要繼續硬撐下去，像這樣一直堅持到底，其實等於是把一份入住地獄申請書塡寫完成了；因爲那眞的是大妄語，將來捨壽時可怎麼辦？等到捨壽時確定自己的離念靈知臨命終時越來越昏沉，最後即將中斷而滅失時，那時候心裡面大叫說：「慘了！慘了！我眞的犯下大妄語業了。」卻已經什麼話都講不出來了，無法開口請親人幫他補救滅罪，只有自己親自去受報了。所以說，我相是最難遠離的。

我相遠離了，就不會有人相；只要有我相在，就有人相。我相、人相、眾生相與壽者相，這四相就像是一胞胎的兄弟姊妹連體嬰，身體始終連結在一起；這四個連體嬰是不可分割的，只要分割掉一個，就會四個全部死掉。一般連體嬰分割都希望全部生存下來，而我們學佛卻不一樣，卻是要顛倒過來，希望這四個連體嬰分割掉以後全都死掉，一個也不要留。

當一個人落在我相裡頭，他一定會看到眾生都跟自己一樣，於是就了知有自我與他人了；不管他有沒有執著自己與他人，只要知道有自我與他人同時存在時，就已經有人相存在了，眾生了知的你、我、他就是這樣來的。爲什麼會有人相？都是因爲有我相，有我相就一定會因爲相對而有別人；知道有別人時就一定會有你、有他，是從自我出發而有你、有他。可是這個你、我、他是從哪裡來的？當然是從五蘊相、六入相、十二處相、十八界相而來的，從有情眾生自己身上的這四種相而產生了我相；接著因爲看見別人也有這個相，所以就說「你怎麼樣，我怎麼樣」，兩個人之間便互相生起分別了。

只有人與人之間才會有我相、人相嗎？不是！這個「人」字，是函蓋一切眾生的。所以你可以看到很多人養寵物，特別是養狗、養猴子，當作是家人，就會跟牠講：「你肚子餓了吧？快來！快來！來吃飯！」這狗聽到吃飯，馬上就過來了；養貓、養猩猩的，全都一樣。有時候看牠們受傷，就會知道牠們很痛，就會立刻幫牠們料理。然而主人為什麼知道牠們受傷時很痛？正是因為有我相而產生了人相，才會知道牠們很痛；假使不是因為有我相，就不會知道寵物很痛。有一句俗話說：「人同此心，心同此理。」可我告訴你：「這八個字，其實就是我相與人相。」這八個字在世間法中來講，是善法；可是來到佛法中，可就變成惡法了，因為這已經落在我相與人相裡面了。因為你有這個五陰的我，所以你知道你的寵物受傷了一定很痛，才會產生「人同此心，心同此理」的想法；而這個領受對方痛苦的能力，是根源於五陰自我而來的，就是由我相與人相而產生的。

有我，有你，就有他。有了他，那就是眾生相，第三者就是眾生相。我相是五陰「我」自己，人相是五陰「我」所面對的人，五陰「我」所沒有面對的其他的人，或者所面對的許多其他人，全都是眾生相。正因為大家同樣都有這個五陰、六入、十二處、十八界，所以就有我相；有了我相就有人相，接著就一定會有眾生相，所以根源還是這五陰、六入、十二處、十八界。

有了眾生相，會常常遇見一個狀況：「老王死了，現在我們同學只剩下四十個人了。」明年有人說：「老張、老趙又走了，只剩下三十八個人了。」

心裡面就開始淒涼地說：「什麼時候會輪到我呢？」這就是壽者相。可是壽者相依舊是因爲五陰我相的關係才會有，如果不是五陰的關係，就不會有壽者相。五陰即將毀壞時，有的人拍胸脯說：「老子二十年後，又是一條好漢！」然而二十年後眞的還會是好漢嗎？搞不好下輩子要當狗熊了，因爲他一生盡幹惡事呀！於是下輩子只能由著人家來罵他：「你爲什麼當狗熊？都是前世造惡。」但已經來不及了，因爲正報已經形成。所以那一些打家劫舍的綠林好漢動不動就講：「老子二十年後，又是一條好漢！」要行刑的時候往往誇口這麼講，想要顯示他們很有勇氣，不怕死，他們卻不知道下輩子也許連狗熊都當不上。他們都是不知道因果的，眞要是知道了，就不敢再幹惡事了。

有人死了，爲什麼別人會說「他只有六十三歲」？爲什麼別人會說「他很短命，只有十來歲就死了」？都是因爲五陰。色身死了，覺知心就跟著死，去不了下一世；覺知心全都只有存在一世，無法去到下一世。所以是由於有五蘊相這個我相存在，跟著就有人相、眾生相、壽者相。

因此才會說：一切有生，莫不有死。凡是有出生的，未來都會死。所以，剛出生的時候還在慶祝弄璋弄瓦，不知道他出生時已經少掉一天了。二十五歲的生日，三十歲、四十歲、六十歲的生日，慶祝什麼六十大壽；慶生時若說是「大壽」，就表示他來日無多了，是應該悲苦才對，竟還在慶生咧！倒不如生日的時候買個什麼孝敬孝敬老媽比較重要。愚癡人在慶祝什麼生日，那是老媽受苦的紀念日！自己慶祝六十大壽，老媽媽已經八十好幾、九十好幾了，難道不應該大肆感恩嗎？世間人很顚倒，把媽媽的受難日拿來慶祝，這不是顚倒嗎？父親得要教導孩子：「你們不要慶生，這是你應該感念媽媽受難的日子。」孩子以後就不會跟你要生日禮物（眾笑…），那是他應該買禮物來感恩媽媽的時候，怎麼反而來跟媽媽要禮物？天下人眞是顚倒！

因爲有我相，就有人相、眾生相、壽者相，所以這四相是連體嬰；只要你有能力把其中一個宰掉，其他三個就跟著死了。你想要宰掉人相、眾生相、壽者相，這不好宰呀！要先宰哪個呢？要先宰我相。因爲我相在自己身上，隨時可宰；只要你有遇到眞的善知識，能夠具足教導你五蘊、六入、十二處、十八界；然後你也下定決心願意自殺，就一定可以宰掉。宰掉以後才能把法身慧命活轉過來，我見若是死不掉，法身慧命是活不過來的。所以如果我見死不掉，禪師就會罵他說：「你這個病最難治，別人是死了活不過來，你是從來不曾死。」就是始終不知道自己落入識陰我、意識我之中，我見一直很堅牢地存在著。所以你如果想要離開四相，先不必管其他三個相，你只要管「我相」就好；只要把我相給宰了（要狠心哦！不要心存憐愍；心存憐愍，你就死不掉；死不掉，你就無法活轉法身慧命來），狠心的把自我宰了；宰了我相以後，人相、眾生相、壽者相就全都不存在了。

如果這個我相被自己宰了，其他三相就不在了。這四相都不在，你就不會有法相與非法相；因爲你把自我宰了以後，不久就會找到這個眞實法，世尊把祂叫作「此」，祂就是「這個」。當你找到了，你就會發覺：果然五蘊的我、六入的我、十二處的我、十八界的我，都是從這個出生的，你會親自證實。當你親自證實的時候，你就知道五蘊、六入、十二處、十八界根本就是「非法相」，一切我都是從「這個」出生了以後暫時存在的法，當然是「非法」。這時你就眞的弄清楚了：果然這蘊處界都是「非法」，從這個「非法」又輾轉出生了許多的法，譬如汽車、原子彈、潛水艇、太空梭。將來假使有超光速的太空梭，也還是意識設計出來的；可是意識從哪裡來的？意識是在五蘊中。五蘊名色是從哪裡來的？從「這個」來。果然一切法全部都是「非法相」，那當然就是有一個「法」存在了，「這個」就是眞實的存在了。剛悟的時候——原來是這個；然後想想看：能不能把「這個」甩掉？所以有的人悟了以後，一直在那邊甩手，一直在那邊踢腳，想要把祂踢掉、把祂甩掉。可是永遠都甩不掉、踢不掉呀！因爲你是依祂而存在的，你怎麼可能把祂甩掉、踢掉？假使成爲阿羅漢以後，祂離開你，倒是可能的；但你還沒有成爲阿羅漢以前，想要離開祂，絕對不可能。到這個時候，知道甩不掉祂了，就不理祂，不如回過頭來看看祂：祂到底有沒有我相、人相、眾生相、壽者相？看來看去，永遠都沒有，祂從來就不曾有過這四相，證明祂也沒有「非法相」。詳細觀察的結果：我是假的，我轉依了祂。轉依了祂以後，祂卻沒有一切相，連祂自己眞實「法」的相，都不加以反觀而作認知，所以轉依祂以後當然也就沒有「法」的相可說了。這樣就是沒有「法相」也沒有「非法相」了。

意思就是說，「此」不反觀「此」——「這個」不會去反觀「這個」，懂了沒？也就是祂不會反觀祂自己。祂是誰？祂就是你，可是這個你不是五陰的你。當你弄清楚了這一點，現前觀察到這一點，洞山良价禪師那首偈，你就懂了，洞山禪師不是有一首偈嗎：「渠今正是我，我今不是渠。」「渠」，溝渠的渠，這個渠字古時候通「他」字，所以洞山禪師偈中說的「渠」就是講祂——金剛心如來藏。意思就是說：「如今祂正是我，而我如今卻不是祂。」你如果找到金剛心如來藏時，現在可以觀察看看洞山禪師說的對或不對？對嘛！有好多人解釋洞山良价那首偈時都是亂講一通，你如果眞正破參明心後去讀那些人註解那首偈時，可不能在吃飯的時候讀，因爲你一定會噴飯。所以到那個時候，你讀洞山禪師那首偈，都不會覺得有什麼奇怪，因爲本來就是這樣的。這是法界中的事實，所以洞山說：「祂如今正是我，我現在卻不是祂。」事實眞的是這樣。你在世間法中能夠找到一個東西說「祂正是我，我卻不是祂」嗎？保管你找不到，只有在法界的眞相中才會有這回事。

到這個時候，從如來藏的立場來看待的時候，發覺「這個」不會去看別人，也不會反看「這個」；因爲祂從來都不看待自己，也是不反觀自己的；所以從祂自己所住的境界中而言，既沒有祂自己這個「法」，也沒有祂所顯示出來的種種「法相」可說。有法相的永遠是五陰的你，五陰的你找到了祂，你說這是眞實法，是常住不壞的眞實自我；這時住在悟境的智慧中，對你而言有眞實法的法相；可是你自己是虛假的、暫時而有的，你要轉依金剛性而永不毀壞的祂；轉依祂而依祂的立場來看待諸法及自己這個法時，由於祂離見聞覺知，也不會反觀自己，所以也沒有自我可說。法是指金剛心「此」，非法是指「此」所生的五蘊諸法等。五蘊是假的，所以全部是「非法」；可是你五蘊把自己全部毀滅了，入無餘涅槃而不再出生未來世的五蘊而只剩下「此」的時候，這個「此」金剛心，祂卻不反觀自己，不觀察自己現在住在無餘涅槃中。祂就是無餘涅槃，但祂不再出生後有時，卻不會反觀自己而覺知說「我在無餘涅槃中」。所以對祂而言，既沒有自己也沒有所生的五蘊諸法可言；因此，從祂的立場來看待諸法時，就沒有法可說了；而祂是對六塵離見聞覺知的，所以祂離六入，當然也不會有生滅性的各種非法相可說。

所以當你證悟了，你有實相智慧時，智慧也是法；可是這個智慧是你所有，不是「這個」金剛心所有。如來藏「此」的自住境界中是離見聞覺知的，沒有所謂的智慧可言；如來藏是你五蘊參禪時證悟之標的，你證悟了祂而有了智慧，祂卻依舊沒有智慧。你證悟了，所以你打破了無明，而祂依舊不會打破無明，因爲祂本來就沒有無明。你如果剛破參時還有些聽不懂，也許覺得說：「哎呀！你蕭老師都跟我打迷糊仗！」有的人也許說：「哎呀！你蕭老師都是在講那個歇後語，都在讓我猜謎，都是跟我打啞謎。」但我眞的沒有打啞謎，我已經把「此」爲你明說了！我在開示《金剛經》中的佛法時，已經同時用弦外之音把「此」跟你明說了，只看你有沒有聽出來罷了。

所以從「此」本身來講，祂是沒有四相的，祂也沒有法相與非法相可說；由於證得「這個」而空掉「我、人、眾生、壽者」四相，其實就是你五陰把這四相給斷了，就是證得人我空。可是這裡說的人我空跟二乘法所證的人我空是不相同的，它有兩個方面。二乘法的人我空是純粹在五蘊、六入、十二處、十八界上面去現前觀察全部的自己都虛妄；但是大乘法中除了要完成二乘法這個部分以外，還要去找到「這個」，然後再從「這個」本身的立場來看待五蘊、六入、十二處、十八界的虛妄性，所以它是函蓋兩個方面的。

二乘法現前觀察蘊處界的虛妄相，斷了我見，那是只有解脫道上的修行；可是佛菩提道的修行，除了二乘法的蘊處界空以外，還要能夠去找到「這個」，親證這個——法；然後從「這個」——法——的體性來看待其他萬法，來看待我相等四相；這是改爲從祂本身的境界來看諸法，親見祂自己的境界中沒有非法相可說，當然沒有四相可說；既沒有我相可說，也沒有「法」自己可說——沒有祂自己可說，因爲祂不反觀自己、不了知自己。所以二乘法的人空只有證得蘊處界空，但是大乘法的人空同時要證得「這個」，依「此」自身境界來現觀「此」的時候，是沒有人相的、沒有我相的，這才算是大乘法的見道。所以二乘法所修的都是現觀一切法「非法」相，沒有「法」相可說；因爲二乘聖人根本不知道「法」相，所以他們就沒有所謂的捨離法相可說；因爲他們否定了一切法而沒有法相，但終究沒有證得這個「法」。但是大乘法要證實這個「法」以後，然後離開法相，而不單單是離開非法相，才是成功的轉依於「法」。

當我們在說：「如來藏是沒有我相、人相、眾生相、壽者相，沒有四相；既沒有非法相，也沒有法相。」那麼那些自以爲悟的人就說：「對嘛！就是全部放下，你根本就不必去求悟。你們不求悟，什麼都放下就是沒有法相，就是開悟了。」那到底對不對？那就好像人家大富翁說：「我現在退休了，什麼都交給孩子，我什麼都不保留。」另一個窮光蛋也學著大富翁這樣說：「我也是什麼都不保留。」人家是擁有過，也還是隨時可以繼續擁有的；他卻是從來就不曾擁有過的，手裡空空地，卻宣稱他跟那個大富翁退休一樣。人家大富翁退休了，他是隨時可以回來當大公司董事長的。這個窮光蛋行嗎？不行。所以菩薩沒有法相與非法相的時候，他卻是非常富有的。可是那些落在意識上的人說：「**我一切都空，因爲我也是假的。**」然而他富有嗎？他並不富有，因爲只要一跟證悟者談到般若實相，他的腦袋就跟漿糊一樣，沒有智慧可說。

所以這裡面的差別就在於「此」，二乘所證的人我空以及大乘所證的人我空，是截然不同的。因爲大乘所證的人我空是通達兩個方面的，在蘊處界的緣起性空上面是通達的，並且在法界的眞實相上面也是通達的，而這兩個本來是不可分割的。可是二乘人沒有智慧，世尊只好在不可分割之中強行分割給他們一部分。換句話說，這一張紙的背面是黃色的，正面是藍色的，卻是本來一體的；但他們智慧不夠，只能看見正面的藍色；背面的黃色，你能叫他怎麼看呢？他永遠看不見，他無法看透過去，永遠沒有辦法，所以就只能給他二乘菩提。

話說回來，大乘法，你如果想要再進入後面深修，就得要修習法無我。

佛怎麼說呢？佛說，如果取法相，就是執著我、人、眾生、壽者。從事相上來說執著於我、人、眾生、壽者，其實都是由於取非法相而來的，因為他覺知心中一天到晚只在看：「這個某甲還不是一天到晚發脾氣？這某乙一天到晚都喜歡人家供養。這某丙，甲與乙的毛病，他倒是沒有，卻是喜歡人家恭敬他、隨順他；某丁，他什麼都好，就是喜歡人家禮拜他。」非法、非法、非法，他看到的全都是非法。為什麼他會取非法？因為：「我看不慣。」這就是我。所以取非法相的人，就是執著於我、人、眾生、壽者。

若是「取法相」，那就等而上之；譬如悟了以後呢：「我找到這個了，我找到這個了。」到處宣揚：「我找到這個了。」可是，當他每天記掛著自己已經找到「此」的時候，這個記掛的心、能夠找到「此」的心，依舊是原來的意識或識陰六識，這是不是「我」？（眾答：是。）是呀！一天到晚見人就說：「我找到這個了，我開悟了。」然後，他的意思是要人家怎麼對待他呢？無非是希望大眾把他當作聖人來奉侍他。所以他心裡面想：「我開悟了，我現在是聖人了，所以我下班回家以後不應該再幫著做家事了，應該由我家裡的妻子全都幫我做好。」若是女生開悟了有同樣的心態，就想：「我丈夫應該全部幫我做好。」這就是「取法相」——老是記掛著自己找到的眞實心第八識，「取法相」時就一定落入能取的五蘊自己，就是有「我」了。

當他一天到晚老是抱著這個開悟者的身分，心想：「我找到『這個』了，所以我是聖人了，你們大家都要奉侍我。」這叫作取法相，變成有人我與法我存在了。因爲「這個」是眞實我、是內裡的我，卻從來都是無我性而永遠不作分別的心；而他一天到晚都把祂認作異於別人的地方，落入「此」而自豪著自己因此不同於別人，這也叫作「取法相」。也就是說，他沒有眞的轉依完成，這時他是有見地了，可是卻沒有如實轉依去實修，沒有轉依「此」金剛心的無我性，因此他就永遠停留在第七住位的見地中，進不了八住、九住、十住位，這就是「取法相」。

「取法相」就表示有一個取，一天到晚把心用在「此」上面，老是在想著：「我找到這個了，是聖人；你們還沒有找到，是凡夫。」就這麼想個不停；所以他上了捷運坐車時，看看這邊：「他沒有找到『此』。」又看看那邊：「他們也沒有找到『此』。」又看整個車箱中的乘客：「一大群人都沒有找到『此』，全都是凡夫。」這叫作什麼呢？叫作我相、人相、眾生相。有了眾生相就會想：「這些人都會死，而我找到的『此』是不死的。」結果他是找到一個不死的，但在當時心中卻已經有「活」與「死」了，落入壽者相之中了。所以你看，只要有個「我相」存在，四相就都具足了。這表示他雖然有了見地，可是還沒有進入悟後起修的階段，所以繼續在「取法相」。「取法相」的時候，見地上說沒有我，而他所證的「這個」也是無我的，五陰的我也是假的，所以也是無我；可是一天到晚在看別人是不是有找到「這個」的時候，他自己的「我」的認知就存在了，這就是有我相。他「取」什麼成為「我」呢？由於取「這個」為我，當然就有能取的五蘊我相，就是三界我；所以如果取法相，縱使不取非法相，還是同樣會有我、人、眾生、壽者的執著了。可是菩薩不但要實證聲聞、緣覺菩提，還得要進修大乘菩提的法無我；所以當你找到了眞實法，接著應該從**此**眞實法去觀察祂；觀察完了以後要轉依祂，依照祂的眞如體性來安住；佛說菩薩「**應如是住**」，應如是安住其心。「**應如是住，如是降伏其心**」，就是不取「法」相——不應再執著自己已經找到「這個」了，這才是眞正轉依於「此」。轉依於「此」以後，現觀五蘊、十二處、十八界自我全都是虛妄的，眞是「人無我」；那麼依「此」金剛心而出生的五蘊、十二處又輾轉出生了世間萬法，都是從「此」而來；從「此」而出生了的世間萬法，也都是無我的，沒有一法是具有我性的，這就是現觀了「諸法無我」，才是懂得「**不應取法**」的人。由於這個緣故，悟後不應該取法，不應該取非法；所以悟後不應該繼續執著「我找到這個了」，也不應該執著「別人都沒有找到這個」，才能邁向通達位的初地心境界。

反過來說，如果把蘊處界中的所有法或某些法不斷地執著，那就是「**取非法相**」，「**取非法相**」就落入非法相的蘊處界我之中，就是有我相，那就有四相了。所以禪門裡面有一句話說得很好：「**金屑雖貴，落眼成翳；若取非法，外道奴婢。**」也就是說，黃金煉製的過程或者打造金器的過程，總是會有一些金屑產生；金屑當然也是很貴重的，你若是想要買那個金屑，也是跟黃金差不多一樣的價錢。雖然很貴重，可是只要一顆很小很小的金屑放到你的眼睛裡頭去，你認爲好不好？當然不好！沒有一個人會說好，因爲珍貴的金屑若是存在眼睛裡，將會成爲障礙你眼睛的東西。同樣的道理，如果取非法乃至取法，從佛菩提道來說都是有過失的。取法的人是證悟後沒有悟後起修，如果取非法，那就成爲外道的奴婢了，一定會追隨常見外道在佛門中廣傳外道的常見。所以非法是不該取的，可是悟了以後、找到「這個」以後也不該取法，因爲找到「這個」的目的是要讓你現觀「這個」是沒有任何執著的，是要讓你現觀祂的眞如性而轉依祂；你如果完全轉依了祂，就沒有任何執著，這樣轉依來斷除我執、斷除法執而利樂眾生，最後便能成就佛果。所以不該取「法」，「法」就是「這個」，悟後取「這個」也就是執著。

「由於這樣的道理，如來常常說，你們這些比丘們如果知道我所說法，這些法就好像過河用的竹筏、皮筏一樣，你們就應該知道，你所證到的法也應該捨。」捨的意思是不要執著祂，而不是捨棄祂，因爲沒有誰能夠捨棄祂而繼續行菩薩道。知道祂確實存在就好，但不必執著祂。找到了「此」以後不要這樣想：「晚上累了還是捨不得睡覺，因爲我要看祂睡著以後還在不在。」放心！祂永遠不會丟掉的，別人也偷不走你的「此」。這不像《但丁神曲》裡面說的，也不像浮士德說可以把靈魂賣出去；他們認爲靈魂是最終極的法，而且是最眞實的存在，認爲是最後眞實不滅的法。可是靈魂其實只是生滅性的中陰身。但我告訴你：當你找到了「此」，你若是想要賣「此」，其實連一文錢都不值；因爲你絕對賣不掉，別人若是眞的向你買了，他也拿不去。

因爲拿不去，所以他們就不願意買。如果眞的可以拿過去跟他的「此」合併，使自己的「此」增長了許多功德，他才會想要跟你買。

說句笑話：你如果眞的想要賣「此」金剛心，可以找西藏密宗那些喇嘛們；因爲喇嘛們常常觀想自己的眞如（他們往往說眞如就是明光或本尊）與究竟佛合併爲一，要觀想自己融入本尊佛之中。所以如果想要成佛就要不斷合併，那你可以找他們來買：「**我可以賣給你，等我死後你就來拿，但是現在要把錢先給我。**」可是你別擔心說，到時候他眞的來拿時該怎麼辦？我告訴你，根本不用耽心這件事，因爲他根本就拿不走，他一點點辦法都沒有，連諸佛也拿不走你的「此」金剛心。可是你賣給他以後，你向他拿了錢財去布施給眾生，將來你死的時候，對方能不能拿走你的「此」，是他自己要解決的事；因爲密宗喇嘛們宣稱眞心本尊是可以合併別人的，或是要被佛合併的；當他們將來拿不走你的「此」，過失當然在他們而不在你身上。

因此，對於你所悟的這個「此」——這個「法」，就好像是說：過河的時候你沒有船，沒有竹筏、皮筏，又不會游泳，你根本過不了河，所以「過河須用船」，過河時當然必須用船或者用筏；「到岸不用舟」，你已經到了彼岸就該棄舟而改爲行路了，那時你還要把那個竹筏、皮筏揹在背上嗎？到了無生無死的彼岸時，你又不想回頭淪落到生死海中，不想回到有生有死的此岸，何必再把渡河時所用的筏辛苦揹在背上？大家都想要到彼岸解脫，既然到了解脫的彼岸，還有人想要回到生死的此岸嗎？當然沒有這麼笨的人。既然確定不再回去有生有死的生死魔的境界中，就用不著再回渡生死河了，那你還要揹著那個竹筏在身上幹什麼？所以祖師們說「到岸不用舟」。因此說當你證得「這個」以後，雖然知道祂是眞實法，但祂只是你渡過生死大河的舟筏；已渡過生死河以後，不必一天到晚揹著祂，你就利用對祂的所知而產生的智慧，來成就你的道業和利樂眾生就可以了。所以，成佛以後還要一天到晚記掛著說「我的『這個』還在不在」嗎？都不需要了，因此說：「**法尚應捨，何況非法？**」

能夠這樣確實信受的人，是「**以『此』爲實**」而不是以「此」爲虛，這眞正是末法時代佛門中的稀有動物，應該要好好來保護。在末法剛開始的現在，不把《金剛經》中所說的「此」認爲是一切法空、是虛假的，這已經是稀有動物了；若是更往後而到了末法時期的最後五百歲時，還是這樣「**以『此』**

爲實」而不是以「此」爲虛，絕對是更稀有的學佛者。因爲到了「後五百歲」的時候，我相信你們之中一定有很多人已經溜走了，不在五濁惡世的這裡了！因爲現在就已經認爲：「如今正法跟那些凡夫們都很難相處了，何況到末法最後五百年時，我們假使還要住下來繼續弘揚正法，那境況豈不是悽悽、慘慘、戚戚嗎？」恐怕眞的就像李清照的詞中講的一樣呀！所以到那時一定會有很多人早就開溜了；因此，到了「後五百歲」時還能夠把《金剛經》中說的「此」當作是眞實法的人，絕對是很少的，一定比現在還要少很多。

你們可以觀察，我們正覺同修會現在已被證實爲眞正的正法了，然而就只是這麼多人；若是到了「後五百歲」時一定有好多人開溜了，當然以後就更少人了。所以到那個時候還能「以『此』爲實」而不是以「此」爲虛，還願意留下來繼續弘揚金剛心勝妙法的人，一定是發下大誓願的人，絕對是已經「於無量千萬佛所種諸善根」的人。這個道理講白了，諸位就懂得經文中世尊要讚歎這種人的原因了；所以《金剛經》中的這些話，佛陀都不是隨便講的。那麼這樣講解過經文中的眞實理了，再從事相上來講一講，《佛說大乘菩薩藏正法經》卷二十六 佛云：

【「彼佛法中有六群苾芻，一名善見，二名妙利，三名作喜，四名賢吉，五名名稱，六名利牙，而生計執『我、人、衆生、壽者、斷、常』等見；常行侮慢，共相呼集詣曠野中，而常議論差別惡行。如是各各而自謂言『行百種善』，而復召集一十、二十乃至五十以爲群類，自所行法展轉教示。復立誓言：『若違我教，必遭損害。』說是行已，分首而去；或入聚落或抵城邑，或自他舍乃至王城；時彼一人抵一聚落，還集種類，復各教示，增損佛語。舍利子！云何作意增損佛語？時彼種類，堅固執有我、人、衆生、壽者：『若無我者，誰爲往來？誰爲坐臥？誰爲語默？誰爲施者？誰爲受者？誰爲飲食？誰苦、誰樂？乃至一痒一痛，誰爲覺觸等者？』時彼衆中或有一人作如是言：『若說無有我、人、衆生、壽者，非我善友。』舍利子！時彼聚落男子、女人、童男、童女聞如是語，皆樂於彼執我見者而爲善友，互相謂曰：『我於往昔有諸智者如實了知眞善友者，說無我、人、衆生、壽者，我今於彼先所尊者，不應親近、恭敬、供養。』」】

這意思是什麼？大家應該已經明白了吧！六群比丘他們都認爲眞實有我、有人、有衆生、有壽者，他們召集了十個人、二十個人乃至五十個人作爲同黨，然後要求這些人每天要行善，所以解說了世間法中的一百種善事，要求大眾每天至少要作一件善事。這樣子每天作善事，認爲能行善的我是眞實的，主要是認爲能行善、能分別的意識覺知心是眞實不壞的心；然後就互相建立誓言，也就是發誓：「如果你們這些人違背了我的教導，未來捨壽後一定會受到損害，或者下地獄，或者墮落惡道。」這樣講完了，大家分手而去，各自「度化」眾生，教導眾生同樣都要行善慈濟眾生，也同樣都要主張意識是不生滅的。像這一類六群比丘的主張，現在的台灣，還有沒有這種大法師呢？不必回答，我知道諸位都很清楚。這種大法師不斷地叫人捐款，說要不斷地布施行善，但是卻故意違背 世尊的聖教，對廣大徒眾主張說：「意識卻是不滅的。」

這一類人，他們遇到有人告訴他說：「無我、無人、無眾生、無壽者。」他們就會提出質疑：「如果確實沒有我，請問是誰來來往往？是誰又坐又臥？是誰說話？又是誰有時沉默？又是誰在作布施？又是誰在受布施？誰在飲食？誰在受苦樂？」所以他們認爲五蘊、六入、十二處、十八界確實眞的有我，不是生滅性的虛妄法，應該認定蘊處界我爲眞實法，看來似乎與《金剛經》中說的「以『此』爲實」的聖教相符，卻是落入生滅性的蘊處界等非法之中。然而世尊聖教中說蘊處界全都生滅不住，其中沒有眞實我存在，說爲非法；所以也先教導大眾修學二乘菩提而將蘊處界確實觀行以後，認定蘊處界虛妄，才能斷我見與我執而得解脫。但是《金剛經》中說的是「以『此』爲實」而不是以「此」爲虛，這個「此」卻不是指蘊處界，而是指實相心、金剛心如來藏——阿賴耶識心體，千萬別張冠李戴而毀謗「此」第八識。

但是佛世的六群比丘就如同現代台灣後山的大比丘尼一樣，認爲識陰或意識都是眞實不滅的自我，所以認爲這個我能夠受苦樂，能夠來來去去，能夠修布施行；而眾生們也有這個識陰我可以接受布施，是眞實的自我，所以主張意識不生滅。台北市也有大法師教禪時教導大眾，說要「把握自己」以及「當自己」，同樣都落入我相、人相、眾生相、壽者相中。這樣，他們認爲說：「如果五蘊、十八界都是無我的話，癢的時候你怎麼會知道抓癢？痛的時候你怎麼會知道要去止痛？」他們這樣說的時候好像很有說服力，大眾當然很容易信受，現在的佛教界不就是這樣嗎？台灣、大陸的北傳大乘佛教中不都是這樣的嗎？南傳的南洋聲聞佛教也還是如此。特別是密宗藏傳「佛教」，他們更是如此；正因爲認定蘊處界確實有我，而這個我是能夠受苦樂的，所以要離開人間的苦受而去獲得樂受，所以喇嘛們希望徒弟們對佛菩薩都只用觀想的供養，對喇嘛們卻都要以眞正的新台幣和女性的身體來供養。喇嘛們就是這樣，都不希望信徒們供養佛菩薩時用掉太多的錢財，所以儘量用觀想的就行了；至於供養他們喇嘛呢，最好全都用實體的新台幣與黃金，不要用觀想的新台幣與黃金。

正因爲他們全都以意識爲中心，錯認意識或識陰六識爲常住不壞的眞實自我，所以就這樣想。因此他們遇到正法演述應離四相的時候都不接受，於是加以曲解，偏偏凡夫眾生也都喜歡他們的說法；因爲你如果說五蘊我是眞實的，死後二十年後又是一條好漢，死後二十年後又是一位大美女。一般眾生都會接受：「哎呀！我太喜歡了，我二十年後又比現在老態龍鍾的模樣更好了。」凡夫愚癡的信眾因爲被作了這種錯誤的教導，所以就會認爲：「凡是說無我的法師，都不是我的善友，不是我的善知識。」那個時候他們會互相這樣講：「假使有智者演說無我、無人、無眾生、無壽者，如今我對於以前那些智者、善友都不應該再親近了，也不應該再供養他們、恭敬他們。因爲我現在的善知識告訴我：五蘊眞實有我。」五蘊眞實有我，不是生滅法，那多好！因爲「我」是眾生最喜歡、最執著的，也因爲眾生最喜歡的錢財也是有「我」才能擁有，無「我」就沒有那些錢財可以擁有；淫欲、名聲、飲食、睡眠等等全都一樣，所以「我」才是眾生最喜愛的，沒有一個有情不喜愛「我」。於是法師們得要明著說「無我」，實際上卻教導信眾們把握識陰我、意識我，說要讓識陰覺知心自我永恆存在不滅，以這個識陰自我不執著自我而永遠存在，說爲無我；師徒同樣都落入識陰自我之中，於是信眾們就會很相信而永遠追隨。

以此緣故，藏傳佛教的達賴喇嘛在歐美不斷地強調說，大家都要普愛、要博愛、要愛人，因爲喇嘛們終其一生所要追求的錢財與淫樂，都要依靠被他們所愛的人們才能獲得，當然要宣導博愛啊！可是，當他們廣愛世人的時候都是從哪裡出發的呢？都是從愛己而出發的，因爲要先愛自己才會愛別人。既愛自己也愛別人，就是貪著世間了，那就只好生生世世不斷地受生而繼續輪轉生死了。所以事實眞相是：善知識如實演說無我、無人、無眾生、無壽者時，大部分眾生是不會很喜歡的。只有誰會喜歡聽聞及信受呢？只有眞正要修聲聞解脫道及菩薩道的人才會喜歡。所以古今有名的假善知識都說「粗意識、細意識是常住的」，這個最能迎合世間人的心態；但是我們正覺偏偏遵循 世尊聖教，跟他們相反而說一切意識都是生滅的，當然不可能討得廣大眾生的喜愛；連佛門中所謂開悟的大法師們都不喜歡我們說的五蘊無我，至於那些未斷我見的參禪人就更別說了！所以我們弘法十幾年到今天，才釣到諸位這麼一些人。如果我出來大聲宣講：「離念靈知是眞實不壞心，就是般若經中說的眞如。」搞不好現在已經名聞四海了，因爲眾生聽了都會喜歡，證得離念靈知的意識境界以後也不會退轉，可以永遠住在其中而自稱已經斷除常見，自認爲是證果的聖人。可是我們不能這樣子害人，必須說實話；卻又良藥苦口，只有稀有動物才會懂得「苦口的是良藥」。因此我們教導給眾生的法，還得要再進一步演述。也因爲最好的藥往往是最苦的，所以當大家找到「此」，找到金剛心了，還得要再進一步：當你找到了「此」金剛心，還得要把祂放下，還得要轉依祂，接著悟後起修而如實修除我執與法執。

今天先要跟大家說明一下 克勤大師的像，我們九樓主講堂這根柱子這一面一直都空著，其實本來就是要留著貼 克勤大師的畫像，但一直沒有找到一個很像的圖像。佛光書局出版的那一本《克勤大師傳》的封面圖像，是從碑銘上拓印下來的；不過那是六十幾歲時的畫像，已經很老了，也不很像。我們希望雕刻出來的，是他四十出頭那時的法相，但因爲始終找不到，所以就一直空著。現在禪三道場要供克勤大師的聖像，所以就請人去畫。畫出來了以後也修改了兩次，然後開始雕刻。可是平面跟立體又不一樣，雕刻的時候，第一次雕出來是差很多，然後第二次修改了一下，這個嘴部比較像，可是下巴又不像，側面也不像，所以又修改了。這一次是第三次雕出來，畫樣是改了兩次，現在雕頭部，已經雕到第三次了，還是不像。雕的人可能想：「世間哪有人是那樣的臉？」實際上他就是那種的臉相，所以目前製作出來的模型還是不很像，這一回相似度大概只有八成。

爲什麼要跟大家作這個說明？因爲前些時候的週二，有個晚上把頭部雕像放在十樓的知客櫃檯上，有人見了就說，那跟他夢見的不像，因爲他夢見古時候我跟 克勤大師在一起時的模樣。那個頭像當然還不像，因爲那一顆頭像大概只有五成的相似度而已，現在改到最近第三次雕出來，差不多有八成相似度；我希望第四次雕出來時可以達到九成以上的相似，那就是我們禪三道場要供奉的祖師法相。這是因爲我們正覺之中，有很多人是過去世曾經在一起同修過，所以並不是我自己喜歡什麼樣的臉就雕什麼樣子；必須要按照當年他實際上像什麼模樣，就必須要如實雕出來；否則別人夢見了或者定中看見了，會說那都是我自己亂想、亂雕。因此，必須要有一個實際上的客觀的模樣爲依憑，不是隨著自己喜歡或厭惡而去修改。

本來雕刻出來的全都不像，是因爲眼睛不像，嘴脣也不像；因爲 克勤大師的臉是圓形的，眼也是圓形的，並且有一點凸。換句話說，你從側面看他的臉也是圓的，嘴也是有一點凸，稍微有一點暴牙。所以，你從側面看他是圓臉，正面看他也是圓臉，要這樣才像他。他實際上就是長那個樣子，因爲這不是我一個人看見而已，這不能隨著自己的高興喜厭就亂雕。另外就是我們現在禪三道場的興建，我最近連著三天去觀光；已經稍微可以觀光了，是因爲一排黑板樹整個種到裡面去，十公尺到十四公尺高的樹向裡面整排種進去；然後在每二棵大的黑板樹中間再種大約一丈高的楠木，這樣也種一排進去，就能把隔壁裝電纜的黃色鐵輪遮住了。現在從正覺祖師堂裡面看過去，幾乎已經看不見隔壁的電纜鐵輪了，所以現在的格局看起來蠻不錯的，因此我連著三天，每天去觀光及督工。不過現在希望大家還不要去，再等一個月就眞的可以讓你們觀光了，請大家等到那時候再去，現在別急著去；因爲現在去的話，可能人多了會妨礙工作。

我們接著繼續講《金剛經宗通》，上週事說的部分講了第一個部分；這段經文的事說總共有三個部分，現在再講第二個部分：弘揚、信受邪見者，以惡見故，命終墮於地獄。

《佛說大乘菩薩藏正法經》卷二十六：【「又語彼苾芻等衆：『諸佛如來所說法中，悉皆無有我、人、衆生、壽者。』時阿羅漢知彼苾芻等衆不樂信受，復說伽陀曰：『若於施受生見執，復認覺觸分別有；於無我法不信從，彼皆墮落諸惡趣。』舍利子！時彼有情於虛妄法男子、女人、童男、童女所有語言而生信受，當有六萬八千人以邪見故，身壞命終，皆墮無間大地獄中，身受極苦。」】

這不是大乘經中才這麼說，其實四阿含諸經中也有這麼說：信受邪見、弘揚邪見的人，命終以後是要下地獄的。四阿含諸經，因爲我沒有時間去把四阿含再找一下，我印象中阿含諸經也有這麼說的。也就是說，對如來所說的法中意涵，其實是說法界實相中並沒有我相、人相、眾生相、壽者相；但是因爲阿羅漢引述諸佛聖教中的這一段話，內容是在敘述另一件事情；因此當時講這些法的時候，那位阿羅漢他觀察而知道聽法的那一些比丘們不信受這樣的說法，也不樂於接受無我、無人、無眾生、無壽者，因爲他們的我見都沒有斷除，心中總是希望有自我、有眾生、也有人類或者畜生類的他我相；也希望諸法都存在，雖然諸法都會變異，但這卻是他們所希望的。

可是阿羅漢看見他們都不相信，所以就說了一首偈：「如果對於布施者、受施者以及布施這回事，產生了邪見而執著爲眞實有，再把見聞覺知能夠觸受的這一些了知相，去爲人分別說是眞實存在的，認爲由於有我、有人、有眾生、有壽者，所以才會有布施這回事；因此質疑說：『如果沒有我、人、眾生、壽者，哪來的布施這回事情？』把它錯誤地加以分別，認爲是眞實有，對於無我法不能相信，也不願意隨從，這一些人命終以後都要墮落於惡趣之中。」這是那位阿羅漢說的，佛陀在後來轉述了這位阿羅漢度眾生的時候親自遇見的事情。所以佛陀告訴了舍利子這些事情以後，就進一步告訴他：

當時的有情眾生反而對弘傳虛妄法的男子、女人、童男、童女所說的錯誤法教都信受了。換句話說，那些墮入惡見中而主張蘊處界等法確實常住不壞的人，不論他們是不結婚而示現童男相、童女相，或者示現為已結婚的男子相、女人相；但那些愚癡人對於主張有四相才正確的這四類錯說法者，由於不喜歡否定蘊處界自我，信受他們本質上具有四相的說法，這些愚癡人總共有六萬八千人。這些人由於信受邪說，認為佛法中不是說無我、無人、無眾生、無壽者，而認定蘊處界都是實有不壞的；由於信受邪見的緣故，所以身壞命終以後，果然如同那位阿羅漢所說的一樣，墮落於無間大地獄中，不是普通的地獄。

無間地獄其實就是那些世俗人在罵說：「那個人眞壞，死後就應該要下墮到第十九層地獄。」實際上並沒有第十九層，地獄總共就是十八種，冷地獄有八種，熱地獄也有八種，再加上小地獄等，總共有十八個，就沒有一個第十九層地獄。其實他們講的第十九層地獄，就是在講無間地獄；因為它有五無間，壽命無間乃至受苦無間，從受苦的時間上來看是無間斷的，從廣大地獄身來看也是全身受苦而無間缺，這叫作無間大地獄。經中說由於信受邪見的緣故而在捨壽後會下墮無間地獄。

爲什麼信邪見會這麼嚴重？應該要探討一下。由於篤信邪見的結果，爲別人講出來的法就成爲都在抵制正法。當他們信受邪見的時候，就一定會主張說意識是常住的，會主張說意識是萬法的根源，然後就一定會否定正法。宗喀巴不就是這樣在弘揚所謂的佛法嗎？他的菩提道、密宗道等二部《廣論》，都同樣主張意識是常住的，公然與 世尊諸經中的聖教唱反調；所以印順、證嚴、星雲，他們信受了《廣論》以後，接著就都同樣去弘揚，因此他們弘揚出來的法雖然也叫作佛法，但其實不是眞實佛法；因爲他們那樣弘法時，本質上是在跟 佛陀的正法打對台。佛說意識是生滅法，他們說意識是常住法，與 世尊所說的正好相反，那不是謗佛與謗法嗎？所以他們就難免會下墮無間地獄，除非死前能夠面對大眾至誠懺悔。可惜的，他們並不知道這個嚴重性，在世間法上燒殺擄掠的罪都不會像這樣的嚴重；所以信邪見是最嚴重的惡業，因此阿含裡面也是這麼說，《佛說大乘菩薩藏正法經》也是這麼說；所以邪見是很可怕的，大家都要特別注意。

事說的第三個部分，我們舉例以傅大士的頌來講。傅大士頌曰：

「因深果亦深，理密奧難尋；當來末法世，唯恐法將沈。
空生情未達，聞義恐難任；如能信此法，定是覺人心。」

傅大士的頌中意思說：金剛般若講的法界因，是非常深妙的；從法界因來說無四相、離四相而行布施，這個果報也是非常的深奧。眞實理是一種祕密，這個祕密是法界中最深的祕密，非常的深奧；想要實證法界因的深奧祕密，也是非常難以尋求的。這個法界因的最深奧祕密，其實不是常常可以尋找得到，因爲祂太深奧；而這個世界的眾生「見濁」非常嚴重，所以不是常常有善知識願意在這個人間來弘法的，因此遇到善知識的機會也不是很多；在未來末法的世代中，恐怕般若正理的深妙法即將會沉沒消失了。須菩提名爲空生，可是他悟入不久，雖然成爲《金剛經》的緣起者，但他當時仍然有一些眾生的情見存在，還不是完全具足通達的。當他聽聞到 佛所說〈正信希有分〉中講到以此爲實，恐怕他也很難完全的接受這樣的正理，心中不免還是有一些的懷疑。假使到了末法最後五百年時，能夠完全信受這個「此」是眞實而非虛無，這一定是已經覺悟的人心中才會有的正見。傅大士是這麼說的。他的意思是說，須菩提尊者—空生—就是須菩提，說他其實也沒有完

全理解 佛所說的般若；須菩提當年已經悟了，只是還沒有通達；因爲這是在講金剛般若的時候，不是說他捨報的時候。

我們再來看看明朝曾鳳儀的說法，他是不是眞的懂呢？他既然寫了《金剛經》的宗通了，應該是眞的懂了，才敢寫出《金剛經》的宗通，因爲一般大法師們是沒有人敢寫宗通的。既然這部經他已經自認爲通達，所以寫出《金剛經宗通》來，我們當然得要檢驗一下：他到底有沒有通了《金剛經》的宗門妙法呀？如果沒有通，他寫出來的《金剛經宗通》，就要改名叫《金剛經不通》了。曾鳳儀是怎麼說的？他說：「無住行施，因深也；無相見佛，果深也。如我親承，方能領悟；末世鈍根，云何信受？既不信受，將無空說耶？」這是他講的話，他這意思是在註解傅大士上面的這首偈。

他說：「不住於我相、人相、眾生相、壽者相中來布施的話，這是在說『因深』；如果能夠以無相來見佛，這叫作『果深』。如同我曾鳳儀親自承受佛說《金剛經》的正法才能夠領悟；到了末法時候的那些鈍根人、遲鈍的人，怎麼可能信受呢？既然不信受，那麼須菩提請佛所說的〈正信希有分〉，不就可能白講了嗎？」他是這麼講的，看來口氣很大。我們且看他講的「無住行施是因深」，確實是因深；問題是 佛向須菩提說的，傅大士在頌中所說的，都是從如來藏離見聞覺知、無所受、不分別、涅槃性、清淨性、常住性，來說無相布施的施因非常地深妙難解。可是曾鳳儀悟的是常見外道境界的離念靈知，是以離念靈知來說無相布施；這樣的布施在實際上不可能無相，因爲意識在布施時永遠都是具足四相的；意識很清楚知道：我正在布施，你正在接受我布施，布施的是什麼財物。意識是很清楚的，不可能裝迷糊說「我不知道我在布施」，也不可能要求對方的意識裝迷糊說「請你不要知道我在布施」，也不可能裝迷糊說「對方不知道我在布施」，也不可能裝迷糊說「現在沒有布施這回事」。意識全都知道，明明就有能施、受施、所施物呀！不可能離於四相而成爲三輪體空，這很容易理解，這樣的布施就不是因深。

佛與傅大士說的都是依如來藏的離見聞覺知，正在布施的時候配合著意識在布施，可是如來藏沒有了知自己在布施，沒有了知對方接受布施，也沒有了知布施這回事，這樣才能叫作無住布施。能知道布施、受施以及自己正在布施的這個意識，要轉依於不知道這布施事相的如來藏，才能夠叫作無住相布施，這樣才能叫作「因深」。如果以意識來故意裝迷糊說：「**我都不知道**

正在布施、也不知道有布施這回事，你也不知道自己正在受施，你也不知道有布施這回事。」這叫作自欺欺人，因爲意識或離念靈知心明明都知道正在布施等事情，卻自我催眠說都不知道，根本就不是「因深」。

如果用意識的立場來說「正在布施的時候我都不分別」，那麼如果意識眞的能夠不分別時，還能布施嗎？不分別的時候是根本就不知道受施者在你面前，那才眞的叫作不分別，知道了就是已經分別完成了。如果說他對於所布施的財物也完全不知道，那才能眞的叫作不分別；可是離念靈知明明知道現在布施的是新台幣五萬塊錢，不是用觀想的布施五萬塊錢，這明明都知道呀！知道時就一定會有我相等四相，那就是分別完成了。用這種能分別的覺知心故意去裝迷糊而不加以分別時，他講出來時人家一聽可都知道他的意識境界了，這樣的布施「因」，還能有什麼「深」妙可說？實在太膚淺了。所以去到任何道場聽到那些大師們在講無住相布施時，你們都是一聽就懂了，可是來到這裡爲什麼常常聽不懂？問題就是因爲我們講的是完全沒有分別的布施，而沒有分別的布施當中卻同時能有意識知道布施者、受施者以及布施這回事，就會知道布施這件事的「因」全都在如來藏心中作出來的，不曾外於如來藏，這個布施的種子絕對不會落失於自己的如來藏心以外，永遠不會遺失，不是二乘聖人所能瞭解、所能觀察的，這樣才叫作「因深」；這不是你聽了就能懂的無相布施，那才叫作深妙。如果一般人和阿羅漢聽了就能懂，那麼這個布施之因還能叫作深妙嗎？台上講的無相布施，台下所有人都是一聽就懂了，那可就不深了，哪裡還有什麼「因深」可說呢？

連「因深」都不懂了，果報的深——「果深」，又怎麼能懂呢？因為能夠無住相布施的人去布施時，未來世所獲得的果報無量無邊，也因為無住相布施的人所獲得的未來果畢竟不失，所以說是「果深」。為什麼未來世果報無量無邊？因為自己不住於四相中而作布施，這不是世間人作得到的。因為自己能不住相而布施的緣故，因此所布施的一定是大福田，不會布施到貧窮田去。即使有時布施到貧窮田去，也是很清楚知道那是貧窮田，但是轉依如來藏金剛心的緣故，意識心不去作取捨而對貧窮田作了平等施，這才是眞平等。悟錯的人，他心中知道那是貧窮田，故意壓抑著自己去布施給那個貧窮田，其實是壓抑下來故意去作的，心中不是住於無相之中，心中其實也是不平等的；既是有相而且不平等的布施，福德就小了；所以能夠無住相而作布施的菩薩，那個果報才是無量無邊，這樣才能叫作「果深」。可是曾鳳儀用離念靈知去布施的時候，他心中全部都有分別，對於布施時的事相都是清楚分明的，怎麼能叫作「因深」與「果深」呢？而他在書中所說的道理，人家讀過的都能懂，所以南懷瑾老師讀了他的《金剛經宗通》，也是一讀就懂了；由於讀懂了就很歡喜，所以把它印出來流通。請問：曾鳳儀寫出來的這種《金剛經宗通》，能叫作「因深」與「果深」嗎？當然不能。所以他的無住行的「因深」，在字面上是對的，可是他的實質不對。

無相的見佛叫作「果深」嗎？「果深」是在講無相布施時他的福德果報無量無邊，布施的因果到未來世也不會落空，那才叫作「果深」。因爲這個福德果報有兩種，一種是可以獲得證悟者的身分而利樂眾生，確實行於無住相布施所得的廣大福德，不是世間人所能知道的，這是第一種「果深」。另外，藉那個福德來使自己未來世再增益菩薩道的資糧，這不是世間眾生所能作到，更不是那些凡夫大師們作得到的，這才叫作「果深」。可是曾鳳儀落在離念靈知中，因深與果深這兩法都沒有，他所說的果深只是在講無相見佛。可是他的無相見佛眞的無相嗎？其實不然。因爲他的無相見佛還是有相而自以爲無相，因爲他的無相見佛是以離念靈知沒有色相來說無相、來說自性佛。可是他的這種無相其實是還有很多相的。諸位想想看：離念靈知有沒有了知色塵相？有沒有了知聲香味觸塵相？有沒有了知法塵相？既然有了知這六相，那麼他的離念靈知心中就已經四相具足了，因爲他覺知心中顯然是同時具有我相、人相、眾生相、壽者相的，當然四相都具足了，那顯然是有相見佛；但他自以爲是無相見佛，這樣應該叫作果淺，不叫果深。

所以，他說「如我親承」，他是認爲自己開悟了，所以宣稱親承　佛陀的智慧。其實他哪有親承？他只是夢見說自己親承了，可是眞正的親承智慧，他作夢也夢想不到，再怎麼夢也夢不到；因爲，如來藏究竟是啥？他完全不懂；他如果遇到了眞悟底禪師，禪師一定不客氣地告訴他說：「汝猶未夢見在。」說他連作夢都還夢不到如來藏眞佛是什麼呢。如果有人作夢，夢見了如來藏確實是什麼東西，醒來以後實相般若就開始生起了，那是過去世悟過才有可能，否則再怎麼夢都夢不見的。因爲往世還沒有悟過，第八識的種子裡面沒有存在一個如來藏實證的經驗種子或知見種子，當然無法夢見如來藏的所在，當然要說他「尚未夢見在」。因此曾鳳儀所謂的「領悟」，只是誤會一場。

他所謂的「末世鈍根」是指後世的學佛人，包括現在的諸位在內。然而你們看：現在末世有這麼多人悟出來了，你們這些被他指稱爲鈍根的人都還勝過他這位「利根」呢。所以說，有顚倒見的大師還眞的很多，古往今來，永遠不乏其人；正法之世的善星比丘等人如此，末法之世的曾鳳儀如此，現在如此，未來世仍將如此。這種誤會佛法的大師永遠不乏其人，你不必怕未來哪一代可能沒有這種誤會佛法的大師，其實永遠都會有。所以我們說，他的根性實際上只能信離念靈知而不信如來藏；既不信受，他的《金剛經宗通》「將無空說耶」？他的書中所寫的這句話，我還是要回送給他！只是不知道曾鳳儀再來的時候，現在有沒有來到我們講堂？目前我不知道，想來應該沒有，因爲他與如來藏不相應，此世是進不了正覺講堂的。因此，我們說他其實沒有「親承佛旨」。所以說，想要「親承佛旨」眞的很難；但是要說容易的話其實也很容易，只要你的因緣夠，想要悟得這一著子，想要透過禪宗這個破初參而親承佛旨，也就像桌上取柑一樣，簡單得不得了。如果因緣不夠的話，盤斷了腿也是找不到的，一輩子就只能夠如喪考妣、愁眉苦臉去到下一世，重新再來苦參一世都還是無門可入的。

所以從事相上這樣來說明以後，大家應該都可以瞭解對於實相般若具有正信的人是很希有的；一般人都會相信離念靈知這個「我相」是眞實法，他們都不願意接受離念靈知心是虛妄的，他們永遠都認爲離念靈知是眞的，然後硬是把有四相的離念靈知識陰當作是無四相的金剛心。由此可知，現在末法開始不久，就已經這麼難接受離見聞覺知的如來藏了，到了末法最後五百年時讀到《金剛經》，就能相信離見聞覺知而從來沒有四相的金剛心如來藏才是眞的實相心，那還眞的很困難。

我可以期待的是，後末世五百年時能信受的就只是諸位。諸位聽到我說這一句話，到底是應該喜、還是應該憂？諸位有沒有想到呢？我想是應該兩者都有，叫作一則以喜，一則以憂。喜的是：「後末世，我還會信受《金剛經》中講的離四相的眞實法，將來我的看法還是一樣以此爲實。」所以應該喜。可是從另一方面想：「到那個時候佛教到底是怎麼回事？佛教正法命脈是不是如絲如縷、幾欲斷絕？」當然一定是憂心忡忡。現在末法剛開始不久，佛教正法命脈其實就已經如絲如縷了，所以我們才需要努力把那一根絲、那一線縷設法壯大起來。佛教正法的命脈現在就像只憑著一根絲來懸著，就像單靠一條細線懸著；我們必須要把那一根絲、那一條細線，趕快加強保固，讓它越來越有韌性，越來越粗壯，這就是諸位的使命。所以你們來到正覺講堂中，難道只是來證如來藏而已嗎？不然，當你來證如來藏的時候，你就同時會來擁護如來藏金剛法、護持如來藏金剛法，要使它越來越雄壯。將來也許我們這一代人走了以後，下一代人可能會說：**「從公元二千年的時候開始，這個如絲如縷的了義正法命脈開始轉變，絲縷不斷增加鞏固，後來漸漸成爲如同運動場上拔河用的那個粗繩索一般粗壯了，那時眞是佛教復興的時代。」**也許後代的人們將會這麼評論。可不可能呢？絕對可能。這就是諸位的使命。這一段經文，我們接著進入理說的部分：

「以此爲實」，彌勒菩薩偈曰：**「說因果深義，於後惡世時；不空以有實，菩薩三德備。」**這意思是說：無住相的法——「此」金剛心如來藏，以這個金剛心來說修行的因果、布施的因果，這是非常深奧的義理。到了最後末法五百年的時候已經是惡世了，人心險惡貪著名利，無所不用其極；下流的手段還不算最惡，連不入流的手段也使出來了，這就是後末世佛法剩下最後五百年的時候。到那個時候，竟然還可以有人認為《金剛經》講的是不空，認為講的是眞實法，這一種人眞的很難得；於佛法末法時期的後末世最後五百年時還能有這種人，這種人一定是具備三德的菩薩。

三德的意思，知道嗎？以前有個連續劇，演那個乾隆皇帝下江南的故事，不是有個太監叫三德子嗎？乾隆就是喜歡附庸風雅，人家寫詩他也學著寫詩，人家學佛他也跟著學佛；可是他寫的詩不入流，他學佛也學得不入流；因為他學的佛是學西藏密宗的雙身法，他跟著他的老子雍正同樣學密，當然要修雙身法，父子同樣是走這一條路的。所以他看見經中講三德，就把他那個太監命名叫作三德子，但他們君臣二人其實一德也無。

什麼叫作三德？三德講的就是法身德、般若德以及解脫德，這才叫作眞正的三德。二乘聖人只有解脫德，沒有法身德也沒有般若德，雖聖猶愚；因為他們只是在事相法上面，從五蘊的空、虛妄、無我、無我所來觀行，沒有證得法身金剛心，所以他們沒有法身德；而且二乘聖人的解脫德也是不具足，不圓滿的，因為還有無量的習氣種子隨眠，全都還沒有斷除呢。

談到法身，我記得大約二十年前，台灣北部（我不講寺院名字，只講地名就好），北投有個寺院很有名，派了法師去南洋（好像是泰國或是緬甸），有一個寺院叫作法身寺，去那邊學法。那個法身寺為什麼命名叫作法身寺？我最近才知道，是前幾天午餐（我在兩點多吃午齋）的時候，看見 TVBS 有一個佛國之旅，正好報導法身寺，我終於知道它為什麼叫作法身寺了。那是由一個優婆夷指導人家修行，據說她證得法身了，所以她建立的這個寺院就命名為法身寺。證法身，是大乘法；她說她已證得法身了，教人家怎麼樣證得法身，然後去學的人很多，受到她的感召；因為她的德行很好，所以很多人跟著她學；後來也有比丘跟著她學，最後就建立了法身寺，金碧輝煌。那金色的屋頂用很多尊的小佛像（貼金的小佛像安裝在那個寺院屋頂上），那是圓形屋頂，看起來金碧輝煌。可是談到佛法，她們有證到法身嗎？沒有。因為她們修行的內容還是以二乘法在修行，還是修四念處觀，所以那個寺院命名為法身寺，其實名實不符。

北投那間很有名的寺院派去的二、三位法師，他們自己也這麼講；這是我親耳聽到他們親口講的，不是轉聽來的；我不是道聽塗說，而是親耳聽那位法師講的。他說去那邊學習，主要就是四念處觀。他學了一年多回來，覺得功夫還不錯；可是去那裡修來的功夫，回來半年後就散掉了；因爲那是打坐得來的靜中功夫，所以，他們修到了什麼法身呢？都沒有，所修習的還是一念不生的修定境界，不外於意識境界，而且那種定力還無法用在動中不散。那這樣子，哪裡能叫作法身呢？那是誤把意識、誤把離念靈知當作法身。所以假使南洋法身寺的那位優婆夷再來受生於這裡的人間，聽到台灣有一個法可以證得法身如來藏，她應該會想要來台灣修學，否則她永遠證不到法身的。因爲法身就是金剛心如來藏，諸法全都以祂爲身才能出生與存在；而諸佛如來同樣有「此」第八識，這個在因地時被稱爲阿賴耶識的如來藏金剛心，才是眞的法身。

當我們在因地證得祂時就叫作因地法身，證得以後漸修到了佛地果位，種子究竟清淨，自心也究竟清淨（第八識自心本來就是清淨的，但是祂含藏的七識種子不清淨，修到佛地時所含藏的七轉識相應的種子也都清淨了），這時候改名爲無垢識，那叫作佛地法身、果地法身。妙覺、等覺以下菩薩的法身都還叫作因地法身，但這是第八識金剛心如來藏，不是生滅性的離念靈知意識。所以她們那個法身寺的開山祖師優婆夷，還是沒有證得法身。也許誰有閒情逸致，可以爲她們想想看：這個法身寺應該改個什麼名字？諸位可以想想看。所以說，若是想要把寺院立名爲法身寺，當家師就必須要有證得法身，否則不免要被人評爲名實不符。然而法身只能指稱第八識，第七識與第六識都不能算是法身。

言歸正傳再來解說三德，第一德叫作法身德。法身德是說諸法從「此」而生，「此」第八識就是諸法所依之身。一切世間出世間法都要以祂爲身，如果沒有這個第八識，所有一切諸法就沒有一法能夠生起，何況能夠繼續存在。證得諸法所依身的第八識，才是證得法身的人；這樣實證而現觀蘊處界的一切自我都是無常空，就不會落入斷滅空裡面，也不會落入常見外道的「常」裡面，這才能叫作親證了法身德。所以法身德之中，第一個條件也是永遠的、最後的條件，就是必須先證得法身如來藏。當你證得金剛心如來藏了，你就有法身德。有了法身德時就會出生法界實相的智慧，那就有了般若德，《金剛經》就能讀懂；雖然一時還沒有辦法完全通達，至少可以讀懂。譬如，爲什麼叫作無住相布施？爲什麼說是沒有四相？這些都可以懂了。這時把《金剛經》請出來，第一段〈法會因由分〉，讀完時你會怎麼樣想呢？

你一定會拍案叫絕：原來〈法會因由分〉中就已經把《金剛經》講完了，後面一切說法全都是世尊慈悲而作的增說。爲什麼要增說呢？因爲眾生聽不懂〈法會因由分〉中的說法。事實上，佛陀已經無言而說出實相般若，已經講完了；可是眾生依舊聽不懂，只好增說爲一整部《金剛經》了。這時你眞的懂《金剛經》了，這表示什麼？是說當你證得「此」法身以後，不但有了法身德，而且你已經有了般若德；證得法身如來藏而生起了實相般若，這個般若智慧的出現就是一種功德，這就叫作般若德。

到這裡已經有兩德了，接著再來看看解脫德。親證「此」金剛心如來藏以後，爲什麼就會有解脫德呢？當你證得如來藏而且**「以『此』爲實」**，就會對比得很清楚：原來蘊處界、六入全都是虛妄的，因爲都是從「此」而生出來的，也全都依「此」如來藏而存在及運作，那麼蘊處界入當然全部都是所生法。既然都是所生法，有生則必有滅，那不就是生滅法了？所以，從此以後不再以識陰離念靈知作爲眞實法了，那你就從「此」金剛心來看諸法，這時自然就沒有我相等四相了。你就現前看見：原來一切有情都是本來自性清淨涅槃，從來不曾住在這個本有的涅槃之外。也可以觀察到，阿羅漢們斷盡蘊、處、界、入以後，入了無餘涅槃時還是「此」金剛心如來藏的自住境界，而這個涅槃的境界卻是還沒有入涅槃前就已經存在著，所以生死當下就已經是解脫於生死此岸而住在無生無死的涅槃彼岸中了。這就知道原來《心經》講的就是這個本來無生無死的涅槃解脫境界，這就是你的解脫德，雖然這時你還只是第七住位的菩薩，距離初地還很遙遠呢。

而你這個解脫德，不迴心的阿羅漢們都不懂，除非他們迴小向大也親證了如來藏法身，否則他們都不知道這個涅槃；他們所知道的涅槃就是要觀行蘊處界虛妄，然後把自己滅了成爲無餘涅槃，永遠不再受生而斷盡後有。他們永遠不知道在生死輪迴當中就已經是涅槃、已經是清淨，並且「此」涅槃心是具有無量無邊的自性功德，而他們並不知道，所以他們的解脫德智慧並不能知道菩薩所得到的解脫德。再從另一方面來說，阿羅漢們的解脫德是局部的、是有缺陷的、是不完美的，因爲三界煩惱中的習氣種子隨眠全都具足存在，而且還有無記性的異熟法種的變異性也沒有斷除絲毫，所以還有變易生死。由於他們連法界實相中的本來自性清淨涅槃都不懂，所以他們雖然有解脫德，卻沒有辦法跟你談解脫。當你跟他演說本來自性清淨涅槃，說一切眾生本來常住涅槃時，他們眼睛睜得大大的，嘴巴張開，舌頭打結，講不出話來；所以他們的解脫德中的智慧遠不如你，因為他不知道法身何在，當然不懂法身本來涅槃的眞實義。你是由於證得「此」如來藏，有了法身德，有了般若德，也有解脫德，這三德都是阿羅漢之所不知；你必須這樣子實證了，才是 彌勒菩薩講的「菩薩三德備」，這時候你倒是有資格說：我叫作三德子。乾隆皇帝是附庸風雅地亂搞一場，他哪裡懂三德？又怎能有資格將他的太監命名為三德子？

接著再來看曾鳳儀是怎麼註解的？他是怎麼講三德的呢：「若無戒定慧三德，孰能以此為實而生信耶？」原來他的三德是在講戒定慧，不是 彌勒菩薩講的三德，他可眞是誤會大了！那麼你們說，他到底有沒有悟呢？竟然還誇大口說「如我親承，方能領悟」，意思是說：末後世你們這些人，都是沒有辦法悟入的，只有他曾鳳儀才能悟。可是他到底悟了什麼呢？原來是誤會的「誤」了！（大眾笑…）不是心字旁那個悟，而是言字旁那個誤啦！所以他在明朝時隨便亂寫，五、六百年後就被我們檢點了。所以說，寫書是不能隨便寫的；飯隨便吃都沒關係，五穀飯、麥飯、米飯、高粱飯、小米飯，隨便你怎麼吃都沒關係，就是書不能隨便寫；尤其是講解佛法的書，因爲寫了以後會有大因果的；特別是誤導眾生的因果，那是很重的罪。所以曾鳳儀懂三德嗎？不懂！爲什麼他不懂三德？因爲他沒有證得法身，既沒有證得法身就沒有法身德，沒有法身德就不會有般若德，那就沒有本來自性清淨涅槃的解脫德；因爲依舊會落在我見裡面，當然我相等四相就會具足。那麼這樣一來，他如果眞的要把正確的三德拿出來講，當他爲人說明如何是法身德的時候，第一德他就講不通了！難道他要說離念靈知就是法身嗎？那他要怎麼樣去證明離念靈知能夠出生他的五色根、出生他的意根、出生他的六塵以及六識？他要怎麼證明？他根本就無法證明離念靈知是諸法之所依身。既無法證明，那就乾脆不說，於是就說成戒定慧三德了，以假代眞還是比較容易啦！

所以，就像一句江湖中的行話：「行家一伸手，便知有沒有。」只看他一句話講出來就知道了，就是這樣呀！江湖中就是這樣，你這個人內功好不好，才一伸手，人家就知道了。若有人說他劍術有多麼好，劍一拔，還沒有完全拔出來，人家就知道他劍道好不好了。所以說「行家一伸手，便知有沒有」；同樣底道理，一個悟得深的人，想要判定那些古人有沒有悟，只取古人書中關鍵性的二、三句話就夠判斷了，何必要整本去讀完它呢？修道很重要，利樂眾生也很重要，哪有閒功夫耗費在他們那些書中言不及義的文字上面。所以，行家一看他們怎麼講三德，就知道他們有沒有智慧了，其餘的一、二十萬文字全都可以不必再讀了。同樣的道理，在佛法實證中，不需要讀完某人所有的書籍才判定某人有沒有悟，假使他老是在書中主張離念靈知是眞心，只要讀到他這麼一句話，你就足夠斷定他沒有悟了，不必要把他整本書讀完，連一段文字都不必讀完。以前有美援的麵粉、美援的舊衣服，似乎什麼東西都可以有美援的，就是時間沒有美援的；時間永遠都只是那麼多，永遠不增也不減。除非爲了哪一些任務必須要你繼續再作，你既然還沒有完成，佛告訴你說：「你再辛苦著多活幾年把它完成吧！」否則時間是沒有美援的。

時間是這麼寶貴，你何必浪費在那一些佛門中不「入流」的人寫出來的書籍上呢！如果要求你讀完他們的書，至少他們也得要預入聖流以後來寫吧！預入聖流是說他至少有斷我見、斷三縛結，因此他寫出來的書至少可以幫助別人斷我見、證初果，那才能算是預入聖流而已，也只是預先算他已經進入聖者之流，還不是眞的入流呢！所以初果、二果還不是眞正的聖人，只是方便說爲聖人，要到三果時才算是眞正的聖人。這種不入流的書，我們菩薩都說翻一翻就好，不必細讀。乃至初果人寫的書，你們翻一翻就好，不必一字一句去細讀，因爲你讀了，會覺得那太淺了，沒有什麼法味。如果是明心的七住菩薩寫的，初果人可得要一字一句好好去讀，並且還要詳細揣摩；不是揣摩上意，而是揣摩菩薩意。事實上是不是眞的如此？等你以後悟了，你自然就會知道。

所以說，三德的具備，只有菩薩作得到，二乘聖人沒有辦法，最多就只有一個解脫德，而聲聞初果人這個解脫德，來到剛悟的菩薩面前還開不了口呢！所以三德是只有菩薩才具備的。可是諸位今天就是要親自去獲得三德，當你明心了，聽我今天這樣講解佛法，你可以一面聽、一面觀照你有沒有這三德；結果當然是統統有，只是目前還遠不如 佛陀那麼圓滿，所以還要一步一步繼續往前走，精進邁向佛地。

以上講的就是理說的內容。所以，末法時代的學佛人讀《金剛經》時「以此爲實」，是很不容易的事；假使「以此爲實」是容易的，佛陀就不必刻意再提出來說了。所以，一般人講《金剛經》、聽《金剛經》、讀《金剛經》、誦《金剛經》時，大多是以「此」爲虛，總是把《金剛經》當作是在講緣起性空，無怪乎那位當代所謂的佛法導師會把「以此爲實」的般若正理，判定爲性空唯名——在他眼裡，般若全是唯有名相的戲論。

第二個理說的部分，我們來講「若取非法相，即著我、人、衆生、壽者」的經文，曾鳳儀註解說：「以何義故，信經之人得如是無量福德耶？是諸衆生如是持說、如是熏修，無復我、人、衆生、壽者之相，已得人無我慧；無復執於有爲之法相，亦無執於無爲之非法相，得法無我慧。人法俱空，量等太虛，故其福德不可量也。」他這個說法是跟《金剛經》說的「以此爲實」互相顚倒了。你看他這樣一段註解經文的字句，就知道他悟錯了，因爲他是「以此爲虛」而違背了佛說的「以此爲實」。怎麼說呢？譬如他這麼解釋：「相信《金剛經》的人爲什麼可以得到無量的福德呢？因爲這一些衆生就像是這樣子受持《金剛經》的說法，像這樣子熏習，所以不再有我相、人相、衆生相、壽者相，已經得到人無我的智慧。」請問：離念靈知是人無我的法性嗎？離念靈知是時時刻刻都有人也有我的，也是每個日夜都生滅的虛相法；因為，凡是落入離念靈知心中而自稱證悟的人，他的離念靈知心一定每夜都斷滅。而且當他一天到晚都住在離念靈知境界中而不起語言文字的時候，都是具足四相的；你若是不小心撞到了他，他會回過頭瞪你一眼；如果看他瞪了你一眼，你無妨試著給他一巴掌，保證他還會跟你打起架來，可是他心中一直都沒有生起語言文字。當你罵他，他知道你在罵他；當你打他，他也知道你打了他；當你撞到了他，他也知道你撞到了他；全都清楚明白、了了分明而不是無知，這不就是具足我相、人相、眾生相了嗎？當他了了而知這些事情的時候，是不是有時間相？有呀！這有個過程一定有個時間相，那不就是壽者相了嗎？結果他竟說離念靈知是沒有這四相的，說這樣就叫作「人無我」，可是我看他永遠都是「人有我」。

我們再來談談看：什麼叫作人無我？關於「人無我」，先從五蘊來說，為什麼叫作「人我」？人我就是五趣眾生。五趣是指五道眾生，因為阿修羅遍於五道中；由於有五道眾生的五蘊，這就叫作人我。可是這個我是以什麼作為我？是以「人」為我。換句話說，畜生就是以畜生的五蘊為我，阿修羅就是以阿修羅的五蘊為我，乃至地獄、鬼神道眾生都是如此，所以「我」就是五蘊。人相，講的就是五趣眾生在自己那一趣中互相觀待的法相，那就是人相。什麼叫作眾生相？就是觀待自己這一趣的眾生以及其他各趣眾生的時候，所看到的一切有情都不是無情，這就是眾生相。再換另一個層面來說，生生不息就是眾生；還沒有斷盡我執以前都是眾生，都住在眾生相中。如果說非眾生，那就是阿羅漢入滅時取涅槃。

凡是落在蘊處界我中，不知道識陰虛妄；等而下之，不知色陰虛妄的人，全都落在眾生相中。有一些大師（不管他們是在家人或出家人都一樣），都主張說：「我們要時時警覺，不要起妄想，要時時刻刻都能作主，要訓練到死的時候也能作主。」請問他們這樣修的目的是在作什麼？就是像儒家講的：「天行健，君子以自強不息。」這究竟是要作什麼呢？其實就是想要生生不息。生生不息就是眾生相。也許有人說：「奇怪！人家儒家認為生生不息是講得很好，為什麼到你這裡就不對了？」（大眾笑……）我告訴你：就是不對！因為那個叫作「眾生」，是想要永遠成為眾生，永遠不死，就永遠流轉生死；而我們弘法的目的是希望「眾死」，最好大家都死掉，而且要死得乾乾淨淨，以後永遠都不要再生生不息，那就是無餘涅槃，這就是阿羅漢度人的目的。

可是我們大乘菩薩度人時，是在「眾死」以後還要反過來繼續生生不息，所以這時又說「君子以自強不息」還是正確的；這一反過來時又正確了，因爲大乘菩薩們在自強不息的當下就已經死光了——我見與我執都已經死盡了。就是要這樣，這才是菩薩的三德。

所以「眾生」說穿了就是生生不息。有的人說：「我死後，絕對不來人間了！」他不來人間，能去哪裡？難道要去鬼道、畜生道嗎？當然不想去，也不必去；當他聽到可能要出生在鬼道、畜生道中，腳都涼了，還去呢？既然不去三惡道也不來人間，那麼他要生天嗎？生天以後還是再來三界中呀！天福享盡以後還是要下來人間受苦呀！怎能不來人間呢？想要生色界、無色界嗎？他又沒有禪定，怎能不來人間？所以，大家都不必害怕斷盡我執以後成爲斷滅，怕的是五蘊不能斷滅；五蘊不能斷滅就是生生不息，生生不息就是眾生相，就無法脫離無盡的生死痛苦，這些講的都是眾生相。

什麼叫作壽者相？請問五陰或者任何一法有沒有出生之相？有。出生了，是不是一直都存在著？是。存在了，是不是一直在變異？是。一直在變異以後，會不會衰老、死亡？會。那就是一個從生到滅的過程，有生滅的過程，那就是壽者相。如果以五蘊來講，一期生死就是壽者相，所以在社會上才會有人要問你說：「請問你現在幾歲？」否則人家要怎麼聘用你？若是女性，就說：「人家不喜歡你問年齡，你爲什麼老是要問人家幾歲？」特別是拉警報的時候—大學四年級時—最怕人家問幾歲，都說讀到大學四年級時還沒有要好的男朋友，就是拉警報的時候。讀到大學四年級時還沒有男朋友，那還得了！這就是在問壽者相了。爲什麼這麼問？因爲覺知心依附於色身，同時也以色身爲我，而色身就是會有年歲的差別；因爲色身歷經幾年了，覺知心就會自認爲自己幾歲，這就是壽者相。

如果要從法無我來講，什麼叫「法我」？法我就是說，在諸法中有一個能取的，那就是法我。諸法中，譬如在聽音樂時覺得「好好聽、好好聽」，這個覺知心正在取音樂，這時的覺知心我、取、音樂、愛樂等諸法之中的我，就是法我。因爲這個心會變來變去，所以有時候想：「吃午餐了，今天家裡同修煮出一桌好好吃的素食餐，色香味俱全。」這時候又是取什麼？取色香味。這個諸法中的能取心，祂就是法我。於種種法中能取的心，就是法我。法無我中講的「人」，這個「人」到底是講什麼？這個「人」就是不斷地執取六塵萬法的那個主體。在種種法中去取法時，容有許多法相上的不同，可是那個能取的永遠都是同一個，那叫作識陰或者是意識，識陰中的意識就是種種法中的「人」。在種種法中能取諸法的，雖然共有六識，可是歸結到最後都是意識在取。意識在取，這就是法無我中講的「人」我——人相。什麼叫作眾生？法無我中講的眾生，就是生生不息的萬法中的我；這一法過了又生起另一法，一法過了又有另一法生起，都有一個諸法中能取的我。人無我中說的我，就是在說，你永遠都是生生不息；可是法無我中講的就是一法又一法、一法又一法，那些法就是法我所住的境界。爲什麼會有這麼多法？因爲你需要這些法。當你想要有這一些法，這些法就出現了，這就是法我裡面所講的眾生。什麼叫作法的壽者相？法的壽者相，就是說，這一個法出現了以後它開始變異，變異的過程中它一直存在，也許五分鐘、也許十分鐘以後，它就消失了，這叫作法上的壽者相。人無我講的壽者相就是一期生命的開始與終結，可是法無我講的壽者相就是一個法出現了以後生住異滅的過程，這就是法的壽者相。

法無我中說諸法中的我，祂的壽者相最長的是什麼？是生到非非想天去，並且具足壽命而不中夭，八萬大劫中意識都是一念不生也不了知自己。在非非想天中存在時，八萬大劫之中全都一念不生，也都不了知有自我的存在，只住在定境法塵中，這個定境法塵中的意識就是法我。過完整整八萬大劫而使壽命終了，當他再回到人間的時候，他上一世的同修們不曉得已經修到幾行、幾迴向、幾地去了，他依舊還是凡夫一個。這樣的非非想天境界到底好不好？我想，有智慧的人都不想要；可是有很多外道還是很想要呢，他們自認爲那就是究竟的涅槃。然而他們往生後的非想非非想天的壽命，如果不中夭時會有多久？八萬大劫，全都一念不生，那個定境法塵的壽者相時間很長久。當你在這邊有無量無邊的法生住異滅、生住異滅而不停止，有許許多多的法上的壽者相去幫助你很快到達好幾行、好幾地去了，結果他過完八萬大劫以後還是住在凡夫位中，你說那樣的法無我中所定義的眾生相、壽者相以及人相與我相，要不要把它斷掉呢？當然應該要斷除，否則就不能入地了。因爲像那樣的法無我所定義的我、人、眾生、壽者，是越長壽越不好；反而要教他成爲短命鬼才好，希望他生天以後趕快中夭才好；因爲越短命就越快回到人間，越快繼續修菩薩道，所以長壽不一定好。因此，八難之中有一種叫作生長壽天，生長壽天就是學佛八難之一，所以長壽不一定好。我們學佛知見觀念就是要跟世俗人不一樣，世俗人說要如同「天行健」一般，所以君子要效法老天一樣自強不息；爲了生生不息而要不斷地自強，可是我們菩薩自強反而是不要生生不息，而是要解脫於生死而不離眾生，幫助眾生同得解脫。

所以，回頭來看看曾鳳儀這位老兄，他說的是信《金剛經》、受持《金剛經》、解說《金剛經》、熏習《金剛經》，卻都是落在離念靈知上而違背《金剛經》，這樣顯然是具足我相等四相的，不是眞的信、受、持、解、熏修「此經」。有了四相就沒有人我空慧，具足我見，他卻說自己已經得到了人無我慧，那樣的人無我就會變成斷滅了。因爲一定要有個法身存在，人無我的智慧才不會是斷滅；可是他的離念靈知是生滅法，只能一世存在，不能去到未來世，卻又沒有另一個常住的法身，當然死後就成爲斷滅空了。曾鳳儀是以離念靈知來說不執著於有爲的法相，也不執著於無爲的非法相，他說這樣叫作得到法無我慧。可是離念靈知能夠不執著有爲之法相嗎？如果離念靈知眞的能夠不執著有爲之法相，他曾鳳儀老兄肚子餓了就應該不知道餓，那才叫作不執著有為之法相。可是他老兄肚子餓了為什麼會知道而去吃飯呢？如果他肚子餓了不知道餓，就是真的不執著有為的法相，那他就不會想要去吃飯，他就不會活著來寫《金剛經宗通》。可是他明明寫了，顯然他的離念靈知還是執著有為法相的。因此，一定要人我五陰具足了知我相等四相，也要同時證得無我性的金剛心如來藏，現觀祂從來沒有我相等四相，才能真的實證法無我。

曾鳳儀說：不執著於無為的非法相。請問：無為的金剛心法相，他知道了沒？他不知道。既然不知道，就不知道從無為而產生的非法相，又怎麼能夠不執著無為法的非世間法相呢？所謂不執著，是一定要先得到，才能進而說不執著。譬如說，以王永慶來講，他也許現在有幾千億元的身價；擁有了幾千億元，可是心裡面覺得沒什麼而不執著，那才叫作不執著。可是如果一個乞丐說：「我不執著幾千億元財產啦！」（大眾笑⋯）你能夠接受嗎？不能接受才會大笑，笑他愚癡說大話。就好像有人說：「我都不執著實證如來藏，所以我不去正覺修學。」這樣講得通嗎？他還沒有證得，就不能夠說他是真的不執著，因為他還沒有得到。當他得到了而能放下，才能叫作不執著。

所以如果一個乞丐說：「**我對你國王擁有的那個王位，全都不執著。**」國王不會講他什麼，因爲人家說「大人不記小人過」，可是宰相可會說話了：「**你這個乞丐講話爲何這麼酸？**」人家會這麼講。所以一定是證得了無我，才能夠說不執著無我。證得無我以後又執著無我，就是執著於無爲法；若是尚未證得無我時，就自稱不執著無我，那就會變成執著有爲的非法相。當你不執著已經親證的無我相了，才能夠說你也不執著無爲的非法相，這樣才是眞正證得法無我慧。所以你看，落到離念靈知來講這一些法就全部錯，可是你如果改以如來藏來解釋他這一段話，那就全部對了！佛法的厲害就在這裡。不是有一句很流通的俗話嗎：「**正人說邪法，邪法亦正；邪人說正法，正法亦邪。**」《金剛經》明明是正法，可是給他們這麼一說，可就變成邪法了，就變成常見外道法了，這問題眞的很嚴重！

曾鳳儀作了前面的解說以後，又說：「**人法俱空，量等太虛。**」請問太虛有什麼法？太虛是無一法可得的，可是金剛心如來藏卻能生萬法，怎麼可以說人我空、法我空的修證者是「量」等太虛呢？這就好像古時的高麗有個禪師說「心包太虛」，又有人說「量同虛空」，那不就是斷滅空嗎？佛陀講的是如同虛空、猶如虛空，而不是等於虛空、量等虛空，結果他說量等太虛。量等太虛就是內容等於虛空，就是斷滅空；這樣悟錯了而且又寫書誤導眾生了，他哪來的福德呢？還說福德不可量！只有「**以此爲實**」來說人我空、法我空，才有福德可說，因爲那不是斷滅空、不是等太虛，才有福德可說。可是曾鳳儀講的是量等太虛，人我都空掉了，法也空掉了，既然全都空無，沒有眞實法的智慧，哪來福德可說？未來世的福德種子要存到哪裡去？又要報到哪裡去，報給虛空嗎？所以邪人說正法，正法亦邪，因爲他變成「以此爲虛」了。

理說的第三個部分，則是我親自遇到的例子；這種例子在這幾年已經很少見了。早年常常有人寫信來責問說：「金剛經說：法尚應捨，何況非法。你平實居士說那麼多法作什麼？」以前就有個法師因此被我寫在《楞伽經詳解》裡面。後來也有法師繼續寫信來質問，我看是一些名不見經傳的小法師，而這種質疑以前已經有很多，我也已經寫在《楞伽經詳解》中解釋過了，所以就沒有保存及回信的必要。只要保存一個有代表性的，也回答一個有代表性的就夠了；不然那檔案越積越多，也永遠答覆不完。可是這幾年沒有人再寫了，可能是怕被我再寫在書裡面。當然也是因爲我寫在《楞伽經詳解》第十輯裡面，他們根本沒有辦法回答；他們可能想：「那位法師無法回答，我也一樣無法回答，那我再寫信去，不是自找麻煩嗎？」所以這五、六年來就沒有人再寫信來質問這個問題了。

然而問題是，彌勒菩薩有一首偈這麼說：「彼不住隨順，於法中證智；如人捨船筏，法中義亦然。」這就像古德常常講的：「渡河須用筏，到岸不須舟。」你想要到達河的彼岸，又不會游泳，那該怎麼辦？若是沒有橋可以走過去，你只好搭船。可是竟然有一個還沒有到彼岸的人向大眾主張說：「你不用一天到晚把那個皮筏揹在背上，要把它丟棄才是，我都不揹那個皮筏的。」問題是他到了彼岸沒有？這才是重點。還沒渡到彼岸的人竟然不想要帶著皮筏，還叫別人要把皮筏捨棄，那要如何才能渡到河的彼岸呢？所以善知識出來弘法，告訴眾生正確的方法說，你們要如何才能到彼岸。結果他們反而來責備善知識說：「你何必一天到晚執著那個到彼岸的方法？」善知識已經到了彼岸，他何必再執著到彼岸的方法？他早就丟了，但是還沒有到彼岸的人卻沒看見他已經到達彼岸了。而且善知識一天到晚在告訴人家說：「這裡有一艘船，有一艘船呀！」他不是執著那艘船，因爲他已經到岸了！而他一天到晚告訴眾生說這裡有一艘船，都是爲眾生講的，不是爲他自己，他根本就不是執著那艘船。可是善知識想要幫那些愚人渡到彼岸，告訴他們說那裡有一艘船，愚人卻反而回過頭來罵那個善知識說：「你爲什麼執著那一艘船？我都不執著那一艘船。」天下就有好多這種人，不勝枚舉。

所以應該要像古德說的，你若是想要到彼岸，就一定要有船；只有到達了彼岸的人才有資格說不必再執著那艘船了，才能說：「那艘船不必再揹於背上，早就可以丟了。」可是古時有如此的愚人，現在如此，未來世仍將如此，永遠都會有人出來指責善知識說：「你不要一天到晚在講那一艘船。」可是他自己連船在哪裡都還不知道，連自己還沒渡河的事實都不知道，誤以爲自己已經到達彼岸了，卻在指責善知識，這眞叫作愚癡。這就是「以此爲虛」的愚人才會說的話，凡是「以此爲實」的菩薩們，都有正信而懂得「以此爲實」的道理，才會有正信可言，否則都不是正信。以此緣故，佛說：「末法時代後五百年時，如果有人聽聞《金剛經》中說『此』的章句時，能夠『以此爲實』，這樣的人是具有正信的人，在那時是非常希有的人啊！」理說講完了，再來看看宗門裡大慧宗杲是怎麼說的：

《大慧普覺禪師語錄》卷三：【「**若向這裏知歸，出息不涉萬緣，入息不居陰界；常轉如是經，百千萬億卷。只如今日檀越請徑山一千七百大眾，所轉者還在百千萬億卷中也無？若在其中，即取法相；若不在其中，即取非法相。故經云：『若取法相，即著我人眾生壽者。若取非法相，即著我人眾生壽者。』正當恁麼時，還有定奪得出者麼？若定奪不出，明日來，向汝道。**」】

大慧宗杲這麼說：「如果能夠向這個地方了知而轉依祂，那麼出息也好、入息也好，都不會牽涉到萬緣以及陰界入。」如果不能「以此為**實**」，而把有生有滅底意識當作真實，或者誤以為般若就是性空唯名、所以一切法緣起性空，都歸於無常故斷滅，成為「以此為虛」，就無法斷我見、我執，一定會落入識陰等萬緣之中；「於是出息就涉萬緣，每一息中都在六塵萬法當中執著；入息便會居於陰處界中，因為吸氣進來全都是在五陰十八界中。如果能向這裡知歸，常轉如是經，不斷地運轉『**此**』《金剛經》；當你真正悟入了，就能時時刻刻都在運轉**此**《金剛經》，而且是運轉『百千萬億卷』。」自從你悟了開始，一直到捨報之前，請問你轉「此」《金剛經》總共轉了多少卷？

眞的叫作「百千萬億卷」。你假使眞的開悟了，就知道我沒有騙你；因爲我弘法以來沒有講過一句誑語，我講的全都是實話；不論事上或理上，我都是這樣。

大慧宗杲這樣開示過了，隨即反問大眾說：「只如今日檀越」，因爲這是人家信眾前來徑山請他（包括寺中一千七百大眾），也就是來徑山施齋供養寺中一千七百位的出家眾僧；當時大慧宗杲住持正法於徑山，所以他就自稱徑山，這是他晚年的事。大慧說：「今天施主你請我徑山老人，包括山中一千七百位出家眾，當你供僧以後請我徑山老人轉經，請問您：我轉的『此』經是不是在百千萬億卷中呢？」意思是問：我徑山禪師所轉的經是不是大藏經所講的眾經中的一部分？「如果你說我轉的經是在大藏經中的，那麼就是取法相了」，因爲大藏經中講的全都是諸法的法相；「但你如果說我所轉的『此』經不在大藏經中，那就是取非法相。所以《金剛經》裡面這麼講：『若是取法相的話，就是執著我、人、眾生、壽者四相；如果是取非法相，也是執著我、人、眾生、壽者四相。』請問大眾，也請問檀越施主你：正當我現在轉經的時候，還有誰能夠定奪出來嗎？我現在所轉的『此』經到底是在經典中？

還是不在經典中？如果定奪不出來，明天上來，我就跟你講。」

請問諸位：我平實在這裡轉經，也轉了一個半鐘頭，到底我轉的經是在大藏經中？或者不在大藏經中？（有人答：亦在亦不在。）亦在亦不在，非在非不在。行家！這正是作家。因爲你如果說不在大藏經中，那顯然所轉的經一定不同於般若諸經所說，一定是非法；如果是在大藏經中，那又落在四相裡面了，因爲一定有法相，同樣非法。所以你得要親眼看見說，我這個轉經既不在大藏經中，但也是在大藏經中，這是兩者具足的；所以非法非非法，兩者俱不住；卻又同時函蓋兩者，這樣才是眞的能轉大藏經的證悟者。所以古時有大護法派人前來供養了一大筆銀子，請老趙州轉經；老趙州收了銀子，下了禪床轉一圈又上去坐，坐定了就當場告訴來人，說他轉經完畢了。禪師賺銀子最容易，不管大護法們供上了幾百兩、幾千兩、幾萬兩銀子來，他把銀票收了，下禪床轉一圈又上去坐，便說「藏經轉畢」，然後就送客了。你可別說禪師們開玩笑，他們還眞的轉經完成了。

世間什麼生意最好作？禪師這一行最好作。就是禪師這一行最好作，只是眞悟底禪師們賺了錢都不留在身上，都用在度眾生上面。凡是賺得錢會留在自己身邊的，都不是眞禪師，都是假禪師。所以，眞禪師只賺法財，不賺世間財。我今天也是賺法財，我從來不賺世間財。我如果要賺世間財，也很容易，只是我不想賺。如果要賺世間財，我告訴你：我最快最大的記錄是一年翻六倍，我能夠這樣賺；最差的投資一年也有一倍。我什麼時候開始賺？我在四十歲之前，三十幾歲時開始這樣賺。但是後來我不想賺了，因爲賺得越多，就是實現往世修來的福德越多，那麼保留到未來世的福德就越少，何必把所有福德都弄來這一世用？每餐吃飯不過一碗，睡覺不過那個床鋪，又不吃喝玩樂，用不到很多錢。把往世的全部福德都弄到這一世來實現，只是好了世俗法中的子孫，卻要苦了未來世的自己，使未來世福德大大減少，何必呢？錢財夠用就好，其他的要盡量留到下一世去；成佛資糧是要一世又一世累積起來的，那要像滾雪球一樣，才剛開始時福德不過是一尺大的雪球，你就把它剁一半吃掉了、用掉了，那你要在什麼時候再去滾大呢？所以眞禪師收銀兩供養時是很容易收，可是他都不是爲自己收，立刻用到弘揚正法上面去，眞禪師都是這樣的。如果他廣收供養以後都累積下來，我告訴你：那個人不可能是眞悟者。就算後來證明是眞的開悟了，也一定是後來有善知識濫慈悲幫他開悟的，一定也是悟得很淺；這是因爲他沒有完全轉依所悟的金剛心，才會繼續貪愛人家供養的錢財，這表示他沒什麼功德受用。

請問諸位：我上座已經轉經轉了一個半鐘頭，到底我轉的這部經是在藏經裡面的？或者不在藏經裡面？當然你們剛才聽過行家講過「亦在藏經、亦不在藏經」，然而問題是：爲什麼如此？證悟者爲什麼會這樣答我？這就是諸位要去把它弄清楚的地方。然而，這不是靠思惟而能了知的，這要靠眞參實修而親證。那麼到底怎麼樣才對呢？不論禪師講的、經上講的，都是在告訴我們一個道理：實者不取，取者必虛。爲什麼這樣講？因爲眞實法「此經」從來都不取諸法。禪師座下的大護法，爲了護持了義正法，一張銀票開出來，可能是破天荒的一百萬兩，然而禪師所悟的祂——此經，依舊不會看它一眼；換作是一個窮人家來供養了一文錢，祂也一樣都不看一下那一文錢；因爲祂絕無所取，不管人家的供養是多是少，「此經」金剛心都無所取；這樣悟得，才是眞實法；所以實者不取，取者非實，凡是會取的都不是眞實法。

古往今來都有這種事：很窮的人家好不容易弄到十文錢，那是他好幾年的積蓄，今天供養上來，結果假名禪師看到那十文錢，斜眼看著，心裡面輕蔑地想：「才十文錢？」另一個大富人家從懷裡掏出一張紙，他心中就想：「大概是三萬兩銀吧！」一打開，結果是五十萬兩銀，那假禪師眼睛睜得好大，那就是取。不管他心中輕蔑地想「才十文錢」的了知的取，或者是五十萬兩銀而使眼睛睜得很大的那個了知的取，全都是取；有取的心就不是眞實法，一定不是「此經」。假使那位假禪師由於修養很好，很努力在修行，當他看見一個很窮的人拿出十文錢來供養，他口中讚歎說：「施主！功德無量！這恐怕是你好幾年的積蓄。」即使這樣誠心地尊重讚歎，也還是已經了知而有取；因爲他了知那是少少的十文錢，也了知那是眼前這位窮人好幾年的積蓄，這都已經是「取」了，有取就離不了四相。眞實法「此經」是從來都不作了知的，因爲不了知，所以完全不分別，才是眞的無取，才能離四相。凡是有所了知的，不論是否離念，有了知就是分別，有分別就是「取」。

眞實法是自始至終都離取而離四相的，有取就不離四相；所以，到底什麼心是眞的實而不取？這是諸位要探究的，千萬別被那些假名禪師所籠罩。假名禪師都是這麼說：「當你看見了乞丐的時候，你不要輕視他，你要平等地對待他，不要去分別說他是乞丐。當你看見了一個有錢人的時候，不要去分別說這是董事長；是大公司的大董事長，所以要對他好一點。你不要作這種分別，這樣就沒有四相了，就是不分別了。」末法時代就是會有好多人相信這樣的開示，就只有很少數人不信，心裡面會懷疑、會思索：「當我像禪師講的這樣面對世間萬法時都不要去分別，那我跟白癡有什麼不同？」他心裡面想著，越想越不對：「我們進入大乘法中學實相、學般若，不就是為了要擁有智慧嗎？結果有智慧的禪師卻都告訴我說不要分別，最好都不知道他是大公司的董事長，也不要知道另一個人是乞丐；可是看了乞丐跟董事長時都分別不出來是乞丐或董事長，那我不是變成白癡了嗎？」有的人真的這樣想過，所以後來想一想：「這好像不對，我明明一見就知道他是董事長、他是乞丐，難道我悟後應該每天在上班時都不知道我們公司的董事長是誰嗎？不對！不對！」他心裡面想一想：「這位禪師講的禪好像有問題。」

後來等到大禪師為他印證說開悟了，原來所悟的眞心就是一念不生的離念靈知。「可是我看看那些阿貓、阿狗們也同樣沒有語言文字在心中，也和我一樣是一念不生；牠們心中也沒有語言文字妄想，可是我一叫說：『花奴，來吃飯！』牠就知道要過來吃飯了，牠心中也沒有語言文字，每天住在離念靈知之中，卻懂得聽聲辨色，顯然還是有分別。」他又想：「這樣的禪、這樣的開悟可能有問題。如果依照大禪師這樣講，那些阿貓、阿狗都比我們更早開悟了，也都悟得比我們人類好，因爲 牠們心中永遠都沒有語言文字。」所以他想一想，覺得不對，只好依依不捨而離開原來那個道場，再去尋找善知識了，他變成善財童子第二了。

所以，要能夠得到善法財是很不容易的，因爲心中離語言妄想時，所見所聞當下明明已經知道所見所聞是什麼，卻刻意矇蔽自己說我現在是不知道、不分別的，那不是自我欺騙嗎？佛法並不是這樣修的。當你被人家印證了以後，結果回家把祖師開悟的公案請出來讀的時候，竟然發覺還是讀不懂；跟被印證前是一樣的，還是一樣讀不懂，那就一定有問題。然而問題出在哪裡？依舊解不開！這時心裡面可眞的很苦！因爲開悟的祖師所講的、所作的，我們既然開悟了，應該是可以懂才對；可是被印證開悟以後竟然還是不懂，那表示被印證的這個開悟是有問題的。因此，學禪底人可得要弄清楚什麼才叫作眞正的開悟。一定是開悟以後具有三德的智慧時，才能叫作眞的開悟；而這三德要從哪裡來？要從證得如來藏法身來，法身如來藏就是「此經」。

從宗說講完了這一品，最後要問大眾：作麼生是「實而非取」者？若有欲知者，明日來講堂，必定爲汝說！只是今晚有一件事情要先告訴你：別問平實明日來不來！

（未完，詳續第二輯。）

佛菩提二主要道次第概要表——二道並修，以外無別佛法

佛菩提道——大菩提道

資糧位

十信位修集信心——一劫乃至一萬劫

初住位修集布施功德（以財施爲主）。

二住位修集持戒功德。

三住位修集忍辱功德。

四住位修集精進功德。

五住位修集禪定功德。

六住位修集般若功德（熏習般若中觀及斷我見，加行位也）。

外門廣修六度萬行

見道位

七住位明心般若正觀現前，親證本來自性清淨涅槃。

八住位起於一切法規觀般若中道。漸除性障。

十住位眼見佛性，世界如幻觀成就。

一至十行位，於廣行六度萬行中，依般若中道慧，現觀陰處界猶如陽焰，至第十行滿心位，陽焰觀成就。

一至十迴向位熏習一切種智；修除性障，唯留最後一分思惑不斷。第十迴向滿心位成就菩薩道如夢觀。

內門廣修六度萬行

遠波羅蜜多

初地：第十迴向位滿心時，成就道種智一分（八識心王一一親證後，領受五法、三自性、七種第一義、七種性自性、二種無我法）復由勇發十無盡願，成通達位菩薩。復又永伏性障而不具斷，能證慧解脫而不取證，由大願故留惑潤生。此地主修法施波羅蜜多及百法明門。證「猶如鏡像」現觀，故滿初地心。

二地：初地功德滿足以後，再成就道種智一分而入二地；主修戒波羅蜜多及一切種智。滿心位成就「猶如光影」現觀，戒行自然清淨。

解脫道：二乘菩提

斷三縛結，成初果解脫

薄貪瞋癡，成二果解脫

斷五下分結，成三果解脫

入地前的四加行令煩惱障現行悉斷，成四果解脫，留惑潤生。分段生死已斷，煩惱障習氣種子開始斷除，兼斷無始無明上煩惱。

近波羅蜜多

修道位

心、五神通。能成就俱解脫果而不取證，留惑潤生。滿心位成就「猶如谷響」現觀及無漏妙定意生身。

四地：由三地再證道種智一分故入四地。主修精進波羅蜜多，於此土及他方世界廣度有緣，無有疲倦。進修一切種智，滿心位成就「如水中月」現觀。

五地：由四地再證道種智一分故入五地。主修禪定波羅蜜多及一切種智，斷除下乘涅槃貪。滿心位成就「變化所成」現觀。

六地：由五地再證道種智一分故入六地。此地主修般若波羅蜜多——依道種智現觀十二因緣一一有支及意生身化身，皆自心眞如變化所現，「非有似有」，成就細相觀，不由加行而自然證得滅盡定，成俱解脫大乘無學。

七地：由六地「非有似有」現觀，再證道種智一分故入七地。此地主修一切種智及方便波羅蜜多，由重觀十二有支一一支中之流轉門及還滅門一切細相，成就方便善巧，念念隨入滅盡定。滿心位證得「如犍闥婆城」現觀。

大波羅蜜多

八地：由七地極細相觀成就故再證道種智一分而入八地。此地主修一切種智及願波羅蜜多。至滿心位純無相觀任運恆起，故於相土自在，滿心位復證「如實覺知諸法相意生身」故。

九地：由八地再證道種智一分故入九地。主修力波羅蜜多及一切種智，成就四無礙，滿心位證得「種類俱生無行作意生身」。

十地：由九地再證道種智一分故入此地。此地主修一切種智——智波羅蜜多。滿心位起大法智雲，及現起大法智雲所含藏種種功德，成受職菩薩。

圓滿波羅蜜多

究竟位

等覺：由十地道種智成就故入此地。此地應修一切種智，圓滿等覺地無生法忍；於百劫中修集極廣大福德，以之圓滿三十二大人相及無量隨形好。

妙覺：示現受生人間已斷盡煩惱障一切習氣種子，並斷盡所知障一切隨眠，永斷變易生死無明，成就大般涅槃，四智圓明。人間捨壽後，報身常住色究竟天利樂十方地上菩薩；以諸化身利樂有情，永無盡期，成就究竟佛道。

← 七地滿心斷除故意保留之最後一分思惑時，煩惱障所攝色、受、想三陰有漏習氣種子全部斷盡。

煩惱障所攝行、識二陰無漏習氣種子任運漸斷，所知障所攝上煩惱任運漸斷。 ← 斷盡變易生死 成就大般涅槃

圓滿成就究竟佛果

佛子**蕭平實** 謹製
（二〇〇九、〇二 修訂）
（二〇一二、〇二 增補）

佛教正覺同修會〈修學佛道次第表〉

第一階段

* 以憶佛及拜佛方式修習動中定力。
* 學第一義佛法及禪法知見。
* 無相拜佛功夫成就。
* 具備一念相續功夫—動靜中皆能看話頭。
* 努力培植福德資糧，勤修三福淨業。

第二階段

* 參話頭，參公案。
* 開悟明心，一片悟境。
* 鍛鍊功夫求見佛性。
* 眼見佛性〈餘五根亦如是〉親見世界如幻，成就如幻觀。
* 學習禪門差別智。
* 深入第一義經典。
* 修除性障及隨分修學禪定。
* 修證十行位陽焰觀。

第三階段

* 學一切種智真實正理—楞伽經、解深密經、成唯識論…。
* 參究末後句。
* 解悟末後句。
* 透牢關—親自體驗所悟末後句境界，親見實相，無得無失。
* 救護一切衆生迴向正道。護持了義正法，修證十迴向位如夢觀。
* 發十無盡願，修習百法明門，親證猶如鏡像現觀。
* 修除五蓋，發起禪定。持一切善法戒。親證猶如光影現觀。
* 進修四禪八定、四無量心、五神通。進修大乘種智，求證猶如谷響現觀。

佛教正覺同修會 共修現況 及 招生公告　2023/03/28

一、共修現況：（請在共修時間來電，以免無人接聽。）

台北正覺講堂 103 台北市承德路三段 277 號九樓 捷運淡水線圓山站旁
Tel..**總機** 02-25957295（晚上）（**分機：九樓**辦公室 10、11；知客櫃檯 12、13。 **十樓**知客櫃檯 15、16；書局櫃檯 14。**五樓**辦公室 18；知客櫃檯 19。**二樓**辦公室 20；知客櫃檯 21。）
Fax..25954493

第一講堂　台北市承德路三段 277 號九樓

禪淨班：週一晚班、週三晚班、週四晚班、週五晚班、週六下午班、週六上午班（共修期間二年半，全程免費。皆須報名建立學籍後始可參加共修，欲報名者詳見本公告末頁。）

增上班：成唯識論釋：單週六晚班。雙週六晚班（重播班）。17.50～20.50。平實導師講解，2022 年 2 月末開講，預定六年內講完，僅限已明心之會員參加。

禪門差別智：每月第一週日全天　平實導師主講（事冗暫停）。

解深密經詳解：本經從六度波羅蜜多談到八識心王，再詳論大乘見道所證眞如，然後論及悟後進修的相見道位所觀七眞如，以及入地後的十地所修，乃至成佛時的四智圓明一切種智境界，皆是可修可證之法，流傳至今依舊可證，顯示佛法眞是義學而非玄談或思想，都是淺深次第皆所論及之第一義諦妙義。已於 2021 年三月下旬起開講，由平實導師詳解。每逢週二晚上開講，第一至第七講堂都可同時聽聞，歡迎菩薩種性學人，攜眷共同參與此殊勝法會現場聞法，不限制聽講資格。本會學員憑上課證進入第一至第四、第七講堂聽講，會外學人請以身分證件換證進入聽講（此爲大樓管理處安全管理規定之要求，敬請諒解）；第五及第六講堂（B1、B2）對外開放，不需出示任何證件，請由大樓側門直接進入。

第二講堂　台北市承德路三段 267 號十樓。

禪淨班：週一晚班。

進階班：週三晚班、週四晚班、週五晚班、週六早班、週六下午班。禪淨班結業後轉入共修。

增上班：成唯識論釋：單週六晚班，影音同步傳播。雙週六晚班（重播班）

解深密經詳解：平實導師講解。每週二 18.50~20.50 影像音聲即時傳輸。

第三講堂　台北市承德路三段 277 號五樓。

禪淨班：週六下午班。

增上班：成唯識論釋：單週六晚班，影音同步傳播。雙週六晚班（重播班）

進階班：週一晚班、週三晚班、週四晚班、週五晚班。

解深密經詳解：平實導師講解。每週二 18.50~20.50 影像音聲即時傳輸。

第四講堂　台北市承德路三段 267 號二樓。

進階班：週一晚班、週三晚班、週四晚班（禪淨班結業後轉入共修）。

解深密經詳解：平實導師講解。每週二 18.50~20.50 影像音聲即時傳輸。

第五、第六講堂

念佛班　每週日晚上，第六講堂共修（B2），一切求生極樂世界的三寶弟子皆可參加，不限制共修資格。

進階班：週一晚班、週三晚班、週四晚班。

解深密經詳解：平實導師講解。每週二 18.50~20.50 影像音聲即時傳輸。第五、第六講堂為**開放式講堂**，不需以身分證件換證即可進入聽講，台北市承德路三段 267 號地下一樓、地下二樓。每逢週二晚上講經時段開放給會外人士自由聽經，請由大樓側面梯階逕行進入聽講。

聽講者請尊重講者的著作權及肖像權，請勿錄音錄影，以免違法；若有錄音錄影被查獲者，將依法處理。

第七講堂　台北市承德路三段 267 號六樓。

解深密經詳解：平實導師講解。每週二 18.50~20.50 影像音聲即時傳輸。

正覺祖師堂　大溪區美華里信義路 650 巷坑底 5 之 6 號（台 3 號省道 34 公里處　妙法寺對面斜坡道進入）電話 03-3886110　傳眞 03-3881692 本堂供奉　克勤圓悟大師，專供會員每年四月、十月各三次精進禪三共修，兼作本會出家菩薩掛單常住之用。開放參訪日期請參見本會公告。教內共修團體或道場，得另申請其餘時間作團體參訪，務請事先與常住確定日期，以便安排常住菩薩接引導覽，亦免妨礙常住菩薩之日常作息及修行。

桃園正覺講堂（第一、第二講堂）：桃園市介壽路 286、288 號 10 樓（陽明運動公園對面）電話：03-3749363（請於共修時聯繫，或與台北聯繫）

禪淨班：週一晚班（1）、週一晚班（2）、週三晚班、週四晚班、週五晚班。

進階班：週四晚班、週五晚班、週六上午班。

增上班：成唯識論釋。雙週六晚班（增上重播班）。

解深密經詳解：平實導師講解。每週二晚上，以台北正覺講堂所錄DVD放映；歡迎會外學人共同聽講，不需出示身分證件。

新竹正覺講堂 新竹市東光路 55 號二樓之一　電話 03-5724297（晚上）

第一講堂：

禪淨班：週五晚班。

進階班：週三晚班、週四晚班、週六上午班。由禪淨班結業後轉入共修

增上班：成唯識論釋。單週六晚班。雙週六晚班（重播班）。

解深密經詳解：平實導師講解。每週二晚上，以台北正覺講堂所錄 DVD 放映。歡迎會外學人共同聽講，不需出示身分證件。

第二講堂：

禪淨班：週一晚班、週三晚班、週四晚班、週六上午班。

解深密經詳解：每週二晚上與第一講堂同步播放講經 DVD。

第三、第四講堂：裝修完畢，已經啓用。

台中正覺講堂 04-23816090（晚上）

第一講堂 台中市南屯區五權西路二段 666 號 13 樓之四（國泰世華銀行樓上。鄰近縣市經第一高速公路前來者，由五權西路交流道可以快速到達，大樓旁有停車場，對面有素食館）。

禪淨班：週四晚班、週五晚班。

進階班：週一晚班、週三晚班、週六上午班（由禪淨班結業後轉入共修）。

增上班：成唯識論釋。單週六晚班。雙週六晚班（重播班）。

解深密經詳解：平實導師講解。每週二晚上，以台北正覺講堂所錄 DVD 放映。歡迎會外學人共同聽講，不需出示身分證件。

第二講堂 台中市南屯區五權西路二段 666 號 4 樓。

禪淨班：週一晚班、週三晚班。

第三講堂台中市南屯區五權西路二段 666 號 4 樓。

禪淨班：週一晚班。

第四講堂台中市南屯區五權西路二段 666 號 4 樓。

進階班：週一晚班、週四晚班、週六上午班，由禪淨班結業後轉入共修

解深密經詳解：每週二晚上與第一講堂同步播放講經 DVD。

嘉義正覺講堂 嘉義市友愛路 288 號八樓之一　電話：05-2318228

第一講堂：

禪淨班：週四晚班、週五晚班、週六上午班。

進階班：週一晚班、週三晚班（由禪淨班結業後轉入共修）。

增上班：成唯識論釋。單週六晚班。雙週六晚班（重播班）。

解深密經詳解：平實導師講解。每週二晚上，以台北正覺講堂所錄 DVD 放映。歡迎會外學人共同聽講，不需出示身分證件。

第二講堂　嘉義市友愛路 288 號八樓之二。

第三講堂　嘉義市友愛路 288 號四樓之七。

禪淨班：週一晚班、週三晚班。

台南正覺講堂

第一講堂　台南市西門路四段 15 號 4 樓。06-2820541（晚上）

禪淨班：週一晚班、週三晚班、週四晚班、週五晚班、週六下午班。

增上班：**成唯識論釋**。單週六晚班。雙週六晚班（重播班）。

解深密經詳解：平實導師講解。每週二晚上，以台北正覺講堂所錄 DVD 放映。歡迎會外學人共同聽講，不需出示身分證件。

第二講堂　台南市西門路四段 15 號 3 樓。

解深密經詳解：每週二晚上與第一講堂同步播放講經 DVD。

第三講堂　台南市西門路四段 15 號 3 樓。

進階班：週一晚班、週三晚班、週四晚班、週五晚班（由禪淨班結業後轉入共修）。

解深密經詳解：每週二晚上與第一講堂同步播放講經 DVD。

高雄正覺講堂　高雄市新興區中正三路 45 號五樓 07-2234248（晚上）

第一講堂（五樓）：

禪淨班：週一晚班、週三晚班、週四晚班、週五晚班、週六上午班。

增上班：**成唯識論釋**。單週六晚班。雙週六晚班（重播班）。

解深密經詳解：平實導師講解。每週二晚上，以台北正覺講堂所錄 DVD 放映。歡迎會外學人共同聽講，不需出示身分證件。

第二講堂（四樓）：

進階班：週三晚班、週四晚班、週六上午班（由禪淨班結業後轉入共修）。

解深密經詳解：每週二晚上與第一講堂同步播放講經 DVD。

第三講堂（三樓）：

進階班：週四晚班（由禪淨班結業後轉入共修）。

香港正覺講堂

香港新界葵涌打磚坪街 93 號維京科技商業中心A 座 18 樓。

電話：(852) 23262231

英文地址：18/F, Tower A, Viking Technology & Business Centre, 93 Ta Chuen Ping Street, Kwai Chung, N.T., Hong Kong.

禪淨班：單週六下午班、雙週六下午班、單週日上午班、單週日下午班、雙週日上午班

進階班：雙週六、日上午班（由禪淨班結業後轉入共修）。

增上班：每月第一雙週日下午及晚上班，以台北增上班課程錄成 DVD 放映之。

增上重播班：每月第二雙週日下午及晚上班，以台北增上班課程錄成 DVD 放映之。

不退轉法輪經詳解：平實導師講解。每週六、日 19:00～21:00，以台北正覺講堂所錄 DVD 放映；歡迎會外學人共同聽講，不需出示身分證件。

二、招生公告　**本會台北講堂及全省各講堂、香港講堂，每逢四月、十月下旬開新班，每週共修一次**（每次二小時。開課日起三個月內仍可插班）；**各班共修期間皆爲二年半，全程免費，欲參加者請向本會函索報名表**（各共修處皆於共修時間方有人執事，非共修時間請勿電詢或前來洽詢、請書），**或直接從本會官方網站** (http://www.enlighten.org.tw/newsflash/class)**或成佛之道網站下載報名表**。共修期滿時，若經報名禪三審核通過者，可參加四天三夜之禪三精進共修，有機會明心、取證如來藏，發起般若實相智慧，成爲實義菩薩，脫離凡夫菩薩位。

三、新春禮佛祈福　農曆**年假**期間停止共修：自農曆新年前七天起停止共修與弘法，正月 8 日起回復共修、弘法事務。新春期間正月初一～初七 9.00～17.00 開放台北講堂、正月初一~初三開放新竹、台中、嘉義、台南、高雄講堂，以及大溪禪三道場（正覺祖師堂），方便會員供佛、祈福及會外人士請書。

密宗四大派修雙身法，是外道性力派的邪法；又以生滅的識陰作為常住法，是常見外道，是假的藏傳佛教。

西藏覺囊巴以他空見弘揚第八識如來藏勝法，才是真藏傳佛教

佛教正覺同修會　弘法行事表

2022/04/25

1、**禪淨班**　以無相念佛及拜佛方式修習動中定力，實證一心不亂功夫。傳授解脫道正理及第一義諦佛法，以及參禪知見。共修期間：二年六個月。每逢四月、十月開新班，詳見招生公告表。

2、**進階班**　禪淨班畢業後得轉入此班，進修更深入的佛法，期能證悟明心。各地講堂各有多班，繼續深入佛法、增長定力，悟後得轉入增上班修學道種智，期能證得無生法忍。

3、**增上班 成唯識論**詳解　詳解八識心王的唯識性、唯識相、唯識位，分說八識心王及其心所各別的自性、所依、所緣、相應心所、行相、功用等，並闡述緣生諸法的四緣：因緣、等無間緣、所緣緣、增上緣等四緣，並論及十因五果等。論中闡釋**佛法實證及成就的根本法即是第八識，由第八識成就三界世間及出世間的一切染淨諸法，方有成佛之道可修、可證、可成就，名爲圓成實性**。然後詳解末法時代學人極易混淆的見道位所函蓋的眞見道、相見道、通達位等內容，指正末法時代高慢心一類學人，於見道位前後不斷所墮的同一邪謬處。末後開示修道位的十地之中，各地所應斷的二愚及所應證的一智，乃至佛位的四智圓明及具足四種涅槃等一切種智之眞實正理。由平實導師講述，每逢一、三、五週之週末晚上開示，每逢二、四週之週末爲重播班，供作後悟之菩薩補聞所未聽聞之法。增上班課程僅限已明心之會員參加。未來每逢講完十分之一內容時，便予出書流通；總共十輯，敬請期待。(註：《瑜伽師地論》從 2003 年二月開講，至 2022 年 2 月 19 日已經圓滿，爲期 18 年整。)

4、**解深密經**詳解　本經所說妙法極爲甚深難解，非唯論及佛法中心主旨的八識心王及般若實證之標的，亦論及眞見道之後轉入相見道位中應該修學之法，即是七眞如之觀行內涵，然後始可入地。亦論及見道之後，如何與解脫及佛菩提智相應，兼論十地進修之道，末論如來法身及四智圓明的一切種智境界。如是眞見道、相見道、諸地修行之義，傳至今時仍然可證，顯示佛法眞是義學而非玄談或思想，有實證之標的與內容，非學術界諸思惟研究者之所能到，乃是離言絕句之第八識第一義諦妙義。重講本經之目的，在於令諸已悟之人明解大乘佛法之成佛次第，以及悟後進修一切種智之內涵，確實證知三種自性性，並得據此證解七眞如、十眞如等正理，成就三無性的境界。已於 2021 年三月下旬起每逢週二的晚上公開宣講，由平實導師詳解。不限制聽講資格。

5、**精進禪三**　主三和尚：平實導師。於四天三夜中，以克勤圓悟大師及大慧宗杲之禪風，施設機鋒與小參、公案密意之開示，幫助會員剋期取證，親證不生不滅之眞實心——人人本有之如來藏。每年四月、十月各舉辦三個梯次；平實導師主持。僅限本會會員參加禪淨班共修期滿，報名審核通過者，方可參加。並選擇會中定力、慧力、福德三條件皆已具足之已明心會員，給以指引，令得眼見自己無形無相之佛性遍佈山河大地，眞實而無障礙，得以肉眼現觀世界身心悉皆如幻，具足成就如幻觀，圓滿十住菩薩之證境。

6、**阿含經**詳解　選擇重要之阿含部經典，依無餘涅槃之實際而加以詳解，令大眾得以現觀諸法緣起性空，亦復不墮斷滅見中，顯示經中所隱說之涅槃實際—如來藏—確實已於四阿含中隱說；令大眾得以聞後觀行，確實斷除我見乃至我執，證得**見到**眞現觀，乃至**身證**……等眞現觀；已得大乘或二乘見道者，亦可由此聞熏及聞後之觀行，除斷我所之貪著，成就慧解脫果。由平實導師詳解。不限制聽講資格。

7、**精選如來藏系經典**詳解　精選如來藏系經典一部，詳細解說，以此完全印證會員所悟如來藏之眞實，得入不退轉住。另行擇期詳細解說之，由平實導師講解。僅限已明心之會員參加。

8、**禪門差別智**　藉禪宗公案之微細淆訛難知難解之處，加以宣說及剖析，以增進明心、見性之功德，啓發差別智，建立擇法眼。每月第一週日全天，由平實導師開示，僅限破參明心後，復又眼見佛性者參加(事冗暫停)。

9、**枯木禪**　先講智者大師的《小止觀》，後說《釋禪波羅蜜》，詳解四禪八定之修證理論與實修方法，細述一般學人修定之邪見與岔路，及對禪定證境之誤會，消除枉用功夫、浪費生命之現象。已悟般若者，可以藉此而實修初禪，進入大乘通教及聲聞教的三果心解脫境界，配合應有的大福德及後得無分別智、十無盡願，即可進入初地心中。親教師：平實導師。未來緣熟時將於正覺寺開講。不限制聽講資格。

註：本會例行年假，自 2004 年起，改爲每年農曆新年前七天開始停息弘法事務及共修課程，農曆正月 8 日回復所有共修及弘法事務。新春期間（每日 9.00~17.00）開放台北講堂，方便會員禮佛祈福及會外人士請書。大溪區的正覺祖師堂，開放參訪時間，詳見〈正覺電子報〉或成佛之道網站。本表得因時節因緣需要而隨時修改之，不另作通知。

佛教正覺同修會　贈閱書籍 目錄

2021/8/30

1.**無相念佛**　平實導師著　回郵 36 元
2.**念佛三昧修學次第**　平實導師述著　回郵 52 元
3.**正法眼藏—護法集**　平實導師述著　回郵 76 元
4.**真假開悟簡易辨正法＆佛子之省思**　平實導師著　回郵 26 元
5.**生命實相之辨正**　平實導師著　回郵 31 元
6.**如何契入念佛法門**（附：印順法師否定極樂世界）平實導師著　回郵 26 元
7.**平實書箋**—答元覽居士書　平實導師著　回郵 52 元
8.**三乘唯識**—如來藏系經律彙編　平實導師編　回郵 80 元
（精裝本　長 27 cm　寬 21 cm　高 7.5 cm　重 2.8 公斤）
9.**三時繫念全集**—修正本　回郵掛號 52 元（長 26.5 cm×寬 19 cm）
10.**明心與初地**　平實導師述　回郵 31 元
11.**邪見與佛法**　平實導師述著　回郵 36 元
12.**甘露法雨**　平實導師述　回郵 36 元
13.**我與無我**　平實導師述　回郵 36 元
14.**學佛之心態**—修正錯誤之學佛心態始能與正法相應　孫正德老師著　回郵52元
附錄：平實導師著**《略說八、九識並存…等之過失》**
15.**大乘無我觀**—《悟前與悟後》別說　平實導師述著　回郵 36 元
16.**佛教之危機**—中國台灣地區現代佛教之真相（附錄：公案拈提六則）
平實導師著　回郵 52 元
17.**燈　影**—燈下黑（覆「求教後學」來函等）　平實導師著　回郵 76 元
18.**護法與毀法**—覆上平居士與徐恒志居士網站毀法二文
張正圜老師著　回郵 76 元
19.**淨土聖道**—兼評選擇本願念佛　正德老師著　**由正覺同修會購贈**　回郵 52 元
20.**辨唯識性相**—對「紫蓮心海《辯唯識性相》書中否定阿賴耶識」之回應
正覺同修會 台南共修處法義組 著　回郵 52 元
21.**假如來藏**—對法蓮法師《如來藏與阿賴耶識》書中否定阿賴耶識之回應
正覺同修會 台南共修處法義組 著　回郵 76 元
22.**入不二門**—公案拈提集錦 第一輯（於平實導師公案拈提諸書中選錄約二十則，
合輯爲一冊流通之）平實導師著　回郵 52 元
23.**真假邪說**—西藏密宗索達吉喇嘛《破除邪說論》真是邪說
釋正安法師著　上、下冊回郵各 52 元
24.**真假開悟**—真如、如來藏、阿賴耶識間之關係　平實導師述著　回郵 76 元
25.**真假禪和**—辨正釋傳聖之謗法謬說　孫正德老師著　回郵 76 元

26.**眼見佛性**—駁慧廣法師眼見佛性的含義文中謬說

游正光老師著　回郵 52 元

27.**普門自在**—公案拈提集錦 第二輯（於平實導師公案拈提諸書中選錄約二十則，合輯爲一冊流通之）平實導師著　回郵 52 元

28.**印順法師的悲哀**—以現代禪的質疑為線索　恒毓博士著　回郵 52 元

29.**識蘊真義**—現觀識蘊內涵、取證初果、親斷三縛結之具體行門。

—依《成唯識論》及《唯識述記》正義，略顯安慧《大乘廣五蘊論》之邪謬

平實導師著　回郵 76 元

30.**正覺電子報** 各期紙版本　免附回郵　每次最多函索三期或三本。

（已無存書之較早各期，不另增印贈閱）

31.**現代人應有的宗教觀**　蔡正禮老師 著　回郵 31 元

32.**遠惑趣道**—正覺電子報般若信箱問答錄　第一輯　回郵 52 元

33.**遠惑趣道**—正覺電子報般若信箱問答錄　第二輯　回郵 52 元

34.**確保您的權益**—器官捐贈應注意自我保護　游正光老師 著　回郵 31 元

35.**正覺教團電視弘法三乘菩提 DVD 光碟（一）**

由正覺教團多位親教師共同講述錄製 DVD 8 片，MP3 一片，共 9 片。有二大講題：一爲「三乘菩提之意涵」，二爲「學佛的正知見」。內容精闢，深入淺出，精彩絕倫，幫助大眾快速建立三乘法道的正知見，免被外道邪見所誤導。有志修學三乘佛法之學人不可不看。（製作工本費 100 元，回郵 52 元）

36.**正覺教團電視弘法 DVD 專輯（二）**

總有二大講題：一爲「三乘菩提之念佛法門」，一爲「學佛正知見（第二篇）」，由正覺教團多位親教師輪番講述，內容詳細闡述如何修學念佛法門、實證念佛三昧，以及學佛應具有的正確知見，可以幫助發願往生西方極樂淨土之學人，得以把握往生，更可令學人快速建立三乘法道的正知見，免於被外道邪見所誤導。有志修學三乘佛法之學人不可不看。（一套 17 片，工本費 160 元。回郵 76 元）

37.**喇嘛性世界**—揭開假藏傳佛教譚崔瑜伽的面紗　張善思 等人合著

由正覺同修會購贈　回郵 52 元

38.**假藏傳佛教的神話**—性、謊言、喇嘛教　張正玄教授編著

由正覺同修會購贈　回郵 52 元

39.**隨　緣**—理隨緣與事隨緣　平實導師述　回郵 52 元。

40.**學佛的覺醒**　正枝居士 著　回郵 52 元

41.**導師之真實義**　蔡正禮老師 著　回郵 31 元

42.**淺談達賴喇嘛之雙身法**—兼論解讀「密續」之達文西密碼

吳明芷居士 著　回郵 31 元

43.**魔界轉世**　張正玄居士 著　回郵 31 元

44.**一貫道與開悟**　蔡正禮老師 著　回郵 31 元

45.**博愛**—愛盡天下女人　正覺教育基金會 編印　回郵 36 元

46.**意識虛妄經教彙編**—實證解脫道的關鍵經文　正覺同修會編印　回郵36元
47.**邪箭囈語**—破斥藏密外道多識仁波切《破魔金剛箭雨論》之邪說
陸正元老師著　上、下冊回郵各52元
48.**真假沙門**—依 佛聖教闡釋佛教僧寶之定義
蔡正禮老師著　俟正覺電子報連載後結集出版
49.**真假禪宗**—藉評論釋性廣《印順導師對變質禪法之批判
及對禪宗之肯定》以顯示真假禪宗
附論一：凡夫知見 無助於佛法之信解行證
附論二：世間與出世間一切法皆從如來藏實際而生而顯
余正偉老師著　俟正覺電子報連載後結集出版　回郵未定

★ 上列贈書之郵資，係台灣本島地區郵資，大陸、港、澳地區及外國地區，請另計酌增（大陸、港、澳、國外地區之郵票不許通用）。尚未出版之書，請勿先寄來郵資，以免增加作業煩擾。

★ 本目錄若有變動，唯於後印之書籍及「成佛之道」網站上修正公佈之，不另行個別通知。

函索書籍請寄：佛教正覺同修會　103台北市承德路3段277號9樓
台灣地區函索書籍者請附寄郵票，無時間購買郵票者可以等值現金抵用，但不接受郵政劃撥、支票、匯票。大陸地區得以人民幣計算，國外地區請以美元計算（請勿寄來當地郵票，在台灣地區不能使用）。欲以掛號寄遞者，請另附掛號郵資。

親自索閱：正覺同修會各共修處。　★請於共修時間前往取書，餘時無人在道場，請勿前往索取；共修時間與地點，詳見書末正覺同修會共修現況表（以近期之共修現況表爲準）。

註：正智出版社發售之局版書，請向各大書局購閱。若書局之書架上已經售出而無陳列者，請向書局櫃台指定洽購；若書局不便代購者，請於正覺同修會共修時間前往各共修處請購，正智出版社已派人於共修時間送書前往各共修處流通。 郵政劃撥購書及 大陸地區 購書，請詳別頁正智出版社發售書籍目錄最後頁之說明。

成佛之道 網站：http://www.a202.idv.tw　正覺同修會已出版之結緣書籍，多已登載於 成佛之道 網站，若住外國、或住處遙遠，不便取得正覺同修會贈閱書籍者，可以從本網站閱讀及下載。

＊＊假藏傳佛教修雙身法，非佛教＊＊

正智出版社 籌募弘法基金發售書籍目錄 2023/03/28

1.**宗門正眼**—公案拈提 第一輯 重拈 平實導師著 500 元
因重寫內容大幅度增加故，字體必須改小，並增爲 576 頁 主文 546 頁。比初版更精彩、更有內容。初版《禪門摩尼寶聚》之讀者，可寄回本公司免費調換新版書。免附回郵，亦無截止期限。（2007 年起，每冊附贈本公司精製公案拈提〈超意境〉CD 一片。市售價格 280 元，多購多贈。）
2.**禪淨圓融** 平實導師著 200 元（第一版舊書可換新版書。）
3.**真實如來藏** 平實導師著 400 元
4.**禪—悟前與悟後** 平實導師著 上、下冊，每冊 250 元
5.**宗門法眼**—公案拈提 第二輯 平實導師著 500 元
（2007 年起，每冊附贈本公司精製公案拈提〈超意境〉CD 一片）
6.**楞伽經詳解** 平實導師著 全套共 10 輯 每輯 250 元
7.**宗門道眼**—公案拈提 第三輯 平實導師著 500 元
（2007 年起，每冊附贈本公司精製公案拈提〈超意境〉CD 一片）
8.**宗門血脈**—公案拈提 第四輯 平實導師著 500 元
（2007 年起，每冊附贈本公司精製公案拈提〈超意境〉CD 一片）
9.**宗通與說通**—成佛之道 平實導師著 主文 381 頁 全書 400 頁售價 300 元
10.**宗門正道**—公案拈提 第五輯 平實導師著 500 元
（2007 年起，每冊附贈本公司精製公案拈提〈超意境〉CD 一片）
11.**狂密與真密 一～四輯** 平實導師著 西藏密宗是人間最邪淫的宗教，本質不是佛教，只是披著佛教外衣的印度教性力派流毒的喇嘛教。此書中將西藏密宗密傳之男女雙身合修樂空雙運所有祕密與修法，毫無保留完全公開，並將全部喇嘛們所不知道的部分也一併公開。內容比大辣出版社喧騰一時的《西藏慾經》更詳細。並且函蓋藏密的所有祕密及其錯誤的中觀見、如來藏見……等，藏密的所有法義都在書中詳述、分析、辨正。每輯主文三百餘頁 每輯全書約 400 頁 售價每輯 300 元
12.**宗門正義**—公案拈提 第六輯 平實導師著 500 元
（2007 年起，每冊附贈本公司精製公案拈提〈超意境〉CD 一片）
13.**心經密意**—心經與解脫道、佛菩提道、祖師公案之關係與密意 平實導師述 300 元
14.**宗門密意**—公案拈提 第七輯 平實導師著 500 元
（2007 年起，每冊附贈本公司精製公案拈提〈超意境〉CD 一片）
15.**淨土聖道**—兼評「選擇本願念佛」 正德老師著 200 元
16.**起信論講記** 平實導師述著 共六輯 每輯三百餘頁 售價各 250 元

17.**優婆塞戒經講記**　平實導師述著 共八輯 每輯三百餘頁 售價各250元

18.**真假活佛**—略論附佛外道盧勝彥之邪説（對前岳靈犀網站主張「盧勝彥是證悟者」之修正）　正犀居士（岳靈犀）著　流通價140元

19.**阿含正義**—唯識學探源　平實導師著　共七輯　每輯300元

20.**超意境** CD 以平實導師公案拈提書中超越意境之頌詞，加上曲風優美的旋律，錄成令人嚮往的超意境歌曲，其中包括正覺發願文及平實導師親自譜成的黃梅調歌曲一首。詞曲雋永，殊堪翫味，可供學禪者吟詠，有助於見道。內附設計精美的彩色小冊，解說每一首詞的背景本事。每片280元。【每購買公案拈提書籍一冊，即贈送一片。】

21.**菩薩底憂鬱** CD 將菩薩情懷及禪宗公案寫成新詞，並製作成超越意境的優美歌曲。 1.主題曲〈菩薩底憂鬱〉，描述地後菩薩能離三界生死而迴向繼續生在人間，但因尚未斷盡習氣種子而有極深沈之憂鬱，非三賢位菩薩及二乘聖者所知，此憂鬱在七地滿心位方才斷盡；本曲之詞中所說義理極深，昔來所未曾見；此曲係以優美的情歌風格寫詞及作曲，聞者得以激發嚮往諸地菩薩境界之大心，詞、曲都非常優美，難得一見；其中勝妙義理之解說，已印在附贈之彩色小冊中。 2.以各輯公案拈提中直示禪門入處之頌文，作成各種不同曲風之超意境歌曲，值得玩味、參究；聆聽公案拈提之優美歌曲時，請同時閱讀內附之印刷精美說明小冊，可以領會超越三界的證悟境界；未悟者可以因此引發求悟之意向及疑情，眞發菩提心而邁向求悟之途，乃至因此眞實悟入般若，成眞菩薩。 3.正覺總持咒新曲，總持佛法大意；總持咒之義理，已加以解說並印在隨附之小冊中。本CD共有十首歌曲，長達63分鐘。每盒各附贈二張購書優惠券。每片320元。

22.**禪意無限** CD 平實導師以公案拈提書中偈頌寫成不同風格曲子，與他人所寫不同風格曲子共同錄製出版，幫助參禪人進入禪門超越意識之境界。盒中附贈彩色印製的精美解說小冊，以供聆聽時閱讀，令參禪人得以發起參禪之疑情，即有機會證悟本來面目而發起實相智慧，實證大乘菩提般若，能如實證知般若經中的眞實意。本 CD 共有十首歌曲，長達69分鐘，每盒各附贈二張購書優惠券。每片320元。

23.**我的菩提路**第一輯　釋悟圓、釋善藏等人合著　售價300元

24.**我的菩提路**第二輯　郭正益等人合著　售價300元

（初版首刷至第四刷，都可以寄來免費更換爲第二版，免附郵費）

25.**我的菩提路**第三輯　王美伶等人合著　售價300元

26.**我的菩提路**第四輯　陳晏平等人合著　售價300元

27.**我的菩提路**第五輯　林慈慧等人合著　售價300元

28.**我的菩提路**第六輯　劉惠莉等人合著　售價300元

29.**我的菩提路**第七輯　余正偉等人合著　售價300元

30.**鈍鳥與靈龜**—考證後代凡夫對大慧宗杲禪師的無根誹謗。
平實導師著 共458頁 售價350元

31.**維摩詰經講記** 平實導師述 共六輯 每輯三百餘頁 售價各250元

32.**真假外道**—破劉東亮、杜大威、釋證嚴常見外道見　正光老師著　200元

33.**勝鬘經講記**—兼論印順《勝鬘經講記》對於《勝鬘經》之誤解。
平實導師述　共六輯　每輯三百餘頁　售價250元

34.**楞嚴經講記** 平實導師述 共15輯，每輯三百餘頁 售價300元

35.**明心與眼見佛性**—駁慧廣〈蕭氏「眼見佛性」與「明心」之非〉文中謬說
正光老師著　共448頁　售價300元

36.**見性與看話頭** 黃正倖老師 著，本書是禪宗參禪的方法論。
內文375頁，全書416頁，售價300元。

37.**達賴真面目**—玩盡天下女人 白正偉老師 等著 中英對照彩色精裝大本 800元

38.**喇嘛性世界**—揭開假藏傳佛教譚崔瑜伽的面紗　張善思 等人著　200元

39.**假藏傳佛教的神話**—性、謊言、喇嘛教　正玄教授編著　200元

40.**金剛經宗通**　平實導師述　共九輯　每輯售價250元。

41.**空行母**—性別、身分定位，以及藏傳佛教。
珍妮·坎貝爾著 呂艾倫 中譯 售價250元

42.**末代達賴**—性交教主的悲歌　張善思、呂艾倫、辛燕編著 售價250元

43.**霧峰無霧**—給哥哥的信　辨正釋印順對佛法的無量誤解
游宗明 老師著　售價250元

44.**霧峰無霧**—第二輯—救護佛子向正道　細說釋印順對佛法的各類誤解
游宗明 老師著　售價250元

45.**第七意識與第八意識？**—穿越時空「超意識」
平實導師述　每冊300元

46.**黯淡的達賴**—失去光彩的諾貝爾和平獎
正覺教育基金會編著　每冊250元

47.**童女迦葉考**—論呂凱文〈佛教輪迴思想的論述分析〉之謬。
平實導師 著 定價180元

48.**人間佛教**—實證者必定不悖三乘菩提
平實導師 述，定價400元

49.**實相經宗通**　平實導師述　共八輯　每輯250元

50.**真心告訴您(一)**—達賴喇嘛在幹什麼？
正覺教育基金會編著　售價 250 元
51.**中觀金鑑**—詳述應成派中觀的起源與其破法本質
孫正德老師著　分爲上、中、下三冊，每冊 250 元
52.**藏傳佛教要義**—《狂密與真密》之簡體字版　平實導師 著 上、下冊
僅在大陸流通　每冊 300 元
53.**法華經講義**　平實導師述　共二十五輯　每輯三百餘頁 售價 300 元
54.**西藏「活佛轉世」制度**—附佛、造神、世俗法
許正豐、張正玄老師合著　定價 150 元
55.**廣論三部曲**　郭正益老師著　定價 150 元
56.**真心告訴您(二)**—達賴喇嘛是佛教僧侶嗎？
—補祝達賴喇嘛八十大壽
正覺教育基金會編著　售價 300 元
57.**次法**—實證佛法前應有的條件
張善思居士著　分爲上、下二冊，每冊 250 元
58.**涅槃**—解說四種涅槃之實證及內涵　平實導師著 上、下冊 各 350 元
59.**山法**—西藏關於他空與佛藏之根本論
篤補巴·喜饒堅贊著　傑弗里·霍普金斯英譯
張火慶教授、呂艾倫老師中譯　精裝大本 1200 元
60.**佛藏經講義**　平實導師述　共二十一輯
每輯三百餘頁 售價 300 元。
61.**成唯識論**　大唐 玄奘菩薩所著鉅論。重新正確斷句，並以不同字體及標點符號顯示質疑文，令得易讀。全書 288 頁，精裝大本 400 元。
62.**大法鼓經講義**　平實導師述 2023 年 1 月 30 日開始出版　共六輯 每二個月出版一輯，每輯 300 元
63.**成唯識論釋**—詳解大唐玄奘菩薩所著《成唯識論》，平實導師述著。共十輯，於每講完一輯的分量以後即予出版，2023 年五月底出版第一輯，以後每七到十個月出版一輯，每輯 400 元。
64.**假鋒虛焰金剛乘**—揭示顯密正理，兼破索達吉師徒《般若鋒兮金剛焰》
釋正安法師著 簡體字版 即將出版 售價未定
65.**廣論之平議**—宗喀巴《菩提道次第廣論》之平議　正雄居士著
約二或三輯　俟正覺電子報連載後結集出版　書價未定
66.**不退轉法輪經講義** 平實導師講述　《大法鼓經講義》出版後發行
67.**八識規矩頌**詳解　〇〇居士 註解　出版日期另訂　書價未定。

68.**中觀正義**—註解平實導師《中論正義頌》。

○○法師（居士）著　出版日期未定　書價未定

69.**中論正義**—釋龍樹菩薩《中論》頌正理。

孫正德老師著　出版日期未定　書價未定

70.**中國佛教史**—依中國佛教正法史實而論。 ○○老師 著　書價未定。

71.**印度佛教史**—法義與考證。依法義史實評論印順《印度佛教思想史、佛教史地考論》之謬說　正偉老師著　出版日期未定　書價未定

72.**阿含經講記**—將選錄四阿含中數部重要經典全經講解之，講後整理出版。

平實導師述　約二輯　每輯300元　出版日期未定

73.**實積經講記**　平實導師述　每輯三百餘頁 優惠價300元 出版日期未定

74.**解深密經講義**　平實導師述 約四輯　將於重講後整理出版

75.**修習止觀坐禪法要講記**　平實導師述　每輯三百餘頁

將於正覺寺建成後重講、以講記逐輯出版　出版日期未定

76.**無門關**—《無門關》公案拈提　平實導師著　出版日期未定

77.**中觀再論**—兼述印順《中觀今論》謬誤之平議。正光老師著 出版日期未定

78.**輪迴與超度**—佛教超度法會之真義。

○○法師（居士）著　出版日期未定　書價未定

79.**《釋摩訶衍論》平議**—對偽稱龍樹所造《釋摩訶衍論》之平議

○○法師（居士）著　出版日期未定　書價未定

80.**正覺發願文**註解—以真實大願為因 得證菩提

正德老師著　出版日期未定　書價未定

81.**正覺總持咒**—佛法之總持　正圜老師著　出版日期未定　書價未定

82.**三自性**—依四食、五蘊、十二因緣、十八界法，說三性三無性。

作者未定　出版日期未定

83.**道品**—從三自性說大小乘三十七道品　作者未定　出版日期未定

84.**大乘緣起觀**—依四聖諦七真如現觀十二緣起 作者未定　出版日期未定

85.**三德**—論解脫德、法身德、般若德。　作者未定　出版日期未定

86.**真假如來藏**—對印順《如來藏之研究》謬說之平議　作者未定 出版日期未定

87.**大乘道次第**　作者未定　出版日期未定　書價未定

88.**四緣**—依如來藏故有四緣。　作者未定　出版日期未定

89.**空之探究**—印順《空之探究》謬誤之平議　作者未定 出版日期未定

90.**十法義**—論阿含經中十法之正義　作者未定　出版日期未定

91.**外道見**—論述外道六十二見　作者未定　出版日期未定

正智出版社有限公司書籍介紹

禪淨圓融：言淨土諸祖所未曾言，示諸宗祖師所未曾示；禪淨圓融，另闢成佛捷徑，兼顧自力他力，闡釋淨土門之速行易行道，亦同時揭櫫聖教門之速行易行道；令廣大淨土行者得免緩行難證之苦，亦令聖道門行者得以藉著淨土速行道而加快成佛之時劫。乃前無古人之超勝見地，非一般弘揚禪淨法門典籍也，先讀爲快。平實導師著 200元。

宗門正眼—**公案拈提**第一輯：繼承克勤圜悟大師碧巖錄宗旨之禪門鉅作。先則舉示當代大法師之邪說，消弭當代禪門大師鄉愿之心態，摧破當今禪門「世俗禪」之妄談；次則旁通教法，表顯宗門正理；繼以道之次第，消弭古今狂禪；後藉言語及文字機鋒，直示宗門入處。悲智雙運，禪味十足，數百年來難得一睹之禪門鉅著也。平實導師著 500元（原初版書《禪門摩尼寶聚》，改版後補充爲五百餘頁新書，總計多達二十四萬字，內容更精彩，並改名爲《宗門正眼》，讀者原購初版《禪門摩尼寶聚》皆可寄回本公司免費換新，免附回郵，亦無截止期限）（2007年起，凡購買公案拈提第一輯至第七輯，每購一輯皆贈送本公司精製公案拈提〈超意境〉CD一片，市售價格280元，多購多贈）。

禪—悟前與悟後：本書能建立學人悟道之信心與正確知見，圓滿具足而有次第地詳述禪悟之功夫與禪悟之內容，指陳參禪中細微淆訛之處，能使學人明自眞心、見自本性。若未能悟入，亦能以正確知見辨別古今中外一切大師究係眞悟？或屬錯悟？便有能力揀擇，捨名師而選明師，後時必有悟道之緣。一旦悟道，遲者七次人天往返，便出三界，速者一生取辦。學人欲求開悟者，不可不讀。　平實導師著。上、下冊共500元，單冊250元。

眞實如來藏：如來藏眞實存在，乃宇宙萬有之本體，並非印順法師、達賴喇嘛等人所說之「唯有名相、無此心體」。如來藏是涅槃之本際，是一切有智之人竭盡心智、不斷探索而不能得之生命實相；是古今中外許多大師自以爲悟而當面錯過之生命實相。如來藏即是阿賴耶識，乃是一切有情本自具足、不生不滅之眞實心。當代中外大師於此書出版之前所未能言者，作者於本書中盡情流露、詳細闡釋。眞悟者讀之，必能增益悟境、智慧增上；錯悟者讀之，必能檢討自己之錯誤，免犯大妄語業；未悟者讀之，能知參禪之理路，亦能以之檢查一切名師是否眞悟。此書是一切哲學家、宗教家、學佛者及欲昇華心智之人必讀之鉅著。　平實導師著　售價400元。

宗門法眼—**公案拈提**第二輯：列舉實例，闡釋土城廣欽老和尚之悟處；並直示這位不識字的老和尚妙智橫生之根由，繼而剖析禪宗歷代大德之開悟公案，解析當代密宗高僧卡盧仁波切之錯悟證據，並例舉當代顯宗高僧、大居士之錯悟證據（凡健在者，爲免影響其名聞利養，皆隱其名）。藉辨正當代名師之邪見，向廣大佛子指陳禪悟之正道，彰顯宗門法眼。悲勇兼出，強捋虎鬚；慈智雙運，巧探驪龍；摩尼寶珠在手，直示宗門入處，禪味十足；若非大悟徹底，不能爲之。禪門精奇人物，允宜人手一冊，供作參究及悟後印證之圭臬。本書於2008年4月改版，增寫為大約500頁篇幅，以利學人研讀參究時更易悟入宗門正法，以前所購初版首刷及初版二刷舊書，皆可免費換取新書。平實導師著 500元（2007年起，凡購買公案拈提第一輯至第七輯，每購一輯皆贈送本公司精製公案拈提〈超意境〉CD一片，市售價格280元，多購多贈）。

宗門道眼—**公案拈提**第三輯：繼宗門法眼之後，再以金剛之作略、慈悲之胸懷、犀利之筆觸，舉示寒山、拾得、布袋三大士之悟處，消弭當代錯悟者對於寒山大士……等之誤會及誹謗。亦舉出民初以來與虛雲和尚齊名之蜀郡鹽亭袁煥仙夫子——南懷瑾老師之師，其「悟處」何在？並蒐羅許多眞悟祖師之證悟公案，顯示禪宗歷代祖師之睿智，指陳部分祖師、奧修及當代顯密大師之謬悟，作爲殷鑑，幫助禪子建立及修正參禪之方向及知見。假使讀者閱此書已，一時尚未能悟，亦可一面加功用行，一面以此宗門道眼辨別眞假善知識，避開錯誤之印證及歧路，可免大妄語業之長劫慘痛果報。欲修禪宗之禪者，務請細讀。平實導師著 售價500元（2007年起，凡購買公案拈提第一輯至第七輯，每購一輯皆贈送本公司精製公案拈提〈超意境〉CD一片，市售價格280元，多購多贈）。

楞伽經詳解：本經是禪宗見道者印證所悟眞僞之根本經典，亦是禪宗見道者悟後起修之依據經典；故達摩祖師於印證二祖慧可大師之後，將此經典連同佛鉢祖衣一併交付二祖，令其依此經典佛示金言、進入修道位，修學一切種智。由此可知此經對於眞悟之人修學佛道，是非常重要之一部經典。此經能破外道邪說，亦破佛門中錯悟名師之謬說，亦破禪宗部分祖師之狂禪：不讀經典、一向主張「一悟即成究竟佛」之謬執。並開示愚夫所行禪、觀察義禪、攀緣如禪、如來禪等差別，令行者對於三乘禪法差異有所分辨；亦糾正禪宗祖師古來對於如來禪之誤解，嗣後可免以訛傳訛之弊。此經亦是法相唯識宗之根本經典，禪者悟後欲修一切種智而入初地者，必須詳讀。　平實導師著，全套共十輯，已全部出版完畢，每輯主文約320頁，每冊約352頁，定價250元。

宗門血脈—**公案拈提第四輯**：末法怪象—許多修行人自以爲悟，每將無念靈知認作眞實；崇尚二乘法諸師及其徒眾，則將外於如來藏之緣起性空—無因論之無常空、斷滅空、一切法空—錯認爲 佛所說之般若空性。這兩種現象已於當今海峽兩岸及美加地區顯密大師之中普遍存在；人人自以爲悟，心高氣壯，便敢寫書解釋祖師證悟之公案，大多出於意識思惟所得，言不及義，錯誤百出，因此誤導廣大佛子同陷大妄語之地獄業中而不能自知。彼等書中所說之悟處，其實處處違背第一義經典之聖言量。彼等諸人不論是否身披袈裟，都非佛法宗門血脈，或雖有禪宗法脈之傳承，亦只徒具形式；猶如螟蛉，非眞血脈，未悟得根本眞實故。禪子欲知佛、祖之眞血脈者，請讀此書，便知分曉。平實導師著，主文452頁，全書464頁，定價500元（2007年起，凡購買公案拈提第一輯至第七輯，每購一輯皆贈送本公司精製公案拈提〈超意境〉CD一片，市售價格280元，多購多贈）。

宗通與說通：古今中外，錯誤之人如麻似粟，每以常見外道所說之靈知心，認作眞心；或妄想虛空之勝性能量爲眞如，或錯認物質四大元素藉冥性（靈知心本體）能成就吾人色身及知覺，或認初禪至四禪中之了知心爲不生不滅之涅槃心。此等皆非通宗者之見地。復有錯悟之人一向主張「宗門與教門不相干」，此即尚未通達宗門之人也。其實宗門與教門互通不二，宗門所證者乃是眞如與佛性，教門所說者乃說宗門證悟之眞如佛性，故教門與宗門不二。本書作者以宗教二門互通之見地，細說「宗通與說通」，從初見道至悟後起修之道、細說分明；並將諸宗諸派在整體佛教中之地位與次第，加以明確之教判，學人讀之即可了知佛法之梗概也。欲擇明師學法之前，允宜先讀。平實導師著，主文共381頁，全書392頁，只售成本價300元。

宗門正道—公案拈提第五輯：修學大乘佛法有二果須證解脫果及大菩提果。二乘人不證大菩提果，唯證解脫果；此果之智慧，名爲聲聞菩提、緣覺菩提。大乘佛子所證二果之菩提果爲佛菩提，故名大菩提果，其慧名爲一切種智函蓋二乘解脫果。然此大乘二果修證，須經由禪宗之宗門證悟方能相應。而宗門證悟極難，自古已然；其所以難者，咎在古今佛教界普遍存在三種邪見：1.以修定認作佛法，2.以無因論之緣起性空—否定涅槃本際如來藏以後之一切法空作爲佛法，3.以常見外道邪見（離語言妄念之靈知性）作爲佛法。如是邪見，或因自身正見未立所致，或因邪師之邪教導所致，或因無始劫來虛妄熏習所致。若不破除此三種邪見，永劫不悟宗門眞義、不入大乘正道，唯能外門廣修菩薩行。平實導師於此書中，有極爲詳細之說明，有志佛子欲摧邪見、入於內門修菩薩行者，當閱此書。主文共496頁，全書512頁。售價500元（2007年起，凡購買公案拈提第一輯至第七輯，每購一輯皆贈送本公司精製公案拈提〈超意境〉CD一片，市售價格280元，多購多贈）。

狂密與真密：密教之修學，皆由有相之觀行法門而入，其最終目標仍不離顯教經典所說第一義諦之修證；若離顯教第一義經典、或違背顯教第一義經典，即非佛教。西藏密教之觀行法，如灌頂、觀想、遷識法、寶瓶氣、大聖歡喜雙身修法、喜金剛、無上瑜伽、大樂光明、樂空雙運等，皆是印度教兩性生生不息思想之轉化，自始至終皆以如何能運用交合淫樂之法達到全身受樂爲其中心思想，純屬欲界五欲的貪愛，不能令人超出欲界輪迴，更不能令人斷除我見；何況大乘之明心與見性，更無論矣！故密宗之法絕非佛法也。而其明光大手印、大圓滿法教，又皆同以常見外道所說離語言妄念之無念靈知心錯認爲佛地之眞如，不能直指不生不滅之眞如。西藏密宗所有法王與徒眾，都尚未開頂門眼，不能辨別眞僞，以依人不依法、依密續不依經典故，不肯將其上師喇嘛所說對照第一義經典，純依密續之藏密祖師所說爲準，因此而誇大其證德與證量，動輒謂彼祖師上師爲究竟佛、爲地上菩薩；如今台海兩岸亦有自謂其師證量高於 釋迦文佛者，然觀其師所述，猶未見道，仍在觀行即佛階段，尚未到禪宗相似即佛、分證即佛階位，竟敢標榜爲究竟佛及地上法王，誑惑初機學人。凡此怪象皆是狂密，不同於眞密之修行者。近年狂密盛行，密宗行者被誤導者極眾，動輒自謂已證佛地眞如，自視爲究竟佛，陷於大妄語業中而不知自省，反謗顯宗眞修實證者之證量粗淺；或如義雲高與釋性圓…等人，於報紙上公然誹謗眞實證道者爲「騙子、無道人、人妖、癩蛤蟆…」等，造下誹謗大乘勝義僧之大惡業；或以外道法中有爲有作之甘露、魔術……等法，誑騙初機學人，狂言彼外道法爲眞佛法。如是怪象，在西藏密宗及附藏密之外道中，不一而足，舉之不盡，學人宜應愼思明辨，以免上當後又犯毀破菩薩戒之重罪。密宗學人若欲遠離邪知邪見者，請閱此書，即能了知密宗之邪謬，從此遠離邪見與邪修，轉入眞正之佛道。

平實導師著 共四輯 每輯約400頁（主文約340頁）每輯售價300元。

宗門正義—公案拈提第六輯：佛教有六大危機，乃是藏密化、世俗化、膚淺化、學術化、宗門密意失傳、悟後進修諸地之次第混淆；其中尤以宗門密意之失傳，爲當代佛教最大之危機。由宗門密意失傳故，易令世尊本懷普被錯解，易令世尊正法被轉易爲外道法，以及加以淺化、世俗化，是故宗門密意之廣泛弘傳與具緣佛弟子，極爲重要。然而欲令宗門密意之廣泛弘傳予具緣之佛弟子者，必須同時配合錯誤知見之解析、普令佛弟子知之，然後輔以公案解析之直示入處，方能令具緣之佛弟子悟入。而此二者，皆須以公案拈提之方式爲之，方易成其功、竟其業，是故平實導師續作宗門正義一書，以利學人。全書500餘頁，售價500元（2007年起，凡購買公案拈提第一輯至第七輯，每購一輯皆贈送本公司精製公案拈提〈超意境〉CD一片，市售價格280元，多購多贈）。

心經密意—心經與解脫道、佛菩提道、祖師公案之關係與密意。二乘菩提所證之解脫道，實依第八識心之斷除煩惱障現行而立解脫之名；大乘菩提所證之佛菩提道，實依親證第八識如來藏之涅槃性、清淨自性、及其中道性而立般若之名；禪宗祖師公案所證之眞心，即是此第八識如來藏；是故三乘佛法所修所證之三乘菩提，皆依此如來藏心而立名也。此第八識心，即是《心經》所說之心也。證得此如來藏已，即能漸入大乘佛菩提道，亦可因證知此心而了知二乘無學所不能知之無餘涅槃本際，是故《心經》之密意，與三乘佛菩提之關係極爲密切、不可分割，三乘佛法皆依此心而立名故。今者平實導師以其所證解脫道之無生智及佛菩提之般若種智，將《心經》與解脫道、佛菩提道、祖師公案之關係與密意，以演講之方式，用淺顯之語句和盤托出，發前人所未言，呈三乘菩提之眞義，令人藉此《心經密意》一舉而窺三乘菩提之堂奧，迥異諸方言不及義之說；欲求眞實佛智者、不可不讀！主文317頁，連同跋文及序文…等共384頁，售價300元。

宗門密意——**公案拈提**第七輯：佛教之世俗化，將導致學人以信仰作爲學佛，則將以感應及世間法之庇祐，作爲學佛之主要目標，不能了知學佛之主要目標爲親證三乘菩提。大乘菩提則以般若實相智慧爲主要修習目標，以二乘菩提解脫道爲附帶修習之標的；是故學習大乘法者，應以禪宗之證悟爲要務，能親入大乘菩提之實相般若智慧中故，般若實相智慧非二乘聖人所能知故。此書則以台灣世俗化佛教之三大法師，說法似是而非之實例，配合眞悟祖師之公案解析，提示證悟般若之關節，令學人易得悟入。平實導師著，全書五百餘頁，售價500元（2007年起，凡購買公案拈提第一輯至第七輯，每購一輯皆贈送本公司精製公案拈提〈超意境〉CD一片，市售價格280元，多購多贈）。

淨土聖道——兼評日本本願念佛：佛法甚深極廣，般若玄微，非諸二乘聖僧所能知之，一切凡夫更無論矣！所謂一切證量皆歸淨土是也！是故大乘法中「聖道之淨土、淨土之聖道」，其義甚深，難可了知；乃至眞悟之人，初心亦難知也。今有正德老師眞實證悟後，復能深探淨土與聖道之緊密關係，憐憫眾生之誤會淨土實義，亦欲利益廣大淨土行人同入聖道，同獲淨土中之聖道門要義，乃振奮心神、書以成文，今得刊行天下。主文279頁，連同序文等共301頁，總有十一萬六千餘字，正德老師著，成本價200元。

起信論講記：詳解大乘起信論**心生滅門**與**心眞如門**之眞實意旨，消除以往大師與學人對起信論所說**心生滅門**之誤解，由是而得了知眞心如來藏之非常非斷中道正理；亦因此一講解，令此論以往隱晦而被誤解之眞實義，得以如實顯示，令大乘佛菩提道之正理得以顯揚光大；初機學者亦可藉此正論所顯示之法義，對大乘法理生起正信，從此得以眞發菩提心，眞入大乘法中修學，世世常修菩薩正行。平實導師演述，共六輯，都已出版，每輯三百餘頁，售價250元。

優婆塞戒經講記：本經詳述在家菩薩修學大乘佛法，應如何受持菩薩戒？對人間善行應如何看待？對三寶應如何護持？應如何正確地修集此世後世證法之福德？應如何修集後世「行菩薩道之資糧」？並詳述第一義諦之正義：五蘊非我非異我、自作自受、異作異受、不作不受……等深妙法義，乃是修學大乘佛法、行菩薩行之在家菩薩所應當了知者。出家菩薩今世或未來世登地已，捨報之後多數將如華嚴經中諸大菩薩，以在家菩薩身而修行菩薩行，故亦應以此經所述正理而修之，配合《楞伽經、解深密經、楞嚴經、華嚴經》等道次第正理，方得漸次成就佛道；故此經是一切大乘行者皆應證知之正法。平實導師講述，每輯三百餘頁，售價各250元；共八輯，已全部出版。

真假活佛—略論附佛外道盧勝彥之邪說：人人身中都有眞活佛，永生不滅而有大神用，但眾生都不了知，所以常被身外的西藏密宗假活佛籠罩欺瞞。本來就眞實存在的眞活佛，才是眞正的密宗無上密！諾那活佛因此而說禪宗是大密宗，但藏密的所有活佛都不知道、也不曾實證自身中的眞活佛。本書詳實宣示眞活佛的道理，舉證盧勝彥的「佛法」不是眞佛法，也顯示盧勝彥是假活佛，直接的闡釋第一義佛法見道的眞實正理。眞佛宗的所有上師與學人們，都應該詳細閱讀，包括盧勝彥個人在內。正犀居士著，優惠價140元。

阿含正義—唯識學探源：廣說四大部《阿含經》諸經中隱說之眞正義理，一一舉示佛陀本懷，令阿含時期初轉法輪根本經典之眞義，如實顯現於佛子眼前。並提示末法大師對於阿含眞義誤解之實例，一一比對之，證實唯識增上慧學確於原始佛法之阿含諸經中已隱覆密意而略說之，證實 世尊確於原始佛法中已曾密意而說第八識如來藏之總相；亦證實 世尊在四阿含中已說此藏識是名色十八界之因、之本—證明如來藏是能生萬法之根本心。佛子可據此修正以往受諸大師（譬如西藏密宗應成派中觀師：印順、昭慧、性廣、大願、達賴、宗喀巴、寂天、月稱、……等人）誤導之邪見，建立正見，轉入正道乃至親證初果而無困難；書中並詳說三果所證的**心解脫**，以及四果**慧解脫**的親證，都是如實可行的具體知見與行門。全書共七輯，已出版完畢。平實導師著，每輯三百餘頁，售價300元。

超意境CD：以平實導師公案拈提書中超越意境之頌詞，加上曲風優美的旋律，錄成令人嚮往的超意境歌曲，其中包括正覺發願文及平實導師親自譜成的黃梅調歌曲一首。詞曲雋永，殊堪翫味，可供學禪者吟詠，有助於見道。內附設計精美的彩色小冊，解說每一首詞的背景本事。每片280元。【每購買公案拈提書籍一冊，即贈送一片。】

菩薩底憂鬱CD將菩薩情懷及禪宗公案寫成新詞，並製作成超越意境的優美歌曲。1.主題曲〈菩薩底憂鬱〉，描述地後菩薩能離三界生死而迴向繼續生在人間，但因尚未斷盡習氣種子而有極深沈之憂鬱，非三賢位菩薩及二乘聖者所知，此憂鬱在七地滿心位方才斷盡；本曲之詞中所說義理極深，昔來所未曾見；此曲係以優美的情歌風格寫詞及作曲，聞者得以激發嚮往諸地菩薩境界之大心，詞、曲都非常優美，難得一見；其中勝妙義理之解說，已印在附贈之彩色小冊中。2.以各輯公案拈提中直示禪門入處之頌文，作成各種不同曲風之超意境歌曲，值得玩味、參究；聆聽公案拈提之優美歌曲時，請同時閱讀內附之印刷精美說明小冊，可以領會超越三界的證悟境界；未悟者可以因此引發求悟之意向及疑情，眞發菩提心而邁向求悟之途，乃至因此眞實悟入般若，成眞菩薩。3.正覺總持咒新曲，總持佛法大意；總持咒之義理，已加以解說並印在隨附之小冊中。本CD共有十首歌曲，長達63分鐘，附贈二張購書優惠券。每片320元。

禪意無限CD平實導師以公案拈提書中偈頌寫成不同風格曲子，與他人所寫不同風格曲子共同錄製出版，幫助參禪人進入禪門超越意識之境界。盒中附贈彩色印製的精美解說小冊，以供聆聽時閱讀，令參禪人得以發起參禪之疑情，即有機會證悟本來面目，實證大乘菩提般若。本CD共有十首歌曲，長達69分鐘，每盒各附贈二張購書優惠券。每片320元。

我的菩提路第一輯：凡夫及二乘聖人不能實證的佛菩提證悟，末法時代的今天仍然有人能得實證，由正覺同修會釋悟圓、釋善藏法師等二十餘位實證如來藏者所寫的見道報告，已爲當代學人見證宗門正法之絲縷不絕，證明大乘義學的法脈仍然存在，爲末法時代求悟般若之學人照耀出光明的坦途。由二十餘位大乘見道者所繕，敘述各種不同的學法、見道因緣與過程，參禪求悟者必讀。全書三百餘頁，售價300元。

我的菩提路第二輯：由郭正益老師等人合著，書中詳述彼等諸人歷經各處道場學法，一一修學而加以檢擇之不同過程以後，因閱讀正覺同修會、正智出版社書籍而發起抉擇分，轉入正覺同修會中修學；乃至學法及見道之過程，都一一詳述之。**本書已改版印製重新流通**，讀者原購的初版書，不論是第一刷或第二、三、四刷，都可以寄回換新，免附郵費。

我的菩提路第三輯：由王美伶老師等人合著。自從正覺同修會成立以來，每年夏初、冬初都舉辦精進禪三共修，藉以助益會中同修們得以證悟明心發起般若實相智慧；凡已實證而被平實導師印證者，皆書具見道報告用以證明佛法之眞實可證而非玄學，證明佛法並非純屬思想、理論而無實質，是故每年都能有人證明正覺同修會的「實證佛教」主張並非虛語。特別是眼見佛性一法，自古以來中國禪宗祖師實證者極寡，較之明心開悟的證境更難令人信受；至2017年初，正覺同修會中的證悟明心者已近五百人，然而其中眼見佛性者至今唯十餘人爾，可謂難能可貴，是故明心後欲冀眼見佛性者實屬不易。黃正倖老師是懸絕七年無人見性後的第一人，她於2009年的見性報告刊於本書的第二輯中，爲大眾證明佛性確實可以眼見；其後七年之中求見性者都屬解悟佛性而無人眼見，幸而又經七年後的2016冬初，以及2017夏初的禪三，復有三人眼見佛性，希冀鼓舞四眾佛子求見佛性之大心，今則具載一則於書末，顯示求見佛性之事實經歷，供養現代佛教界欲得見性之四眾弟子。全書四百頁，售價300元，已於2017年6月30日發行。

我的菩提路第四輯：由陳晏平等人著。中國禪宗祖師往往有所謂「見性」之言，所言多屬看見如來藏具有能令人發起成佛之自性，並非《大般涅槃經》中 如來所說之眼見佛性。眼見佛性者，於親見佛性之時，即能於山河大地眼見自己佛性，亦能於他人身上眼見自己佛性及對方之佛性，如是境界無法爲尚未實證者解釋；勉強說之，縱使眞實明心證悟之人聞之，亦只能以自身明心之境界想像之，但不論如何想像多屬非量，能有正確之比量者亦是稀有，故說眼見佛性極爲困難。眼見佛性之人若所見極分明時，在所見佛性之境界下所眼見之山河大地、自己五蘊身心皆是虛幻，自有異於明心者之解脫功德受用，此後永不思證二乘涅槃，必定邁向成佛之道而進入第十住位中，已超第一阿僧祇劫三分有一，可謂之爲超劫精進也。今又有明心之後眼見佛性之人出於人間，將其明心及後來見性之報告，連同其餘證悟明心者之精彩報告一同收錄於此書中，供養眞求佛法實證之四眾佛子。全書380頁，售價300元，已於2018年6月30日發行。

我的菩提路第五輯：林慈慧老師等人著，本輯中所舉學人從相似正法中來到正覺同修會的過程，各人都有不同，發生的因緣亦是各有差別，然而都會指向同一個目標——證實生命實相的源底，確證自己生從何來、死往何去的事實，所以最後都證明佛法眞實而可親證，絕非玄學；本書將彼等諸人的始修及末後證悟之實例，羅列出來以供學人參考。本期亦有一位會裡的老師，是從1995年即開始追隨平實導師修學，1997年明心後持續進修不斷，直到2017年眼見佛性之實例，足可證明《大般涅槃經》中世尊開示眼見佛性之法正眞無訛，第十住位的實證在末法時代的今天仍有可能，如今一併具載於書中以供學人參考，並供養現代佛教界欲得見性之四眾弟子。全書四百頁，售價300元，已於2019年12月31日發行。

我的菩提路第六輯：劉惠莉老師等人著，本輯中舉示劉老師明心多年以後的眼見佛性實錄，供末法時代學人了知明心之異於見性本質，足可證明《大般涅槃經》中世尊開示眼見佛性之法正眞無訛。亦列舉多篇學人從各道場來到正覺學法之不同過程，以及如何發覺邪見之異於正法的所在，最後終能在正覺禪三中悟入的實況，以證明佛教正法仍在末法時代的人間繼續弘揚的事實，鼓舞一切眞實學法的菩薩大眾思之：我等諸人亦可有因緣證悟，絕非空想白思。約四百頁，售價300元，已於2020年6月30日發行。

我的菩提路第七輯：余正偉老師等人著，本輯中舉示余老師明心二十餘年以後的眼見佛性實錄，供末法時代學人了知明心異於見性之本質，並且舉示其見性後與平實導師互相討論眼見佛性之諸多疑訛處；除了證明《大般涅槃經》中 世尊開示眼見佛性之法正眞無訛以外，亦得一解明心後尚未見性者之所未知處，甚爲精彩。此外亦列舉多篇學人從各不同宗教進入正覺學法之不同過程，以及發覺諸方道場邪見之內容與過程，最終得於正覺精進禪三中悟入的實況，足供末法精進學人借鑑，以彼鑑己而生信心，得以投入了義正法中修學及實證。凡此，皆足以證明不唯明心所證之第七住位般若智慧及解脫功德仍可實證，乃至第十住位的實證與當場發起如幻觀之實證，於末法時代的今天皆仍有可能。本書約四百頁，售價300元。

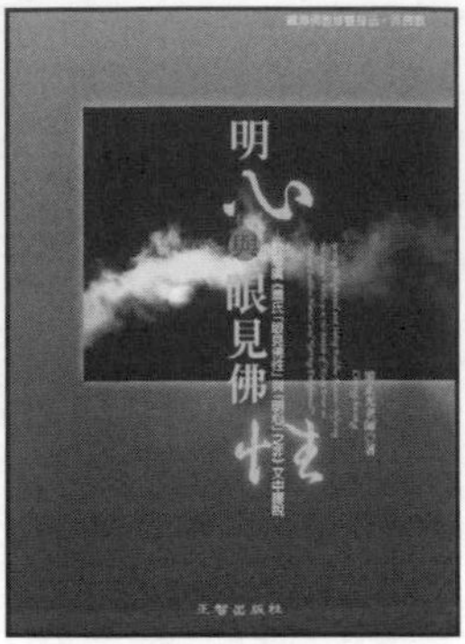

明心與眼見佛性：本書細述明心與眼見佛性之異同，同時顯示了中國禪宗破初參明心與重關眼見佛性二關之間的關聯；書中又藉法義辨正而旁述其他許多勝妙法義，讀後必能遠離佛門長久以來積非成是的錯誤知見，令讀者在佛法的實證上有極大助益。也藉慧廣法師的謬論來教導佛門學人回歸正知正見，遠離古今禪門錯悟者所墮的意識境界，非唯有助於斷我見，也對未來的開悟明心實證第八識如來藏有所助益，是故學禪者都應細讀之。　游正光老師著　共448頁　售價300元。

見性與看話頭：黃正倖老師的《見性與看話頭》於《正覺電子報》連載完畢，今集結出版。書中詳說禪宗看話頭的詳細方法，並細說看話頭與眼見佛性的關係，以及眼見佛性者求見佛性前必須具備的條件。本書是禪宗實修者追求明心開悟時參禪的方法書，也是求見佛性者作功夫時必讀的方法書，內容兼顧眼見佛性的理論與實修之方法，是依實修之體驗配合理論而詳述，條理分明而且極爲詳實、周全、深入。本書內文375頁，全書416頁，售價300元。

鈍鳥與靈龜：鈍鳥及靈龜二物，被宗門證悟者說爲二種人：前者是精修禪定而無智慧者，也是以定爲禪的愚癡禪人；後者是或有禪定、或無禪定的宗門證悟者，凡已證悟者皆是靈龜。但後者被人虛造事實，用以嘲笑大慧宗杲禪師，說他雖是靈龜，卻不免被天童禪師預記「患背」痛苦而亡：「鈍鳥離巢易，靈龜脫殼難。」藉以貶低大慧宗杲的證量。同時將天童禪師實證如來藏的證量，曲解爲意識境界的離念靈知。自從大慧禪師入滅以後，錯悟凡夫對他的不實毀謗就一直存在著，不曾止息，並且捏造的假事實也隨著年月的增加而越來越多，終至編成「鈍鳥與靈龜」的假公案、假故事。本書是考證大慧與天童之間的不朽情誼，顯現這件假公案的虛妄不實；更見大慧宗杲面對惡勢力時的正直不阿，亦顯示大慧對天童禪師的至情深義，將使後人對大慧宗杲的誣謗至此而止，不再有人誤犯毀謗賢聖的惡業。書中亦舉證宗門的所悟確以第八識如來藏爲標的，詳讀之後必可改正以前被錯悟大師誤導的參禪知見，日後必定有助於實證禪宗的開悟境界，得階大乘眞見道位中，即是實證般若之賢聖。全書459頁，售價350元。

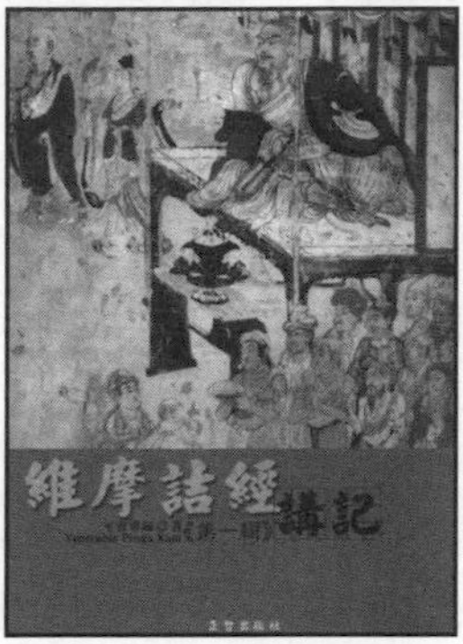

維摩詰經講記：本經係 世尊在世時，由等覺菩薩維摩詰居士藉疾病而演說之大乘菩提無上妙義，所說函蓋甚廣，然極簡略，是故今時諸方大師與學人讀之悉皆錯解，何況能知其中隱含之深妙正義，是故普遍無法爲人解說；若強爲人說，則成依文解義而有諸多過失。今由平實導師公開宣講之後，詳實解釋其中密意，令維摩詰菩薩所說大乘不可思議解脫之深妙正法得以正確宣流於人間，利益當代學人及與諸方大師。書中詳實演述大乘佛法深妙不共二乘之智慧境界，顯示諸法之中絕待之實相境界，建立大乘菩薩妙道於永遠不敗不壞之地，以此成就護法偉功，欲冀永利娑婆人天。已經宣講圓滿整理成書流通，以利諸方大師及諸學人。全書共六輯，每輯三百餘頁，售價各250元。

真假外道：本書具體舉證佛門中的常見外道知見實例，並加以教證及理證上的辨正，幫助讀者輕鬆而快速的了知常見外道的錯誤知見，進而遠離佛門內外的常見外道知見，因此即能改正修學方向而快速實證佛法。游正光老師著。成本價200元。

勝鬘經講記：如來藏爲三乘菩提之所依，若離如來藏心體及其含藏之一切種子，即無三界有情及一切世間法，亦無二乘菩提緣起性空之出世間法；本經詳說無始無明、一念無明皆依如來藏而有之正理，藉著詳解煩惱障與所知障間之關係，令學人深入了知二乘菩提與佛菩提相異之妙理；聞後即可了知佛菩提之特勝處及三乘修道之方向與原理，邁向攝受正法而速成佛道的境界中。平實導師講述，共六輯，每輯三百餘頁，售價各250元。

楞嚴經講記：楞嚴經係密教部之重要經典，亦是顯教中普受重視之經典；經中宣說明心與見性之內涵極爲詳細，將一切法都會歸如來藏及佛性—妙眞如性；亦闡釋五陰區宇及五陰盡的境界，作諸地菩薩自我檢驗證量之依據，旁及佛菩提道修學過程中之種種魔境，以及外道誤會涅槃之狀況，亦兼述明三界世間之起源。然因言句深澀難解，法義亦復深妙寬廣，學人讀之普難通達，是故讀者大多誤會，不能如實理解佛所說之明心與見性內涵，亦因是故多有悟錯之人引爲開悟之證言，成就大妄語罪。今由平實導師詳細講解之後，整理成文，以易讀易懂之語體文刊行天下，以利學人。全書十五輯，全部出版完畢。每輯三百餘頁，售價每輯300元。

金剛經宗通：三界唯心，萬法唯識，是成佛之修證內容，是諸地菩薩之所修；般若則是成佛之道（實證三界唯心、萬法唯識）的入門，若未證悟實相般若，即無成佛之可能，必將永在外門廣行菩薩六度，永在凡夫位中。然而實相般若的發起，全賴實證萬法的實相；若欲證知萬法的眞相，則必須探究萬法之所從來，則須實證自心如來—金剛心如來藏，然後現觀這個金剛心的金剛性、眞實性、如如性、清淨性、涅槃性、能生萬法的自性性、本住性，名爲證眞如；進而現觀三界六道唯是此金剛心所成，人間萬法須藉八識心王和合運作方能現起。如是實證《華嚴經》的「三界唯心、萬法唯識」以後，由此等現觀而發起實相般若智慧，繼續進修第十住位的如幻觀、第十行位的陽焰觀、第十迴向位的如夢觀，再生起增上意樂而勇發十無盡願，方能滿足三賢位的實證，轉入初地；自知成佛之道而無偏倚，從此按部就班、次第進修乃至成佛。第八識自心如來是般若智慧之所依，般若智慧的修證則要從實證金剛心自心如來開始；《金剛經》則是解說自心如來之經典，是一切三賢位菩薩所應進修之實相般若經典。這一套書，是將平實導師宣講的《金剛經宗通》內容，整理成文字而流通之；書中所說義理，迥異古今諸家依文解義之說，指出大乘見道方向與理路，有益於禪宗學人求開悟見道，及轉入內門廣修六度萬行，已於2013年9月出版完畢，總共9輯，每輯約三百餘頁，售價各250元。

霧峰無霧—給哥哥的信：本書作者藉兄弟之間信件往來論義，略述佛法大義；並以多篇短文辨義，舉出釋印順對佛法的無量誤解證據，並一一給予簡單而清晰的辨正，令人一讀即知。久讀、多讀之後即能認清楚釋印順的六識論見解，與眞實佛法之牴觸是多麼嚴重；於是在久讀、多讀之後，於不知不覺之間提升了對佛法的極深入理解，正知正見就在不知不覺間建立起來了。當三乘佛法的正知見建立起來之後，對於三乘菩提的見道條件便將隨之具足，於是聲聞解脫道的見道也就水到渠成；接著大乘見道的因緣也將次第成熟，未來自然也會有親見大乘菩提之道的因緣，悟入大乘實相般若也將自然成功，自能通達般若系列諸經而成實義菩薩。作者居住於南投縣霧峰鄉，自喻見道之後不復再見霧峰之霧，故鄉原野美景一一明見，於是立此書名爲《霧峰無霧》；讀者若欲撥霧見月，可以此書爲緣。游宗明 老師著，已於2015年出版，售價250元。

霧峰無霧—第二輯—救護佛子向正道：本書作者藉釋印順著作中之各種錯謬法義提出辨正，以詳實的文義一一提出理論上及實證上之解析，列舉釋印順對佛法的無量誤解證據，藉此教導佛門大師與學人釐清佛法義理，遠離岐途轉入正道，然後知所進修，久之便能見道明心而入大乘勝義僧數。被釋印順誤導的大師與學人極多，很難救轉，是故作者大發悲心深入解說其錯謬之所在，佐以各種義理辨正而令讀者在不知不覺之間轉歸正道。如是久讀之後欲得斷身見、證初果，即不為難事；乃至久之亦得大乘見道而得證眞如，脫離空有二邊而住中道，實相般若智慧生起，於佛法不再茫然，漸漸亦知悟後進修之道。屆此之時，對於大乘般若等深妙法之迷雲暗霧亦將一掃而空，生命及宇宙萬物之故鄉原野美景一一明見，是故本書仍名《霧峰無霧》，為第二輯；讀者若欲撥雲見日、離霧見月，可以此書為緣。游宗明 老師著，已於2019年出版，售價250元。

空行母—性別、身分定位，以及藏傳佛教：本書作者為蘇格蘭哲學家，因為嚮往佛教深妙的哲學內涵，於是進入當年盛行於歐美的假藏傳佛教密宗，擔任卡盧仁波切的翻譯工作多年以後，被邀請成為卡盧的空行母（又名佛母、明妃），開始了她在密宗裡的實修過程；後來發覺在密宗雙身法中的修行，其實無法使自己成佛，也發覺密宗對女性岐視而處處貶抑，並剝奪女性在雙身法中擔任一半角色時應有的身分定位。當她發覺自己只是雙身法中被喇嘛利用的工具，沒有獲得絲毫應有的尊重與基本定位時，發現了密宗的父權社會控制女性的本質；於是作者傷心地離開了卡盧仁波切與密宗，但是卻被恐嚇不許講出她在密宗裡的經歷，也不許她說出自己對密宗的教義與教制下對女性剝削的本質，否則將被咒殺死亡。後來她去加拿大定居，十餘年後方才擺脫這個恐嚇陰影，下定決心將親身經歷的實情及觀察到的事實寫下來並且出版，公諸於世。出版之後，她被流亡的達賴集團人士大力攻訐，誣指她為精神狀態失常、說謊……等。但有智之士並未被達賴集團的政治操作及各國政府政治運作吹捧達賴的表相所欺，使她的書銷售無阻而又再版。正智出版社鑑於作者此書是親身經歷的事實，所說具有針對「**藏傳佛教**」而作學術研究的價值，也有使人認清假藏傳佛教剝削佛母、明妃的男性本位實質，因此洽請作者同意中譯而出版於華人地區。珍妮·坎貝爾女士著，呂艾倫 中譯，每冊250元。

假藏傳佛教的神話——性、謊言、喇嘛教：本書編著者是由一首名爲「阿姊鼓」的歌曲爲緣起，展開了序幕，揭開假藏傳佛教──喇嘛教──的神祕面紗。其重點是蒐集、摘錄網路上質疑「喇嘛教」的帖子，以揭穿「假藏傳佛教的神話」爲主題，串聯成書，並附加彩色插圖以及說明，讓讀者們瞭解西藏密宗及相關人事如何被操作爲「神話」的過程，以及神話背後的眞相。作者：張正玄教授。售價200元。

達賴真面目——玩盡天下女人：假使您不想戴綠帽子，請記得詳細閱讀此書；假使您不想讓好朋友戴綠帽子，請您將此書介紹給您的好朋友。假使您想保護家中的女性，也想要保護好朋友的女眷，請記得將此書送給家中的女性和好友的女眷都來閱讀。本書爲印刷精美的大本彩色中英對照精裝本，爲您揭開達賴喇嘛的眞面目，內容精彩不容錯過，爲利益社會大眾，特別以優惠價格嘉惠所有讀者。編著者：白志偉等。大開版雪銅紙彩色精裝本。售價800元。

喇嘛性世界——揭開假藏傳佛教譚崔瑜伽的面紗：這個世界中的喇嘛，號稱來自世外桃源的香格里拉，穿著或紅或黃的喇嘛長袍，散布於我們的身邊傳教灌頂，吸引了無數的人嚮往學習；這些喇嘛虔誠地爲大眾祈福，手中拿著寶杵（金剛）與寶鈴（蓮花），口中唸著咒語：「唵．嘛呢．叭咪．吽……」，咒語的意思是說：「我至誠歸命金剛杵上的寶珠伸向蓮花寶穴之中」！「喇嘛性世界」是什麼樣的「世界」呢？本書將爲您呈現喇嘛世界的面貌。當您發現眞相以後，您將會唸：「噢！喇嘛．性．世界，譚崔性交嘛！」作者：張善思、呂艾倫。售價200元。

末代達賴—性交教主的悲歌：簡介從藏傳僞佛教（喇嘛教）的修行核心—性力派男女雙修，探討達賴喇嘛及藏傳僞佛教的修行內涵。書中引用外國知名學者著作、世界各地新聞報導，包含：歷代達賴喇嘛的祕史、達賴六世修雙身法的事蹟，以及《時輪續》中的性交灌頂儀式：：等；達賴喇嘛書中開示的雙修法、達賴喇嘛的黑暗政治手段；達賴喇嘛所領導的寺院爆發喇嘛性侵兒童；新聞報導《西藏生死書》作者索甲仁波切性侵女信徒、澳洲喇嘛秋達公開道歉、美國最大假藏傳佛教組織領導人邱陽創巴仁波切的性氾濫；等等事件背後眞相的揭露。作者：張善思、呂艾倫、辛燕。售價250元。

黯淡的達賴—失去光彩的諾貝爾和平獎：本書舉出很多證據與論述，詳述達賴喇嘛不爲世人所知的一面，顯示達賴喇嘛並不是眞正的和平使者，而是假借諾貝爾和平獎的光環來欺騙世人；透過本書的說明與舉證，讀者可以更清楚的瞭解，達賴喇嘛是結合暴力、黑暗、淫欲於喇嘛教裡的集團首領，其政治行爲與宗教主張，早已讓諾貝爾和平獎的光環染污了。本書由財團法人正覺教育基金會寫作、編輯，由正覺出版社印行，每冊250元。

第七意識與第八意識？——穿越時空「超意識」：「三界唯心，萬法唯識」是佛教中應該實證的聖教，也是《華嚴經》中明載而可以實證的法界實相。唯心者，三界一切境界、一切諸法唯是一心所成就，即是每一個有情的第八識如來藏，不是意識心。唯識者，即是人類各各都具足的八識心王——眼識、耳鼻舌身意識、意根、阿賴耶識，第八阿賴耶識又名如來藏，人類五陰相應的萬法，莫不由八識心王共同運作而成就，故說萬法唯識。依聖教量及現量、比量，都可以證明意識是二法因緣生，是由第八識藉意根與法塵二法為因緣而出生，又是夜夜斷滅不存之生滅心，即無可能反過來出生第七識意根、第八識如來藏，當知不可能從生滅性的意識心中，細分出恆審思量的第七識意根，更無可能細分出恆而不審的第八識如來藏。本書是將演講內容整理成文字，細說如是內容，並已在〈正覺電子報〉連載完畢，今彙集成書以廣流通，欲幫助佛門有緣人斷除意識我見，跳脫於識陰之外而取證聲聞初果；嗣後修學禪宗時即得不墮外道神我之中，得以求證第八識金剛心而發起般若實智。平實導師 述，每冊300元。

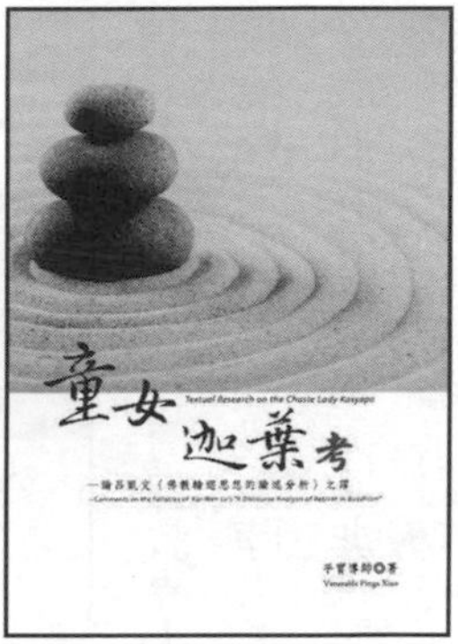

童女迦葉考——論呂凱文〈佛教輪迴思想的論述分析〉之謬：童女迦葉是佛世率領五百大比丘遊行於人間的歷史事實，是以童貞行而依止菩薩戒弘化於人間的大菩薩，不依別解脫戒（聲聞戒）來弘化於人間。這是大乘佛教與聲聞佛教同時存在於佛世的歷史明證，證明大乘佛教不是從聲聞法中分裂出來的部派佛教的產物，卻是聲聞佛教分裂出來的部派佛教聲聞凡夫僧所不樂見的史實；於是古今聲聞法中的凡夫都欲加以扭曲而作詭說，更是末法時代高聲大呼「大乘非佛說」的六識論聲聞凡夫極力想要扭曲的佛教史實之一，於是想方設法扭曲迦葉菩薩為聲聞僧，以及扭曲迦葉童女為比丘僧等荒謬不實之論著便陸續出現，古時聲聞僧寫作的《分別功德論》是最具體之事例，現代之代表作則是呂凱文先生的〈佛教輪迴思想的論述分析〉論文。鑑於如是假藉學術考證以籠罩大眾之不實謬論，未來仍將繼續造作及流竄於佛教界，繼續扼殺大乘佛教學人法身慧命，必須舉證辨正之，遂成此書。平實導師 著，每冊180元。

人間佛教—實證者必定不悖三乘菩提：「大乘非佛說」的講法似乎流傳已久，卻只是日本人企圖擺脫中國正統佛教的影響，而在明治維新時期才開始提出來的說法；台灣佛教、大陸佛教的淺學無智之人，由於未曾實證佛法而迷信日本人錯誤的學術考證，錯認爲這些別有用心的日本佛學考證的講法爲天竺佛教的眞實歷史；甚至還有更激進的反對佛教者提出「**釋迦牟尼佛並非眞實存在，只是後人捏造的假歷史人物**」，竟然也有少數佛教徒願意跟著「學術」的假光環而信受不疑，亦導致部分台灣佛教界人士，造作了反對中國大乘佛教而推崇南洋小乘佛教的行爲，使台灣佛教的信仰者難以檢擇，亦導致一般大陸人士開始轉入基督教的盲目迷信中。在這些佛教及外教人士之中，也就有一分人根據此邪說而大聲主張「大乘非佛說」的謬論，這些人以「人間佛教」的名義來抵制中國正統佛教，公然宣稱中國的大乘佛教是由聲聞部派佛教的凡夫僧所創造出來的。這樣的說法流傳於台灣及大陸佛教界凡夫僧之中已久，卻非眞正的佛教歷史中曾經發生過的事，只是繼承六識論的聲聞法中凡夫僧，以及別有居心的日本佛教界，依自己的意識境界立場，純憑臆想而編造出來的妄想說法，卻已經影響許多無智之凡夫僧俗信受不移。本書則是從佛教的經藏法義實質及實證的現量內涵本質立論，證明大乘佛法本是佛說，是從《阿含正義》尚未說過的不同面向來討論「人間佛教」的議題，證明「大乘眞佛說」。閱讀本書可以斷除六識論邪見，迴入三乘菩提正道發起實證的因緣；也能斷除禪宗學人學禪時普遍存在之錯誤知見，對於建立參禪時的正知見有很深的著墨。平實導師 述，內文488頁，全書528頁，定價400元。

實相經宗通：學佛之目的在於實證一切法界背後之實相，禪宗稱之爲本來面目或本地風光，佛菩提道中稱之爲實相法界；此實相法界即是金剛藏，又名佛法之祕密藏，即是能生有情五陰、十八界及宇宙萬有（山河大地、諸天、三惡道世間）的第八識如來藏，又名阿賴耶識心，即是禪宗祖師所說的眞如心，此心即是三界萬有背後的實相。證得此第八識心時，自能瞭解般若諸經中隱說的種種密意，即得發起實相般若——實相智慧。每見學佛人修學佛法二十年後仍對實相般若茫然無知，亦不知如何入門，茫無所趣；更因不知三乘菩提的互異互同，是故越是久學者對佛法越覺茫然，都肇因於尚未瞭解佛法的全貌，亦未瞭解佛法的修證內容即是第八識心所致。本書對於修學佛法者所應實證的實相境界提出明確解析，並提示趣入佛菩提道的入手處，有心親證實相般若的佛法實修者，宜詳讀之，於佛菩提道之實證即有下手處。平實導師述著，共八輯，已於2016年出版完畢，每輯成本價250元。

真心告訴您（一）——達賴喇嘛在幹什麼？這是一本報導篇章的選集，更是「破邪顯正」的暮鼓晨鐘。「破邪」是戳破假象，說明達賴喇嘛及其所率領的密宗四大派法王、喇嘛們，弘傳的佛法是仿冒的佛法；他們是假藏傳佛教，是坦特羅(譚崔性交)外道法和藏地崇奉鬼神的苯教混合成的「喇嘛教」，推廣的是以所謂「無上瑜伽」的男女雙身法冒充佛法的假佛教，詐財騙色誤導眾生，常常造成信徒家庭破碎、家中兒少失怙的嚴重後果。「顯正」是揭櫫眞相，指出眞正的藏傳佛教只有一個，就是覺囊巴，傳的是 釋迦牟尼佛演繹的第八識如來藏妙法，稱爲他空見大中觀。正覺教育基金會即以此古今輝映的如來藏正法正知見，在眞心新聞網中逐次報導出來，將箇中原委「眞心告訴您」，如今結集成書，與想要知道密宗眞相的您分享。售價250元。

中觀金鑑——詳述應成派中觀的起源與其破法本質：學佛人往往迷於中觀學派之不同學說，被應成派與自續派所迷惑；修學般若中觀二十年後自以爲實證般若中觀了，卻仍不曾入門，甫聞實證般若中觀者之所說，則茫無所知，迷惑不解；隨後信心盡失，不知如何實證佛法；凡此，皆因惑於這二派中觀學說所致。自續派中觀所說同於常見，以意識境界立爲第八識如來藏之境界，應成派所說則同於斷見，但又同立意識爲常住法，故亦具足斷常二見。今者孫正德老師有鑑於此，乃將起源於密宗的應成派中觀學說，追本溯源，詳考其來源之外，亦一一舉證其立論內容，詳加辨正，令密宗雙身法祖師以識陰境界而造之應成派中觀學說本質，詳細呈現於學人眼前，令其維護雙身法之目的無所遁形。若欲遠離密宗此二大派中觀謬說，欲於三乘菩提有所進道者，允宜具足閱讀並細加思惟，反覆讀之以後將可捨棄邪道返歸正道，則於般若之實證即有可能，證後自能現觀如來藏之中道境界而成就中觀。本書分上、中、下三冊，每冊250元，已全部出版完畢。

法華經講義：此書爲平實導師始從2009/7/21演述至2014/1/14之講經錄音整理所成。世尊一代時教，總分五時三教，即是華嚴時、聲聞緣覺教、般若教、種智唯識教、法華時；依此五時三教區分爲藏、通、別、圓四教。本經是最後一時的圓教經典，圓滿收攝一切法教於本經中，是故最後的圓教聖訓中，特地指出無有三乘菩提，其實唯有一佛乘；皆因眾生愚迷故，方便區分爲三乘菩提以助眾生證道。世尊於此經中特地說明如來示現於人間的唯一大事因緣，便是爲有緣眾生「開、示、悟、入」諸佛的所知所見——第八識如來藏妙眞如心，並於諸品中隱說「妙法蓮花」如來藏心的密意。然因此經所說甚深難解，眞義隱晦，古來難得有人能窺堂奧；平實導師以知如是密意故，特爲末法佛門四眾演述《妙法蓮華經》中各品蘊含之密意，使古來未曾被古德註解出來的「此經」密意，如實顯示於當代學人眼前。乃至〈藥王菩薩本事品〉、〈妙音菩薩品〉、〈觀世音菩薩普門品〉、〈普賢菩薩勸發品〉中的微細密意，亦皆一併詳述之，可謂開前人所未曾言之密意，示前人所未見之妙法。最後乃至以〈法華大義〉而總其成，全經妙旨貫通始終，而依佛旨圓攝於一心如來藏妙心，厥爲曠古未有之大說也。平實導師述，共有25輯，已於2019/05/31出版完畢。每輯300元。

西藏「活佛轉世」制度—附佛、造神、世俗法：歷來關於喇嘛教活佛轉世的研究，多針對歷史及文化兩部分，於其所以成立的理論基礎，較少系統化的探討。尤其是此制度是否依據「佛法」而施設？是否合乎佛法眞實義？現有的文獻大多含糊其詞，或人云亦云，不曾有明確的闡釋與如實的見解。因此本文先從活佛轉世的由來，探索此制度的起源、背景與功能，並進而從活佛的尋訪與認證之過程，發掘活佛轉世的特徵，以確認「活佛轉世」在佛法中應具足何種果德。定價150元。

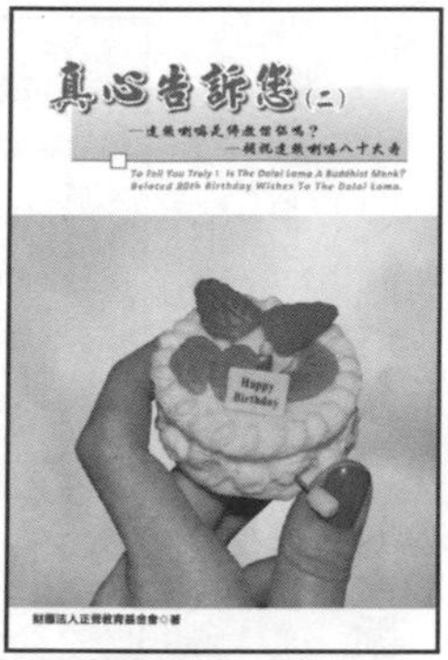

真心告訴您(二)—達賴喇嘛是佛教僧侶嗎？補祝達賴喇嘛八十大壽：這是一本針對當今達賴喇嘛所領導的喇嘛教，冒用佛教名相、於師徒間或師兄姊間，實修男女邪淫，而從佛法三乘菩提的現量與聖教量，揭發其謊言與邪術，證明達賴及其喇嘛教是仿冒佛教的外道，是「假藏傳佛教」。藏密四大派教義雖有「八識論」與「六識論」的表面差異，然其實修之內容，皆共許「無上瑜伽」四部灌頂爲究竟「成佛」之法門，也就是共以男女雙修之邪淫法爲「即身成佛」之密要，雖美其名曰「欲貪爲道」之「金剛乘」，並誇稱其成就超越於（應身佛）釋迦牟尼佛所傳之顯教般若乘之上；然詳考其理論，則或以意識離念時之粗細心爲第八識如來藏，或以中脈裡的明點爲第八識如來藏，或如宗喀巴與達賴堅決主張第六意識爲常恆不變之眞心者，分別墮於外道之常見與斷見中；全然違背　佛說能生五蘊之如來藏的實質。售價300元。

涅槃——解說四種涅槃之實證及內涵：眞正學佛之人，首要即是見道，由見道故方有涅槃之實證，證涅槃者方能出生死，但涅槃有四種：二乘聖者的有餘涅槃、無餘涅槃，以及大乘聖者的本來自性清淨涅槃、佛地的無住處涅槃。大乘聖者實證本來自性清淨涅槃，入地前再取證二乘涅槃，然後起惑潤生捨離二乘涅槃，繼續進修而在七地心前斷盡三界愛之習氣種子，依七地無生法忍之具足而證得念念入滅盡定；八地後進斷異熟生死，直至妙覺地下生人間成佛，具足四種涅槃，方是眞正成佛。此理古來少人言，以致誤會涅槃正理者比比皆是，今於此書中廣說四種涅槃、如何實證之理、實證前應有之條件，實屬本世紀佛教界極重要之著作，令人對涅槃有正確無訛之認識，然後可以依之實行而得實證。本書共有上下二冊，每冊各四百餘頁，對涅槃詳加解說，每冊各350元。

佛藏經講義：本經說明爲何佛菩提難以實證之原因，都因往昔無數阿僧祇劫前的邪見，引生此世求證時之業障而難以實證。即以諸法實相詳細解說，繼之以念佛品、念法品、念僧品，說明諸佛與法之實質；然後以淨戒品之說明，期待佛弟子四眾堅持清淨戒而轉化心性，並以往古品的實例說明歷代學佛人在實證上的業障由來，教導四眾務必滅除邪見轉入正見中，不再造作謗法及謗賢聖之大惡業，以免未來世尋求實證之時被業障所障；然後以了戒品的說明和囑累品的付囑，期望末法時代的佛門四眾弟子皆能清淨知見而得以實證。平實導師於此經中有極深入的解說，總共21輯，已於2022/11/30出版完畢，每輯三百餘頁，售價300元。

大法鼓經講義：本經解說佛法的總成：法、非法。由開解法、非法二義，說明了義佛法與世間戲論法的差異，指出佛法實證之標的即是法——第八識如來藏；並顯示實證後的智慧，如實擊大法鼓、演深妙法，演說如來祕密教法，非二乘定性及諸凡夫所能得聞，唯有具足菩薩性者方能得聞。正聞之後即得依於 世尊大願而拔除邪見，入於正法而得實證；深解不了義經之方便說，亦能實解了義經所說之眞實義，得以證法——如來藏，而得發起根本無分別智，乃至進修而發起後得無分別智；並堅持布施及受持清淨戒而轉化心性，得以現觀眞我眞法如來藏之各種層面。此爲第一義諦聖教，並授記末法最後餘八十年時，一切世間樂見離車童子以七地證量而示現爲凡夫身，將繼續護持此經所說正法。平實導師於此經中有極深入的解說，總共六輯，每輯300元，於2023/01/30開始每二個月發行一輯。

成唯識論釋：本論係大唐玄奘菩薩揉合當時天竺十大論師的說法加以辨正而著成，攝盡佛門證悟菩薩及部派佛教聲聞凡夫論師對佛法的論述，並函蓋當時天竺諸大外道對生命實相的錯誤論述加以辨正，是由玄奘大師依據無生法忍證量加以評論確定而成爲此論。平實導師弘法初期即已依於證量略講過一次，歷時大約四年，當時正覺同修會規模尚小，聞法成員亦多尚未證悟，是故並未整理成書；如今正覺同修會中的證悟同修已超過六百人，鑑於此論在護持正法、實證佛法及悟後進修上的重要性，已於2022年初重講，並已經預先註釋完畢編輯成書，名爲《成唯識論釋》，總共十輯，每輯目次41頁、序文7頁、每輯內文多達四百餘頁，並將原本13級字縮小爲12級字編排，以增加其內容；於增上班宣講時的內容將會更詳細於書中所說，涉及佛法密意的詳細內容只於增上班中宣講，於書中皆依佛誡隱覆密意而說，然已足夠所有學人藉此一窺佛法堂奧而進入正道、免入岐途。重新判教後編成的〈目次〉已經詳盡判定論中諸段句義，用供學人參考；是故讀者閱完此論之釋，即可深解成佛之道的正確內涵。本書總共十輯，預定每一輯內容講述完畢時即予出版，第一輯於2023年五月底出版，然後每七至十個月出版下一輯，每輯定價400元。

不退轉法輪經講義：世尊弘法有五時三教之別，分爲藏、通、別、圓四教之理，本經是大乘般若期前的通教經典，所說之大乘般若正理與所證解脫果，通於二乘解脫道，佛法智慧則通大乘般若，皆屬大乘般若與解脫甚深之理，故其所證解脫果位通於二乘法教；而其中所說第八識無分別法之正理，即是世尊降生人間的唯一大事因緣。如是第八識能仁而且寂靜，恆順眾生於生死之中從無乖違，識體中所藏之本來無漏性的有爲法以及眞如涅槃境界，皆能助益學人最後成就佛道；此謂釋迦意爲能仁，牟尼意爲寂靜，此第八識即名釋迦牟尼，釋迦牟尼即是能仁寂靜的第八識眞如；若有人聽聞如是第八識常住、如來不滅之正理，信受奉行之人皆有大乘實證之因緣，永得不退於成佛之道，是故聽聞釋迦牟尼名號而解其義者，皆得不退轉於無上正等正覺，未來世中必有實證之因緣。如是深妙經典，已由平實導師詳述圓滿並整理成書，預定於《大法鼓經講義》發行圓滿之後接著梓行，每二個月發行一輯，總共十輯，每輯300元。

解深密經講義：本經是所有尋求大乘見道及悟後欲入地者所應詳讀串習的三經之一，即是《楞伽經》、《解深密經》、《楞嚴經》三經中的一經，亦可作爲見道眞假的自我印證依據。此經是 世尊晚年第三轉法輪時，宣說地上菩薩所應熏修之無生法忍唯識正義經典；經中總說眞見道位所見的智慧總相，兼及相見道位所應熏修的七眞如等法；亦開示入地應修之十地眞如等義理，乃是大乘一切種智增上慧學，以阿陀那識—如來藏—阿賴耶識爲成佛之道的主體。禪宗之證悟者，若欲修證初地無生法忍乃至八地無生法忍者，必須修學《楞伽經、解深密經、楞嚴經》所說之八識心王一切種智。此三經所說正法，方是眞正成佛之道；印順法師否定第八識如來藏之後所說萬法緣起性空之法，墮於六識論中而著作的《成佛之道》，乃宗本於密宗宗喀巴六識論邪思而寫成的邪見，是以誤會後之二乘解脫道取代大乘眞正成佛之道，承襲自古天竺部派佛教聲聞凡夫論師的邪見，尚且不符二乘解脫道正理，亦已墮於斷滅見及常見中，所說全屬臆想所得的外道見，不符本經、諸經中佛所說的正義。平實導師曾於本會郭故理事長往生時，於喪宅中從**首七**開始宣講此經，於每一七起各宣講三小時，至**十七**而快速略講圓滿，作爲郭老之往生後的佛事功德，迴向郭老早證八地、速返娑婆住持正法。茲爲今時後世學人故，已經開始重講《解深密經》，以淺顯之語句講畢後，將會整理成文並梓行流通，用供證悟者進道；亦令諸方未悟者，據此經中佛語正義修正邪見，依之速能入道。平實導師述著，全書輯數未定，每輯三百餘頁，將於未來重講完畢後逐輯陸續出版。

修習止觀坐禪法要講記：修學四禪八定之人，往往錯會禪定之修學知見，欲以無止盡之坐禪而證禪定境界，卻不知修除性障之行門才是修證四禪八定不可或缺之要素，故智者大師云「性障初禪」；性障不除，初禪永不現前，云何修證二禪等？又：行者學定，若唯知數息，而不解六妙門之方便善巧者，欲求一心入定，未到地定極難可得，智者大師名之爲「事障未來」：障礙未到地定之修證。又禪定之修證，不可違背二乘菩提及第一義法，否則縱使具足四禪八定，亦不能實證涅槃而出三界。此諸知見，智者大師於《修習止觀坐禪法要》中皆有闡釋。作者平實導師以其第一義之見地及禪定之實證證量，曾加以詳細解析。將俟正覺寺竣工啓用後重講，不限制聽講者資格；講後將以語體文整理出版。欲修習世間定及增上定之學者，宜細讀之。平實導師述著。

阿含經講記——小乘解脫道之修證：數百年來，南傳佛法所說證果之不實，所說解脫道之虛妄，所弘解脫道法義之世俗化，皆已少人知之；阿含解脫道從南洋傳入台灣與大陸之後，所說法義虛謬之事，亦復少人知之；今時台灣全島印順系統之法師居士，多不知南傳佛法數百年來所說解脫道之義理已然偏斜、已然世俗化、已非眞正之二乘解脫正道，猶極力推崇與弘揚。彼等南傳佛法近代所謂之證果者皆非眞實證果者，譬如阿迦曼、葛印卡、帕奧禪師、一行禪師……等人，悉皆未斷我見故。近年更有台灣南部大願法師，高抬南傳佛法之二乘修證行門爲「捷徑究竟解脫之道」者，然而南傳佛法縱使眞修實證，得成阿羅漢，至高唯是二乘菩提解脫之道，絕非究竟解脫，無餘涅槃中之實際尚未得證故，法界之實相尚未了知故，習氣種子待除故，一切種智未實證故，焉得謂爲「究竟解脫」？即使南傳佛法近代眞有實證之阿羅漢，尚且不及三賢位中之七住明心菩薩本來自性清淨涅槃智慧境界，則不能知此賢位菩薩所證之無餘涅槃實際，仍非大乘佛法中之見道者，何況彼等普未實證聲聞果乃至未斷我見之人？謬充證果已屬逾越，更何況是誤會二乘菩提之後，以未斷我見之凡夫知見所說之二乘菩提解脫偏斜法道，焉可高抬爲「究竟解脫」？而且自稱「捷徑之道」？又妄言解脫之道即是成佛之道，完全否定般若實智、否定三乘菩提所依之如來藏心體，此理大大不通也！平實導師爲令修學二乘菩提欲證解脫果者，普得迴入二乘菩提正見、正道中，是故選錄四阿含諸經中，對於二乘解脫道法義有具足圓滿說明之經典，預定未來十年內將會加以詳細講解，令學佛人得以了知二乘解脫道之修證理路與行門，庶免被人誤導之後，未證言證，梵行未立，干犯道禁自稱阿羅漢或成佛，成大妄語，欲升反墮。本書首重斷除我見，以助行者斷除我見而實證初果爲著眼之目標，若能根據此書內容，配合平實導師所著《識蘊眞義》《阿含正義》內涵而作實地觀行，實證初果非爲難事，行者可以藉此三書自行確認聲聞初果爲實際可得現觀成就之事。此書中除依二乘經典所說加以宣示外，亦依斷除我見等之證量，及大乘法中道種智之證量，對於意識心之體性加以細述，令諸二乘學人必定得斷我見、常見，免除三縛結之繫縛。次則宣示斷除我執之理，欲令升進而得薄貪瞋痴，乃至斷五下分結…等。平實導師將擇期講述，然後整理成書。共二冊，每冊三百餘頁。每輯300元。

總經銷：聯合發行股份有限公司

231 新北市新店區寶橋路 235 巷 6 弄 6 號 4F

Tel.02－2917-8022（代表號） Fax.02－2915-6275（代表號）

零售：1.**全台連鎖經銷書局：**

三民書局、誠品書局、何嘉仁書店

敦煌書店、紀伊國屋、金石堂書局、建宏書局

諾貝爾圖書城、墊腳石圖書文化廣場

2.**台北市：**佛化人生 **大安區**羅斯福路 3 段 325 號 6 樓之 4　台電大樓對面

3.**新北市：**春大地書店 **蘆洲區**中正路 117 號

4.**桃園市：**御書堂 **龍潭區**中正路 123 號

5.**新竹市：**大學書局 **東區**建功路 10 號

6.**台中市：**瑞成書局 **東區**雙十路 1 段 4 之 33 號

佛教詠春書局 **南屯區**永春東路 884 號

文春書店 **霧峰區**中正路 1087 號

7.**彰化市：**心泉佛教文化中心 南瑤路 286 號

8.**高雄市：**政大書城 **前鎮區**中華五路 789 號 2 樓（高雄夢時代店）

明儀書局 **三民區**明福街 2 號

青年書局 **苓雅區**青年一路 141 號

9.**台東市：**東普佛教文物流通處 博愛路 282 號

10.**其餘鄉鎮市經銷書局：**請電詢總經銷**聯合**公司。

11.**大陸地區請洽：**

香港：樂文書店

銅鑼灣店 :香港銅鑼灣駱克道 506 號 2 樓

電話 : (852) 2881 1150　email: luckwinbs@gmail.com

廈門：廈門外圖臺灣書店有限公司

地址：廈門市思明區湖濱南路809 號 廈門外圖書城3 樓 郵編：361004

電話：0592-5061658（臺灣地區請撥打 86-592-5061658）

E-mail：JKB118＠188.COM

12.**美國：世界日報圖書部：**紐約圖書部　電話 7187468889#6262

洛杉磯圖書部　電話 3232616972#202

13.**國內外地區網路購書：**

正智出版社 書香園地　http://books.enlighten.org.tw/

（書籍簡介、經銷書局可直接聯結下列網路書局購書）

三民 網路書局　http://www.sanmin.com.tw

誠品 網路書局　http://www.eslitebooks.com

博客來 網路書局　http://www.books.com.tw
金石堂 網路書局　http://www.kingstone.com.tw
聯合 網路書局　http:// www.nh.com.tw

附註：1.請儘量向各經銷書局購買：郵政劃撥需要八天才能寄到（本公司在您劃撥後第四天才能接到劃撥單，次日寄出後第二天您才能收到書籍，此六天中可能會遇到週休二日，是故共需八天才能收到書籍）若想要早日收到書籍者，請劃撥完畢後，將劃撥收據貼在紙上，旁邊寫上您的姓名、住址、郵區、電話、買書詳細內容，直接傳眞到本公司 02-28344822，並來電 02-28316727、28327495 確認是否已收到您的傳眞，即可提前收到書籍。 2.因台灣每月皆有五十餘種宗教類書籍上架，書局書架空間有限，故唯有新書方有機會上架，通常每次只能有一本新書上架；本公司出版新書，大多上架不久便已售出，若書局未再叫貨補充者，書架上即無新書陳列，則請直接向書局櫃台訂購。 3.若書局不便代購時，可於晚上共修時間向正覺同修會各共修處請購（共修時間及地點，詳閱**共修現況表**。每年例行年假期間請勿前往請書，年假期間請見共修現況表）。 4.郵購：郵政劃撥帳號 19068241。 5.正覺同修會會員購書都以八折計價（戶籍台北市者爲一般會員，外縣市爲護持會員）都可獲得優待，欲一次購買全部書籍者，可以考慮入會，節省書費。入會費一千元（第一年初加入時才需要繳），年費二千元。**6.尚未出版之書籍，請勿預先郵寄書款與本公司，謝謝您！** 7.若欲一次購齊本公司書籍，或同時取得正覺同修會贈閱之全部書籍者，請於正覺同修會共修時間，親到各共修處請購及索取；**台北市讀者**請洽：103 台北市承德路三段 267 號 10 樓（捷運淡水線 圓山站旁）請書時間：週一至週五爲 18.00~21.00，第一、三、五週週六爲 10.00~21.00，雙週之週六爲 10.00~18.00 請購處專線電話：25957295-分機 14（於請書時間方有人接聽）。

敬告大陸讀者：

大陸讀者購書、索書捷徑（尚未在大陸出版的書籍，以下二個途徑都可以購得，電子書另包括結緣書籍）：

1.廈門外國圖書公司：廈門市思明區湖濱南路 809 號 廈門外圖書城 3F
郵編：361004　電話：0592-5061658　網址：**http://www.xibc.com.cn/**

2.電子書：正智出版社有限公司及正覺同修會在台灣印行的各種局版書、結緣書，已有『**正覺電子書**』陸續上線中，提供讀者於手機、平板電腦上購書、下載、閱讀正智出版社、正覺同修會及正覺教育基金會所出版之電子書，詳細訊息敬請參閱『正覺電子書』專頁：**http://books.enlighten.org.tw/ebook**

關於平實導師的書訊，請上網查閱：

成佛之道　http://www.a202.idv.tw

正智出版社 書香園地　http://books.enlighten.org.tw/

中國網採訪佛教正覺同修會、正覺教育基金會訊息：

http://foundation.enlighten.org.tw/newsflash/20150817_1

http://video.enlighten.org.tw/zh-CN/visit_category/visit10

★ 正智出版社有限公司售書之稅後盈餘，全部捐助財團法人正覺寺籌備處、佛教正覺同修會、正覺教育基金會，供作弘法及購建道場之用；懇請諸方大德支持，功德無量。

★ 聲　明 ★

本社於 2015/01/01 開始調整本目錄中部分書籍之售價，以因應各項成本的持續增加。

＊ 喇嘛教修外道雙身法、墮識陰境界，非佛教 ＊

＊ 弘揚如來藏他空見的覺囊派才是真正藏傳佛教 ＊

售後服務──換書啓事（免附回郵） 2017/12/05

《楞伽經詳解》第三輯初版免費調換新書啓事：茲因 平實導師弘法早期尚未回復往世全部證量，有些法義接受他人的說法，寫書當時並未察覺而有二處（同一種法義）跟著誤說，如今發現已將之修正。茲爲顧及讀者權益，已開始免費調換新書；敬請所有讀者將以前所購第三輯（不論第幾刷），攜回或寄回本公司免費換新；郵寄者之回郵由本公司負擔，不需寄來郵票。因此而造成讀者閱讀、以及換書的不便，在此向所有讀者致上萬分的歉意，祈請讀者大眾見諒！

《楞嚴經講記》第 14 輯初版首刷本免費調換新書啓事：本講記第 14 輯出版前因 平實導師諸事繁忙，未將之重新閱讀而只改正校對時發現的錯別字，故未能發覺十年前所說法義有部分錯誤，於第 15 輯付印前重閱時才發覺第 14 輯中有部分錯誤尚未改正。今已重新審閱修改並已重印完成，煩請所有讀者將以前所購第 14 輯初版首刷本，寄回本公司免費換新（初版二刷本無錯誤），本公司將於寄回新書時同時附上您寄書來換新時的郵資，並在此向所有讀者致上最誠懇的歉意。

《心經密意》初版書免費調換二版新書啓事：本書係演講錄音整理成書，講時因時間所限，省略部分段落未講。後於再版時補寫增加 13 頁，維持原價流通之。茲爲顧及初版讀者權益，自 2003/9/30 開始免費調換新書，原有初版一刷、二刷書籍，皆可寄來本公司換書。

《宗門法眼》已經增寫改版爲 464 頁新書，2008 年 6 月中旬出版。讀者原有初版之第一刷、第二刷書本，都可以寄回本公司免費調換改版新書。改版後之公案及錯悟事例維持不變，但將內容加以增說，較改版前更具有廣度與深度，將更能助益讀者參究實相。

換書者**免附回郵**，亦無截止期限；舊書請寄：111 台北郵政 73-151 號信箱 或 103 台北市承德路三段 267 號 10 樓 正智出版社有限公司。舊書若有塗鴨、殘缺、破損者，仍可換取新書；但缺頁之舊書至少應仍有五分之三頁數，方可換書。所有讀者不必顧念本公司是否有盈餘之問題，都請踴躍寄來換書；本公司成立之目的不是營利，只要能眞實利益學人，即已達到成立及運作之目的。若以郵寄方式換書者，免附回郵；並於寄回新書時，由本公司附上您寄來書籍時耗用的郵資。造成您不便之處，再次致上萬分的歉意。

正智出版社有限公司 啓

換書及道歉公告

《法華經講義》第十三輯初版免費調換新書啓事：本書因謄稿、印製等相關人員作業疏失，導致該書中的經文及內文用字將「**親近**」誤植成「清淨」。茲爲顧及讀者權益，自 2017/8/30 開始免費調換新書；敬請所有讀者將以前所購第十三輯初版首刷及二刷本，攜回或寄回本公司免費換新，或請自行更正其中的錯誤之處；郵寄者之回郵由本公司負擔，不需寄來郵票。同時對因此而造成讀者閱讀、以及換書的困擾及不便，在此向所有讀者致上最誠懇的歉意，祈請讀者大眾見諒！錯誤更正說明如下：

一、第 256 頁第 10 行~第 14 行：【就是先要具備「**法親近處**」、「**眾生親近處**」；法**親近**處就是在實相之法有所實證，如果在實相法上有所實證，他在二乘菩提中自然也能有所實證，以這個作爲第一個**親近**處——第一個基礎。然後還要有第二個基礎，就是瞭解應該如何善待眾生；對於眾生不要有排斥或者是貪取之心，平等觀待而攝受、親近一切有情。以這兩個**親近**處作爲基礎，來實行其他三個安樂行法。】。

二、第 268 頁第 13 行：【具足了那兩個「**親近處**」，使你能夠在末法時代，如實而圓滿的演述《法華經》時，那麼你作這個夢，它就是如理作意的，完全符合邏輯去完成這個過程，就表示你那個晚上，在那短短的一場夢中，已經度了不少眾生了。

《大法鼓經講義》第一輯初版免費調換新書啓事：本書因校對相關人員作業疏失錯失別字，導致該書中的內文 255 頁倒數 5 行有二字錯植而無發現，乃「『**智慧**』的滅除不容易」應更正爲「『**煩惱**』的滅除不容易」。茲爲顧及讀者權益，自 2023/2/15 開始免費調換新書，或請自行更正其中的錯誤之處；敬請所有讀者將以前所購第一輯初版首刷及二刷本，攜回或寄回本公司免費換新；郵寄者之回郵由本公司負擔，不需寄來郵票。同時對因此而造成讀者閱讀、以及換書的困擾及不便，在此向所有讀者致上最誠懇的歉意，祈請讀者大眾見諒！

正智出版社有限公司 敬啓

國家圖書館出版品預行編目(CIP)資料

金剛經宗通／平實導師述. -- 初版. -- 臺北市：
正智，2013.01
冊；　公分
ISBN 978-986-6431-33-3（第 1 輯：平裝）
ISBN 978-986-6431-37-1（第 2 輯：平裝）
ISBN 978-986-6431-38-8（第 3 輯：平裝）
ISBN 978-986-6431-39-5（第 4 輯：平裝）
ISBN 978-986-6431-48-7（第 5 輯：平裝）
ISBN 978-986-6431-49-4（第 6 輯：平裝）
ISBN 978-986-6431-50-0（第 7 輯：平裝）
ISBN 978-986-6431-51-7（第 8 輯：平裝）
ISBN 978-986-6431-60-9（第 9 輯：平裝）
1.般若部
221.44　　　　　　　　　　101007242

金剛經宗通——第一輯

著 述 者：平實導師
音文轉換：劉惠莉
校　　對：章乃鈞 陳介源 孫淑貞 傅素嫻 王美伶
出 版 者：正智出版社有限公司
電話：〇二 28327495 28316727（白天）
傳眞：〇二 28344822
111台北郵政73-151號信箱
郵政劃撥帳號：一九〇六八二四一
正覺講堂：總機〇二 25957295（夜間）
總 經 銷：聯合發行股份有限公司
231新北市新店區寶橋路235巷6弄6號4樓
電話：〇二 29178022（代表號）
傳眞：〇二 29156275
初版首刷：二〇一二年五月三十一日 二千冊
初版十五刷：二〇二三年四月 二千冊
定　　價：二五〇元